国家出版基金项目
NATIONAL PUBLICATION FOUNDATION

中国旅游发展模式研究系列丛书

“十三五”国家重点出版物出版规划项目

国民旅游休闲的中国模式

THE CHINESE MODEL OF NATIONAL LEISURE TOURISM

石培华　黄　萍　黄杏灵
杨　旭　穆怀彦　侯晓飞◎编著

中国旅游出版社

序一　知中国服务中国的旅游研究实践

龚　克[1]

在我国全面建设小康社会的胜利进程中，旅游业做出了重要的贡献并实现了自身的历史性发展。奉献给读者的这部“中国旅游发展模式研究系列丛书”，是我校石培华教授依托现代旅游业发展省部共建协同创新中心编撰的。丛书共八册:《乡村旅游发展的中国模式》《旅游景区发展的中国模式》《海洋旅游发展的中国模式》《旅游扶贫的中国模式》《生态旅游的中国模式》《工业旅游发展的中国模式》《国民旅游休闲的中国模式》《全域旅游的中国模式》，是一部从中国特色社会主义建设伟大道路的视角出发、基于改革开放40多年来中国旅游的壮阔实践、系统研究中国旅游发展模式的学术成果，入选了国家出版基金项目、国家新闻出版广电总局“十三五”国家重点出版物出版规划项目。

2015年7月，为适应建设全面小康社会对旅游发展的迫切需要，南开大学发起成立现代旅游业发展协同创新中心，得到中山大学和国家旅游局、国家信息中心等大力支持。我们引进石培华教授到南开大学具体负责中心建设，在学生培养、学术研究、学科发展等方面取得了系列重要成果，2019年11月通过教育部认定，成为我国旅游学科首个、目前唯一的旅游领域协同创新中心。这套丛书展示了中心取得的重要成果，可喜可贺。本套丛书也是石培华教授团队在旅游发展领域践行南开大学“允公允能，日新月异”之校训和“知中国、服务中国”之传统的生动实践，值得称道。

曾几何时，离家出行都要凭单位“介绍信”，休闲旅游更是被当作资产阶级生活方式而遭贬斥。改革开放的伟大历史转折，真正开启中国的现代旅游

① 南开大学学术委员会主任、现代旅游业发展省部共建协同创新中心理事长。

业。自1978年邓小平同志黄山讲话以来，中国旅游业从无到有、从小到大快速崛起，实现旅游资源大国向旅游大国的历史性跨越，形成了世界上最大国内旅游市场和最大出境旅游市场，入境旅游排名全球第四。短短40多年走过了发达国家二三百年的旅游发展历程，探索出作为发展中大国的中国特色旅游发展模式。中国旅游业成为全方位展示改革开放之中国快速崛起的生动窗口和鲜活缩影，是研究“中国模式”或者“中国道路”的一个极具代表性和标志性的领域。

“人民对美好生活的向往，就是我们的奋斗目标。”（习近平）中国旅游的迅速发展，从根本上看，就是因为顺应了广大人民群众对于旅游休闲的日益增长的需要。透过中国旅游发展历程及其模式经验，既能看到市场力量驱动下的中国旅游业之蓬勃发展，又能直观地看到中国政府切实以人民为中心集中力量办大事、上下齐心成大业的体制优势。中国旅游业现已成为全球旅游发展最大和最富活力的引擎，中国旅游发展也是世界旅游发展的一个典型样本，鲜活地展示着世界旅游业的独特优势、巨大潜力、强大功能和美好前景。

目前我国旅游领域的研究专著越来越多，但系统梳理中国旅游发展的成就、经验、规律和发展模式的成果还很不够。中国旅游业发展的道路，既有鲜明的中国特色，也反映了世界旅游发展的内在规律和共同趋势。这套丛书站在国家发展战略全局高度，选择乡村旅游、旅游景区、海洋旅游、旅游扶贫、生态旅游、工业旅游、国民休闲、全域旅游等主题，以学术研究讲述中国旅游发展故事，从总体模式、类型模式、典型案例等层面研究梳理中国旅游发展模式，与世界分享中国旅游发展经验，具有非常重要的现实价值。

中国即将实现全面小康社会，“更加突出的问题是发展不平衡不充分，这已经成为满足人民日益增长的美好生活需要的主要制约因素”（中国共产党十九大报告）。我以为，站在历史发展的新方位，不仅要系统总结改革开放以来中国的旅游业实现跨越式历史性发展的生动经验，还必须深刻认识到，与人民群众快速增长的需要和向往相比，我国旅游业的发展仍然很不平衡和很不充分，许多旅游资源尚未得到适当的开发，许多旅游资源被过度的不适当开发，旅游发展还需与物质文明、精神文明和生态文明建设深度融合，以更好地为全体人民的健康全面发展服务；面对后小康社会人民群众的新期待、面对国际形势的新变化，旅游发展亟待开拓新局面、创造新格局，需要更有力的智力支撑。人类正在经受的这场新冠病毒疫情，使旅游业的发展遭受惨重的打击，现在全球都在积极推动变革性的复苏，以期"build back better"，我们也要深入探讨如何使旅游业以"复苏"为契机，实现更有韧性、更可持续的更好更快的变革性发展。

中国旅游发展模式的系统研究刚刚起步，中国旅游发展实践丰富多彩又极其复杂，很难用单一的模式去阐释，更希望全国乃至全球相关方面的同仁们一道共同关注和推进这一重大理论和实践问题的研究，也期望现代旅游业发展省部共建协同创新中心更好地发挥平台作用，集聚更多的专家共同开展协同创新研究，不断推进旅游研究的系统创新。面对新的国情世情，旅游学科任重而道远，应该坚持扎根于实践基础，坚持开放吸纳世界旅游文明成果，坚持以人民为中心的旅游发展道路，自觉服务人民群众对美好生活的向往和人的全面发展需要，自觉将创新驱动、可持续发展和乡村振兴等国家战略贯彻于旅游发展之中，自觉将全球可持续发展目标与中国旅游发展有机结合，自觉运用好大数据、互联网、人工智能等新一代科技工具，推动旅游业实现文明、包容、协调、绿色、健康的高质量发展，成为广大人民群众向往而满意的幸福事业。

有感而发，祈读者指正。

序二　探寻中国旅游发展的逻辑规律与成功密码

郑新立[①]

改革开放以来，中国发展取得举世瞩目的伟大成就，全球越来越多的目光关注中国，聚焦研究快速崛起的“中国模式”。旅游业快速发展是透视中国快速崛起的一扇全息窗口，集中展示了中国发展成就。从1978年邓小平同志黄山讲话以来，中国旅游业迅猛发展，用短短40多年走过了西方发达国家二三百年旅游发展历程，形成了世界上最大规模的国内旅游市场、第一大出境旅游消费国家、第四大入境旅游国家，旅游业已经成为国民经济社会发展的战略性支柱产业，旅游成为大众化的幸福生活方式和成就人生的学习和成长方式，是世界上旅游业发展最快、受益人口最多、辐射带动力最强的国家之一，中国旅游也成为全球旅游发展最大、最有潜力和最富活力的第一引擎。中国旅游业发展之所以能在短短几十年取得如此巨大的发展成就，根本在于找到了一条体现中国特色、反映世界趋势、遵循旅游规律的旅游发展之路，探索了一条具有中国特色的发展中大国旅游发展模式。

正是在此背景下，石培华教授、黄萍教授等研究编撰出版“中国旅游发展模式研究系列丛书”具有特别重要的意义，该套丛书经中国旅游出版社申报入选国家出版基金项目、国家新闻出版广电总局“十三五”国家重点出版物出版规划项目，是首次系统研究中国旅游发展模式的学术成果。丛书共八册:《乡村旅游发展的中国模式》《旅游景区发展的中国模式》《海洋旅游发展的中国模式》《旅游扶贫的中国模式》《生态旅游的中国模式》《工业旅游发展的中国模

① 著名经济学家，中央政策研究室原副主任、第十一届全国政协经济委员会副主任、中国国际经济交流中心原常务副理事长、中国工业经济学会原会长、现代旅游业发展省部共建协同创新中心学术委员会主任、教授、博导。

式》《国民旅游休闲的中国模式》《全域旅游的中国模式》。丛书站在国家发展战略高度，选择中国旅游发展中典型专题，围绕乡村旅游、旅游景区、海洋旅游、旅游扶贫、生态旅游、工业旅游、国民休闲、全域旅游等主题，研究中国旅游发展模式，与世界分享中国旅游发展经验和方案。

过去40多年，中国旅游业从小到大，实现了从短缺型旅游发展中国家向初步小康型旅游大国的历史性跨越。一是国内旅游从小众市场向大众化转变，已拥有全世界最大国内旅游消费市场，中国步入大众旅游时代，成为世界上拥有国内游客数量最多的国家。二是国际旅游从单一入境旅游发展成为出入境旅游并重格局，出境旅游市场更加活跃、发展空间潜力巨大。中国已是世界第四大旅游入境接待国，是全球增长最快的客源输出国之一，已成为世界第一大出境旅游消费国。三是旅游业从单纯外事接待型事业转向事业产业共同发展，综合功能优势日益凸显。旅游从外交的边缘向外交的前沿、从经济建设边缘向经济建设主战场、从经济增长点向第三产业重点转变，从传统粗放型、数量型旅游发展方式向集约型、创新型方式转变。四是旅游业由一般性产业向战略性支柱产业转变，产业规模和实力迅速壮大。随着旅游业对国民经济拉动的作用大幅提升，旅游业的战略地位日益凸显，被定位为国民经济战略性支柱产业、人民群众更加满意的现代服务业，五大幸福产业之首。五是旅游业发展由局部扩展到全国，形成国家与地方、政府与企业、社会共同推进的大格局。所有省区市都将旅游业作为战略性支柱产业，85%以上的市地州盟、80%以上的市县区将旅游业定位为支柱产业。旅游发展的主体由政府为主向政府、企业、社会共同参与的多主体、多类型、全方位推进。

中国旅游业快速发展，是世界旅游业快速发展的一个典型样本，中国旅游业的发展得益于战后世界和平环境和世界旅游业的大发展，最能展示世界旅游业的独特优势、旅游业发展的巨大潜力、旅游业的强大综合功能，最能展示旅游业的巨大力量、展示旅游业的美好前景，也最能反映旅游业发展面临的问题和挑战。目前世界对中国旅游业发展的了解还比较零星，也比较表面，世界感触最多的可能是中国快速增长的出境旅游，对中国旅游业发展所做全方位、立体化实践创新探索总体上了解甚少。

现代旅游业发展省部共建协同创新中心于2015年7月成立以来，2019年11月通过教育部认定，成为我国旅游学科首个、目前唯一的旅游领域的协同创新中心。这套丛书正是协同创新的又一标志性成果，是实践和理论结合成果，既可以作为旅游实践工作者的工具书，也可以作为旅游研究教育工作者和广大学生学习研究的参考书。

中国旅游业发展的探索，立足于中国国情，有鲜明中国特色，但也反映世界旅游发展的共同趋势和规律，对其他国家特别是发展中国家可以有所启示，大国的国情决定了中国旅游发展模式的丰富性。经过几十年艰苦奋斗和探索，中国可以与世界分享的，不仅仅是强劲的出境旅游需求、旅游购物和投资，也可以分享中国发展旅游所做的创新探索努力。透过中国旅游发展历程，既能看到市场力量驱动下的中国旅游业之蓬勃发展，又能直观地看到中国旅游在政府主导下集中力量办大事，上下齐心成大业的体制优势，中国旅游业的发展探索，也是中国特色发展道路的一个缩影。现今，中国旅游业的发展潜力才刚刚释放，随着2035年中国基本实现现代化，2050年前后建成富强民主文明和谐美丽的社会主义现代化强国，我国人民收入水平将不断提高，基础设施和社会环境将不断优化。未来30年依旧是中国旅游快速发展的黄金期，而且进入转型升级创新发展关键期，中国旅游业巨大的发展潜力为世界分享中国机遇创造了巨大的空间和美好前景。编写出版该套丛书，有助于向世界展示中国旅游发展成就，展示旅游巨大力量，与世界分享中国旅游发展的经验、分享中国旅游发展机遇，共同推进世界旅游可持续发展，共建世界旅游共同体、共享美丽旅游地球村。

前 言

经过几十年的快速发展，我国已经进入大众休闲和大众旅游时代，也就是国民旅游休闲时代，休闲和旅游成为全面建成小康社会的重要指标，成为幸福生活的重要标志，也成为经济发展的新引擎。休闲和旅游质量成为一个国家或地区发展的吸引力、生产力、创造力、幸福力和竞争力。笔者有幸作为课题负责人，研究和起草了国务院发布的《国民旅游休闲纲要（2013—2020年）》，并参与了全国假日制度改革课题研究；2015年，又在中国旅游出版社出版了《国民旅游休闲战略与国家时间管理创新》一书，本书是基于这些研究的创新成果，是国家出版基金资助项目《中国旅游发展模式研究系列》丛书中的一本。本书突出三个关键词：国民、旅游休闲、中国模式，以保障和促进国民休闲旅游为目的，研究中国的发展模式经验和未来发展战略与对策措施。本书分为五章，对我国国民旅游休闲发展模式进行了系统的梳理研究。

第一章中国国民旅游休闲概念内涵综述。研究梳理旅游休闲概念及旅游、休闲、国民旅游休闲之间的关系，研究梳理马克思主义的休闲观以及代表性学者的休闲论述，对我国关于旅游休闲特别是休闲的研究进行系统梳理和综述，为全书研究奠定基础。在中国古代，“休闲”被赋予不同层次的含义，包括农田赋闲之意、安闲无事之意、做自己喜好之事的意蕴等。入世的儒家休闲观、超世的道家休闲观以及在世的禅宗休闲观构成了具有中国特色文化底蕴的古代休闲观。马克思主义休闲观是对近现代中国特色休闲观的深化，习近平新时代中国特色社会主义思想对马克思主义休闲观进行了升华，在“中国梦”目标描述、新时代主要矛盾阐述、生态文明思想理论中都包含了经典的马克思主义休闲思想，是马克思主义休闲观在我国新时代的理论发展。

第二章中国国民旅游休闲发展模式与战略。梳理了我国国民工时制度和节假日制度演变，研究总结我国国民旅游休闲发展取得的主要成就和经验模式，分析国民旅游休闲发展面临的新环境新机遇，面临的问题和挑战，研究未来国民旅游休闲发展战略和对策措施。推动国民旅游休闲高质量发展，需要大力倡导增强国民休闲意识，要以文化浸润提升家居休闲、以旅游转型升级度假休闲、以政策创新推动休闲发展、以开放思维拓展休闲空间、以丰富实践缔造新时代休闲文化；需要培育休闲消费新增长点，强化居民的休闲时间保障，提升休闲公共服务，发挥政府首要推动力的作用，客观正视差异，追寻人均意义上的休闲产业增长；完善产业结构，提升休闲产业内部发展的均衡性；建立集聚区，围绕体系布局休闲产业密集区；加强技术创新，提高休闲产业发展的竞争优势；开发人力资本，形成休闲产业发展的关键力量。

第三章中国国民旅游休闲的历史传统与文化基因。系统梳理中国人修身养性、天人合一、回归自然、群乐独静、山水情怀、桃源梦想等文化传统与基因，解读推动中国国民休闲的文化根脉，从休闲阶层、休闲内容和休闲空间揭示古代休闲活动演变规律、影响因素。中国古代的休闲活动演变基本上可以概括为随着“人—时—空”这一三维变化而变化。在休闲阶层上，奴隶社会时期，休闲是奴隶主的特权，奴隶没有任何休闲生活可言。而封建社会时期，几乎每个阶层的人们都具有了一定的休闲权利，尽管在底层和上层之间的休闲权利和休闲资源的分配是完全不平等的，但在一定程度上也显示一种社会进步。在休闲的内容上，古代中国的休闲活动经历了许多变化，大致上，休闲的内容和形式上越来越丰富，且娱乐性越来越强，同时体现阶层差异性。从休闲空间上，休闲空间因为阶层的区别而有着较大的差异，但大致上仍然呈现出逐渐扩大的趋势。

第四章不同类型国民旅游休闲模式与案例。对国民旅游休闲进行分类研究，系统梳理研究旅游休闲街区、旅游休闲公园、休闲综合体、广场舞文化活动、旅游休闲小镇、文化旅游休闲节庆活动等不同类型的国民旅游休闲发展的主要模式特点和代表性案例。休闲旅游的诉求是怡情养性，其最终的落脚点终归是精神层面，包括舒适感、快乐感、亲近自然的指数等，这种精神感悟或来自自然，或来自文化，或合二为一。业态对于休闲旅游已经无处不在、无时不有。旅游区的主要业态大都在核心区之外，景观与业态共同构成包含景区在内的整个旅游区的核心吸引力。

第五章中国旅游休闲城市和区域模式案例。城市休闲化发展是城市发展水平提高的重要内容，也是衡量城市居民生活幸福感及城市宜居程度的一个重要指标，本章选取不同体量、不同发展水平的各类代表性城市，研究城市和区域旅游休闲发展的模式和案例。整体来看，国民旅游休闲城市发展良好，旅游业全面发展，城市功能齐全，旅游、文化、娱乐和体育等休闲事业发展全面。国民旅游休闲城市的总体模式特点可以概括为以下四点：一是商业资源与休闲资源更加集中；二是城市枢纽性强，即城市在网络中所处的位置更加重要；三是城市人休闲活跃度高；四是国民休闲方式多样化。

感谢新闻出版署将该套丛书列为“十三五”国家重点出版物出版规划项目。感谢国家出版基金的支持。感谢中国旅游出版社在基金申报和出版中的全力支持。国民旅游休闲研究有不少研究成果，但系统总结中国国民旅游休闲发展模式的著作还没有。限于作者水平有限，本书难免存在肤浅和不足之处，诚恳希望得到广大读者的批评指正。

目　录

第一章

中国国民旅游休闲概念内涵综述

本章系统梳理中国国民旅游休闲概念体系，分析中国传统的休闲观，探讨马克思主义休闲观，并对我国旅游休闲相关研究进行综述。

第一节　中国传统文化中的休闲观

中国古代思想文化源远流长、博大精深，休闲在我国传统文化中有着独特的文化含义，我国传统思想宝库中也有着十分丰富的休闲思想文化，记载形成了独具特色的休闲观。本节梳理中国传统文化中“休闲”的内涵，梳理道家、儒家和禅家的休闲观，并总结中国传统休闲观的特征。

一、中国古代“休闲”内涵

在中国传统文化中，休闲是一个复合名词，是由“休”和“闲”二字构成的。由于中国文字所具有的“六书”，本部分即象形、指事、会意、形声、转注和假借的特质，所以将采用分总的形式，逐步彰显出“休闲”在汉字上的意义。

（一）关于“休”的解读

《康熙字典》中对“休”的解释为：①美善也，庆也；如《尚书·商书·太甲中》有“实万世无疆之休”，指的是没有边界的美善。《尚书·周书·周官第二十二》中有:“作德，也逸日休”；意为做善事，内心就会安逸，美善就会一天天显示出来。《诗经·商颂·长发》云:“何天之休”，承载着上天带来的美好和福禄。所以，三句中的“休”，都是美善、吉庆的意思。②休息。《礼记·月令》有“季秋之月，霜始降，则百工休”，“休”就是休息的意思。这与现代常用的意思相同。除此之外，《康熙字典》还引用了《说文解字》和《尔雅》中对“休”的解释，写道:《说文解字》休在木部，人依木则休;《尔雅》庇曰休，会止木庇息意。按今《尔雅·择言》本作庇庥也。可见，《康熙字典》对“休”的解释是非常全面的，几乎涉及了“休”存在于古代的各种意义，为理解“休”的含义打下了良好的基础。

从“休”的释义中可以发现，在古代人眼中，“休”字绝不是一个贬义词或中性词，而是有着强烈颂扬和赞赏色彩的褒义词。它不仅体现了人对自身的认识，对能量的储备，更能体现出人对美的称颂，体现了人们积极的价值倾向和美好的生活愿景。然而，在今天，它的第二种意思一般不再使用，由此引申的其他意思也只有在阅读古文时才具有价值。所以可以很明显地看出，虽然“休”字的含义经历了一个变迁的过程，但是它内含的人们积极的价值倾向和美好的生活愿景并没有改变[①]。

（二）关于“闲”的解读

古代对“闲”的用法，按照《康熙字典》对“闲”字的释义归纳，闲可以被理解为：①闲散、闲暇；②约束、限制；③高、大；④悠闲、不慌不忙的样子；⑤熟习；⑥马栏；⑦同“娴”，娴熟；⑧牢笼；⑨动摇；⑩隔阂；⑪遮蔽、遮挡；⑫“閑”与“閒”不同。《说文解字》中对“闲”的解释，“闲，阑也，从门中有木”。《说文解字》对“阑”的解释为:“门遮也。从门柬声。”也就是平时所说的门闩。可见，“闲”在东汉前，更多是作为与“阑”相关的意义使用的。《辞海》写道，“闲”是“木栏之类的遮拦物，引申为范围。多指道德、法度”[②]。通过这一释义，“闲”的本意及其引申义就很明显了。《论语·子张》云:“大德不逾闲，小德出入可也。”其中的“闲”是指道德法度等伦理界限。大意为，大的道德节操上不能超越界限，小的则是可以允许有些出入的。

① 庞睿.马克思休闲理论的逻辑建构［D］.山东大学，2015.

② 辞海［M］.上海辞书出版社，1999年（缩印本）：2458.

通过以上有关“闲”的释义可以看出，它在最初时是被当作“门闩”使用的，即“闲，闲也，从门中有木”。从上述工具书的解释中可知，“闲”并非要关上门，而是指在农忙后回到家里做的事。结合构词学来理解最能把握其意。门是家的意思，木指代花、草、树、木等，在家里种花养草，给院子的树木浇水施肥等，这就是“闲”。它是指脱离了农业劳动，或者为了特定的目的必须要做的事情之后的消闲之事。“闲”也有道德、法度、规范之意，实则是将“家”扩展到伦理学领域后的引申之意。其余的意思，也可理解为是对作为“门闩”意思的扩展，如马厩，就是马的“家”。

再如防范之意，不过是财产划界而已，私有财产神圣不可侵犯，为了使别人不侵占自己的家、自己的领土，必然要做好防御措施。需要强调的是“闲”通“娴”这一意义。“娴”是高雅沉静、熟练精通的意思，而“娴”同“闲”，则说明“闲”也有高雅、熟练之意。跟“闲”的其他意思相结合，就会看出，所谓“闲在家种花养草、栽培树木”，并非一般为了生计或者赋税必须要进行的劳动，它不负担和承载任何重担和义务，是从个人爱好和兴趣出发而进行自己喜欢的、高雅的、有品位的、彰显个人独特品位的活动。同时，这种活动还需要遵循一定的伦理规范，不能越法度而为之。

至此，“闲”的特点也就清晰起来。首先，“闲”是闲暇、空闲。贾谊的“止于坐隅兮，貌甚闲暇”、李白的“闲来垂钓碧溪上，忽复乘舟梦日边”、王维的“人闲桂花落，夜静春山空”、白居易的“田家少闲月，五月人倍忙”等句中的“闲”①，皆为此意。其次，“闲”是必须履行的义务和必要的生存活动之外的行为，它是内心爱好所驱动的高雅的、有内涵的、可以提升个人品位的行为，并非“闲来无事而无所事事”。最后，“闲”的活动并非没有边界，它受到社会规范、道德法度、法律条款的约束。如果没有约束和制约，休闲就会出现问题。这一点古人早已有所认知。宋代倪思就曾撰文论“闲”与法度的问题，他写道：“‘寻思百计不如闲’‘未老得闲方是闲’‘又得浮生半日闲’，皆实欲闲而不能，羡闲而未遂者，闲岂易得哉！然古人制字‘闲适’与‘防闲’之字同，盖有深意，‘饱食终日，无所用如，难矣’。君子居闲，虽不至如小人之无所不为，然亦多恣意于声色杯酒者，是以贵于以礼防闲也。”②

① 诗句分别出自：贾谊《鵩鸟赋》、李白《行路难！其一》、王维《鸟鸣涧》、白居易《观刈麦》。

② ［宋］倪思．经巧堂杂志［M］．邓子勉校点．辽宁教育出版社，2001：45.

（三）关于“休闲”的解读

通过谱系学的分析方法对“休”和“闲”进行源头追溯，实则是为了全方位、立体地看待两个汉字不同源头的含义之所在。对于“休闲”二字的意义，有学者认为休闲在刚组合到一起的时候，其本意还是指耕地为了恢复肥力而暂停使用。到了20世纪末时，还有一些词典将这一意义收入其中，直到近年来，休闲才开始与人的休闲、休息、娱乐、游憩等意义联系起来①。这就给出了“休闲”的一层含义，即休闲是指耕地闲置着，在一段时间内不种庄稼，以为轮耕做准备。

就已有资料来看，“休闲”至少在三国时就已经开始合用，并且古代知识分子往往赋予休闲不同层次的意义。魏晋时代的曹植有一首诗叫《吁嗟篇》，其中有两句：“长去本根逝，宿夜无休闲。”说的是他不被自己的兄弟信任，想要报效国家的想法无法实现，反而被兄长一次次发配（实为流放）到不同的边远之地，其痛苦、悲愤而又无奈之情，除了吁嗟毫无他法。从而“宿夜无休闲”，永远地离开了国家和生长之地，朝朝与暮暮不得安闲。可见，“休闲”在此处显然内含着现代人对休闲的理解。再如唐朝白居易《题谢公东山障子》一诗：“贤愚共在浮生内，贵贱同趋群动间。多见忙时已衰病，少闻健日肯休闲。鹰饥受绁从难退，鹤老乘轩亦不还。唯有风流谢安石，拂衣携妓入东山。”诗中的“多见忙时已衰病，少闻健日肯休闲”，与后半部分相比照，作者羡慕谢安（谢安字安石）的风流倜傥和不拘常规，更羡慕他闲云野鹤般自由的生活态度，可以随心所欲，只做自己喜欢做的事情，而不像许多人那样，已经为了工作而忙到“衰病”。所以，谢安持有的休闲观，正是“休闲”在该诗中的含义，它基本上已经与现代人对休闲的使用别无二致，囊括了休闲应有的几个基本含义，如闲暇、自由、随性、喜好等。

如果说上述诗句对说明古人在休闲含义的了解程度上还有所欠缺，那么，唐代张九龄的《自湘水南行》一诗可谓对休闲的理解达到了新高度：“落日催行舫，逶迤洲渚间。虽云有物役，乘此更休闲。”此处的关键在于理解“物役”一词。“物役”就是被物所束缚，用马克思的话来说，就是异化。翻开张九龄

---

① 孙明泉.谈谈休闲[EB/OL].http://www.gmw.cn/02sz/2009-03/01/content_930712.htm[2009-03-01].

的《自湘水南行》，就会看到作者对休闲理解的深刻程度。作者此处的休闲，已经说出了休闲的一个重要目的，即了解休闲的环境，充分掌握休闲过程中出现的异化现象，认识它并把握它，以此作为摆脱休闲异化的基础，进而在休闲实践中反客为主，化被动为主动，将异化的休闲转变为真实的休闲。

由此可见，在中国古代，文人雅士就赋予了休闲不同层次的含义。首先，休闲有农田赋闲之意；其次，休闲具有安闲无事之意；再次，休闲具有按自己的行为做自己喜好之事的意蕴；最后，休闲是对休闲客体和休闲主体的认识，是对休闲异化的准确把握和发动，试图扬弃休闲异化，使休闲异化为真实休闲，最终达到“物我两忘”的深远境界[①]。

二、入世的儒家休闲观

在中国古代，休闲往往是一种生活方式，尤其是文人的生活方式。文人学士深受儒家“修身、齐家、治国、平天下”思想的影响，形成了“穷则独善其身，达则兼济天下”的人生观，以及积极入世追求“从心所欲而不逾矩”的自由。文人雅士一般或任朝廷官员，或为权贵幕僚、食客，即便隐居山林、退避田野也有田产的积蓄，再者也能凭其才学声望得到朋友的接济。那么，一定的经济基础加上一定的文化修养，使得这些文人不仅有闲暇时间，更有为休闲而从事精神创造活动、追寻儒家安贫乐道的精神境界。在儒家思想中就有着“孔颜乐处”“曾点气象”的传统。孔子曾在《先进》中的“与点”章中说明其休闲思想，“暮春者，春服即成，冠者五六人，童子六七人，沐乎沂，风乎舞雩，咏而归”。孔子说：“吾与点也”极大赞赏了曾点的休闲意识。这种淡泊名利、与人共享天伦之乐的思想，便是中国古代儒家文人所向往的享受快乐人生的独有方式。

而到了孟子那里这种快乐哲学在精神上又得到进一步提升。孟子认为：“万物皆备于我，反身而诚，乐莫大焉（《孟子・尽心上》）。”即通过一定的精神修养超越自我的限制，达到天人合一、万物一体的精神境界，这样人便获得了绝对的精神自由与幸福。正如林语堂先生所说：“在中国人看来，这不仅代表片刻的诗意般的快乐心境，并且是追求人生幸福的目标。中国人就是陶醉在这样一种人生理想之中，它既不暧昧，也不玄虚，而是十分实在（《中国

① 庞睿．马克思休闲理论的逻辑建构［D］．山东大学，2015.

人》)。”正因为有了儒家的这种安贫乐道、乐而忘忧的休闲理想，才使得人们能在儒家控制下的严肃生活中变得轻松和容易忍受。

综上可以看出，中国古代的儒家正是通过追寻这种精神上的自在、悠乐作为完善自身道德修养的手段，以完成“为天地立心，为生民立命，为往圣继绝学，为万世开太平”的使命，摆脱现世的各种困扰，使人不再患得患失，心地坦荡。这就是儒家积极入世的乐观主义的休闲观。

三、超世的道家休闲观

与儒家休闲观不同，道家休闲观以回归自然任性逍遥为其价值取向。道家的根本宗旨是回归自然。“人法地，地法天，天法道，道法自然”“道之尊，德之贵，莫之命而常自然”。老子认为，“自然”既可以理解为自然世界，万事万物；也可理解为自然而然，即事物顺着本然、原本的状态，既没有外在力量的控制，也没有自我意识的主宰。

斗转星移、日月轮照、四季变化，世间万物各得其所，自在自得，不受意识的干扰，即是天地自然。老子还认为人应该“见素抱朴，虚心弱志”。主张人应该回归到天真、纯朴的自然状态。因此，他提出要“复归于无极，朴散则为器”，提倡“绝圣弃智，绝学无忧”，把一切虚伪的、浮奇的、铺张浪费的东西统统排斥掉。“五色令人目盲，五音令人耳聋，五味令人口爽，驰骋畋猎令人心发狂，难得之货令人之行妨”，主张“去甚、去奢、去泰”，清除贪欲，消除对外物的执着，保持无为、无拘无束、自由自在的心态。

庄子在道家原有休闲观的基础上，进一步深化休闲观。《逍遥游》开篇“北冥有鱼，其名为鲲，鲲之大，不知其几千里也，化而为鸟，其名为鹏。鹏之背，不知其几千里也，怒而飞，其翅若垂天之云”。庄子以展翅鲲鹏腾飞天际，创造出一个空前辽阔广大的世界，意在打破时空及世俗的局限，把人们从各种精神枷锁中解放出来，汪洋恣肆、气势恢宏。借此，庄子也阐释了自由的首要条件是要打破精神的枷锁，从世俗之见和禁锢中解放出来。但庄子也提出，即使像大鹏那样展翅高飞扶摇而上九万里，也必须有所依赖，“风之积不厚，则负大翼也无力”。庄子认为，真正的自由是超越一切依赖和束缚的“无待”。人要获得精神自由，就必须超越形骸、功名的束缚，达到“至人无己，神人无功，圣人无名”的逍遇境界。这也是一种悠闲的人生状态，是从是非虚实、善恶、内外、物我、生死的区别中超脱出来达到“天地与我并生，万物与我为一”的“齐物”境界。

庄子在精神上追求自然回归达到与天地万物为一体的“泯物我、齐生死”的境界。这种绝对的精神自由，在现实生活中其实很难实现。而魏晋名士则把庄子的这种“哲学境界”变成真实的“生活境界”，把庄子的“道的境界”变成“诗的境界”。这样庄子的齐物、逍遥在魏晋名士那里则成为自在狂放、任性逍遥。魏晋人借自然山水、鱼跃鸟啼来排解心中的压抑与苦闷，怡情山水、流连自然，为的是借山水之美启迪灵性，从中发掘生活之美，以获得精神上的极大享受。从庄子的超然物外、析万物之理，判天地之美，到魏晋人那里则发展为鼓楫泛舟、游猎垂钓，在自然中体认如诗如道的人生状态，过着一种淡泊闲适的生活。

以后历代文人雅士，也遵循道家回归自然的宗旨，喜山乐水、品茗读书，从中感受美，更悟出丰富的人生哲理。可见，道家的休闲观念从侧面展示了中国人的精神追求和审美情调，这也是道家休闲观念的一种特殊品格。

四、在世的禅宗休闲观

中国佛教禅宗既不像儒家那样执着，也不像道家那样洒脱，而是在“刁世出世”之中追求一种超脱的精神境界。印度佛教传入中国后，便逐渐中国化，而禅宗就是典型中国化了的佛教。它把佛教通俗化、大众化，让广大人民群众乐于接受。

“禅”是梵语“Dhyana”一词的音译。意思是“静虑”，即安静的沉思。印度佛教把修行分成几十个阶段，每个阶段都是一种境界，逐渐提升。而中国的禅宗则反对皓首穷经、苦修苦练。提倡“直指人心，顿悟成佛”，强调人人都有佛性，个个皆能成佛，它是一种通过直觉而当下达到觉悟，从而解脱一切人生烦恼的修行方式，是一种超然洒脱的人生态度。

禅宗要人做无心人、无求人、无事人，过一种闲而又闲的舒适生活。所谓无心，就是要做无心人，有人问禅宗玄旨，答曰：“无汝用心处。”无心当然也就无求，若有求就是妄心。人如果去追求的话就会给自己带来牵累，而且越求离佛道越远，这就叫“求佛失佛，求道失道”。既无心，又无求，当然也就无事可做。“春有百花秋有月，夏有凉风冬有雪；若无闲事挂心头，便是人间好时节。”这就是无心、无求、无事的禅境。一切声色事物，过而不留、通而不滞，随缘自在，到处理成，这是真正的闲适之境。

禅宗在将印度佛教本土化的过程中，还汲取了道家回归自然返璞归真的老庄思想，从而形成了一种观照自然、随顺自然、复归自然的禅悦境界。在禅宗看来，大自然的一切都是佛的真理和智慧的显现：“青青翠竹尽是真如，郁郁黄花无非般若。”佛法“如朗月处空，无不见者”，因此要领会佛法，就必须观照自然。

禅宗不仅向往自然，而且更向往自由。在禅语中，“自由”二字出现频率比较高，不少禅语都与要求自由有关，这是一种特别的文化现象。自由按佛教教义的解释就是“解脱”。所谓“解脱，纵任无碍，尘累不能拘”，“尘累”就是世俗生活的牵累，摆脱了世俗生活的牵累的境界就是自由境界。僧璨说：“无人缚汝即是解脱。”杜琛说：“律身非真解脱，善本教人不用无绳而自缚。”反对戒律对人的束缚。解除了束缚以后，则是“大千世界内，一个自由身”“大海从鱼跃，长空任鸟飞”“虚空无障碍，往来任纵横”“任心自在，快乐无忧”“任性逍遥，随缘放旷”“活泼泼平常自在”。百丈怀海有诗曰：“放出沩山水牯牛，无人坚执鼻绳头。绿杨芳草春风岸，高卧横眠得自由。”也就是说，一旦摆脱了世俗的牵累，就能过得自由自在、潇洒快活。

中国佛教禅宗要人消除执着，保持一颗“平常心”，人俗而不为俗所累，做无心人、无求人、无事人，这种豁达、闲适的生活态度和生活方式是我们中国人的一种生存智慧，它能使人摆脱生存困境，消除各种不良情绪，让人生活得自由自在无拘无束。

五、中国传统休闲观特征

从本质上说，休闲即为一种人生哲学的概念，它是过一种符合“中道”原则的生活。这种“中道”原则是中国古代儒道禅三家都共同认可的关于道德的基本要义，其追求的是一种个体生命与社会整体的协调发展。谈休闲，就是谈人生哲学，在中国，对休闲的理解，无论是儒家、道家还是释家，都有一个传统，即休闲既是一种生活方式，同时也是一种人生境界。作为一种哲学理念，休闲具有如下几个方面特征。

其一，超越性。在现实生活中，人们难免会有不满的情绪，那么在这种情绪的促使下，往往会有更高的追求。休闲的超越性要求人们在确立人生目标的同时，要勇于创新、敢于追求，超越固有的现实，以达到更高的水平。

其二，主体性。休闲强调追求人内心世界的充实，而并不是从外部世界获得的一种满足。在日常生活中，人们进行休闲活动均受到外界环境的支配，而非内在主观意识的控制。在生活目标的设定上，以及人的行为方式的选择上，休闲哲学强调的正是这种主体性。

其三，日常性。休闲哲学不同于人生哲学，休闲哲学将人生理想、追求、价值观等都表现在日常生活中。它往往是通过一些行为模式、生活内容来展示人格理想和生活价值，追求的是合一性。无论是知还是行，理想还是现实。它的价值目标都是立足于当下，超越现实①。

其四，体验性。休闲哲学强调人生是一种体验。正是由于生命的内在体验才决定了我们的生活质量。也正是由于体验的丰富性，才能超越平庸无奇的日常生活表面，挖掘生活的内涵。正是人的这种独特的感受性与体验性的结合，才有了更多有意义的发现和感悟。

第二节　马克思主义的休闲观

在马克思看来，人类的存在方式是包括劳动、休息和休闲三种形式的。劳动是人类的对象化活动，但却是为了生存和生活而不得不为之的活动；休息是人类为了再生产劳动力而进行的必要的“不”活动；休闲则是“不”闲着的活动，它既不是劳动也不是休息，而是介于劳动和休息之间的状态。人类用于休息和休闲的时间就是马克思所说的“可以自由支配的时间”。“这种时间不被直接生产劳动所吸收，而是用于娱乐和休息，从而为自由活动和发展开辟广阔天地。”

一、马克思的休闲观

马克思主义休闲观主要包括三个方面。一是马克思关于自由时间的论述；二是马克思对劳动与休闲关系的分析及其中蕴含的关于休闲公平权的讨论；三

① 周飞伶．休闲之略观［J］．首都师范大学学报，2010（3）．

是马克思关于人的自由全面发展的论述，其被称为马克思休闲观的“宗旨归依”。

（一）自由时间论中的休闲

马克思用“free time”来表示休闲，他认为休闲的本质是一个时间问题，是人们在从事必要的生产生活劳动之外可自由支配的闲暇时间①。根据马克思对自由时间的论述，它蕴含的休闲思想包括三个层面。第一，基础层面。自由时间为人们从劳动中抽身出来转向从事自己喜欢的事情提供基础保障，只有当人们达到了自由时间的前置条件，人们才能开展自由活动。第二，自由层面。按照马克思关于自由时间的论述，自由时间不表示空闲时间和无聊行为，而是人们在自由王国里积极存在的方式。第三，发展层面。根据马克思的解释，当人们获得了可自由支配的时间时，人们才能不被必要的劳动所累，转而在自己喜欢并且更能激发个人潜能的休闲活动中有所发展。休闲不仅仅是寻找快乐，更是寻找生命的意义；休闲不仅仅是一种生活方式，更是人的价值存在的体现。休闲在存在状态和时间意义上，都包含人的内在生命的必然性需要，具有人的发展的价值逻辑②。

（二）关于公平休闲权

马克思的劳动休闲观与马克思理论一脉相承，是源于对资本主义的批判和对劳动阶级权利的呼吁。工人阶级的劳动时间和自由时间的分配状况是马克思关注的重点，马克思认为在休闲权利方面，工人阶级和资产阶级存在极度不平衡的问题，资产阶级占据了大量的生产资料和自由时间，是休闲活动的“独裁者”。为劳动群众获取休闲权利，呼吁打破休闲独裁和特权，让劳苦大众也能享受休闲权，最终实现人类的全民解放和价值回归是马克思休闲思想的重要体现。公平休闲权是马克思休闲观的基本逻辑，在新时代，也是指导我们关注弱势群体休闲利益的根本思想。

---

① 马克思恩格斯全集：第26卷［M］. 北京：人民出版社，1975.

② 王晓杰 . 马克思休闲思想及中国休闲经济发展研究［M］. 北京：中国社会科学出版社，2015.

（三）人的自由全面发展与休闲

马克思主义关于共产主义社会本质理想特征的描述以及马克思休闲观宗旨是人的自由全面发展。休闲以价值重构和生命释放为其功能特征，是人的一种生活方式和存在状态，是马克思关于实现人的自由全面发展的解答。人的自由全面发展与休闲的关系，还体现在休闲是人的自由全面发展的实践形式[①]。第一，休闲是人的个性自由的体现。休闲是人们摆脱公共角色的束缚，以自由自主的方式实现自身主人的状态。在此状态中，人是自己的主人，拥有自由的灵魂，以悠然之态享受所爱之事。第二，休闲是人实现全面发展的路径。马克思认为，在自由的状态中，人们往往在艺术、体育、科学等领域有所发展，并蕴含着强烈的文化取向，脱掉功利的外衣，将自我价值发挥到极致。第三，休闲是拓展人们社会关系的重要通道。人的全面发展离不开社会属性的全面发展。休闲因实施主体的自主自愿性、友伴共情性、圈层文化性等特征，使其能够突破地域、文化、职业等固有边界而形成高黏性和广泛的社会关系[②]。

二、中国著名学者的马克思主义休闲观

休闲既是一种生活方式，更是人类文化。目前，休闲作为大众文化形式，以一种独特的方式影响着大众，支配着大众的生活方式。从本体上说，休闲应是在探索生命的意义中发现自由、完美和人生真谛的过程。虽然在我国传统休闲时代并没有如此明确地表述过“休闲”一词，但很多优秀思想家依然表现出了相近甚至具有前瞻性的观点。特别是在马克思主义休闲观的影响下，我国学者开始对休闲学进行有益的探索，这对我国当代旅游休闲实践和旅游休闲理论研究具有重要意义。

（一）于光远先生的休闲观

于光远先生是我国著名经济学家，中国社会科学院原副院长、国家科委原副主任、中共中央顾问委员会原委员，中国当代思想解放运动和改革开放的重要参与者和见证人。他因最先倡导休闲文化、休闲产业和休闲经济而被称为

① 杨佳英 . 马克思休闲思想及其当代价值研究［D］. 北京：中央财经大学，2015.

② 李东娟 . 马克思主义休闲观的理论发展及其当代实践价值［J］. 学理论，2021（11）：19–21.

"于休闲"。休闲学研究是他晚年对中国学术界做出的又一重要贡献。成思危先生和于光远先生、龚育之先生主编的"西方休闲研究译丛"5本书标志着休闲学在中国的诞生，填补了我国学术界在休闲学研究领域的空白，具有开创性的重要贡献。

于光远先生的休闲思想深受马克思主义的影响。他认为，休闲在人类文化文明进化史上扮演了重要的角色，是启迪人类"认知自我""生存意义""生活意义"等重要生命时空研究的重要对象，其休闲思想便体现在对这些问题的研究上。

于光远先生认为人与生活及其存在方式的问题是马克思主义学说的基本出发点。在生活方式上，除了满足基本需要外，可以说实质上是文化问题，也就是提高各个生活领域中文化成分的问题。恩格斯有句话叫作"一要生存，二要享受，三要发展"。生存就是活着，活得健康；享受，即比生存的一般需要多得到一点；发展，便是发展自我的个性和才能。[①] 于光远先生认为"应该研究人民群众的消费、生活和生活方式问题，使人民群众在现有经济条件下生活得更美好、幸福和健康。一方面，帮助群众树立正确的生活方式，包括审美观点，让他们自己安排好自己的生活；另一方面，通过生产和消费正确结合的办法来指导消费"[②]。

休闲既是社会问题、时代问题，又是个体问题、生命问题。休闲研究需要与哲学、社会学、历史学文化学、人类学经济学、生物学以及其他学科进行对话。[③] 于光远先生对休闲现象的思考与研究也突出了跨学科的特色。

"多闻数穷，不若守于中"也就是人的心灵要保持清净，而不要旁骛太多，没了章法和智慧。因为，人一忙就容易乱，头脑不清醒；人一忙也容易烦，心情不能和平；人一忙就容易肤浅，不能研究问题，不能冷静认真思考；人一忙就容易只顾眼前，不能高瞻远瞩。[④] 可见，于光远对人的时间质量有很高要求，也把忙与闲的辩证法讲得如此生动。

---

① 于光远．改革、经营、生活、组织建设［M］．长沙：湖南人民出版社，1986：351.

② 于光远．改革、经营、生活、组织建设［M］．长沙：湖南人民出版社，1986：350.

③ 于光远、马惠娣．于光远马惠娣十年对话：关于休闲研究的十个基本问题［M］．重庆：重庆大学出版社，2008：1.

④ 于光远．论普遍有闲的社会［M］．北京：中国经济出版社，2005：2.

于光远先生认为“普遍有闲社会”的来临，首先需要搞清以下几个问题。第一，什么是“普遍有闲社会”？第二，有闲社会对人意味着什么？第三，政府在有闲社会中的职能是什么？第四，有闲社会最怕什么？1996年年初，于光远发表长篇论文论述“普遍有闲社会”，对上述问题做了初步的思考。

他指出：“争取有闲是生产的根本目的之一。闲暇时间的长短与人类文明的发展是同步的。从现在看将来，如果闲的时间能够随着生产力的发展进一步增加，闲的地位还可以进一步提高。这是未来社会高速发展的必经之路，不认识休闲在社会进步中的价值，我认为是缺乏远见卓识的。”① 这就对“普遍有闲社会”做了质的规定，使其与其他社会阶段的“闲”有了本质的区别。

“闲”的时间增多，就个人来说，就是把自由时间支配好，使这段时间过得愉快、过得充实，过得有意义。从社会角度来看，也有一个如何帮助、如何引导人们支配好“闲”的时间利用的问题。于光远还指出：“休闲是个哲学问题，归根结底是认识人的问题。但是，无论是在西方还是在东方，这种认识已被现在的人们淡忘了，这是人的异化形式的现象之一。”②

早在1980年，于光远先生对人的非必要劳动时间提出“四分法”：“应当把一个人一天24小时，区分成作为谋生而付出的劳动时间和其他时间，在其他时间中包括生活必需时间、享受时间、发展个人的时间和用于社会交往的时间。”③ 他解释了“作为谋生手段的劳动时间的构成”“劳动时间以外时间的构成”“各种不同时间的增减在社会发展中的规律性”，以及在“全社会经济效果的提高”与“时间节约”的背景下，分析了“最终产品的增产”“生活必要时间缩短”“社会消费需要的变化”“与劳动者就业问题”。

于光远先生认为，闲暇与休闲，既有区别，又有联系。无“闲”难有“休”。“重视精神产品的生产是实现人的自由全面发展的重要保证，其中应当包括哲学、宗教、政治、法律、道德、文学、艺术等。”④ 休闲更具有文化、审美与精神自由层面的意义。闲暇，是一种以时间形态存在的无形资源，这个

---

① 于光远．论普遍有闲的社会［M］．北京：中国经济出版社，2005：9.

② 于光远，马惠娣．于光远、马惠娣十年对话：关于休闲学研究的基本问题［M］．2005：45.

③ 于光远．在社会主义制度下整个社会经济效果的提高对社会生活的影响［J］．技术经济与管理现代化通讯．1980（1）．

④ 马克思恩格斯选集（第3卷）［M］．北京：人民出版社，1995：456.

“资源”开发利用得好，其价值重大。这样的区分会让我们的研究有清晰的边界，可以把道理说得更准确[①]。

由以上这段论述看出于光远先生与马克思主义的休闲观一脉相承性，它也深刻地表明了“以时间形态存在的无形资源”的重要与宝贵。

（二）龚育之先生的休闲观

还有一位著名的中国休闲学奠基者是龚育之先生，龚育之先生是当代中国杰出的马克思主义理论家，中共中央文献研究室原副主任、中共中央宣传部原副部长、中共中央党校原副校长、中共中央党史研究室原常务副主任，也极大推动了中国休闲学的研究，与于光远先生和成思危先生一起是中国休闲学的缔造者与奠基者，为中国休闲学研究做出了不可磨灭的贡献。

在休闲学建立之初，社会各界、政府部门，以及公众对此学科研究的价值与意义缺乏正确的理解和共识。无论是专家学者还是政府成员，大部分人都认为休闲是对资产阶级生活情调的青睐，是对当代中国市民社会现状的漠视，是自由化的回潮。即使在学界，也把休闲研究当成是对吃喝玩乐的眷顾。尤其那些极左派分子、形左实右分子、号称“马克思主义者”利用多种场合向休闲研究发难。

在这一社会背景下，龚育之先生旗帜鲜明地以马克思主义的基本理论为依据，阐释了休闲研究的当代意义和时代意义。

龚育之先生指出：在马克思主义的思想宝库中，自由包含着多方面的含义。一是政治上的自由、民主、平等、人权等。二是认识论和实践论上的必然与自由，这是哲学层面的问题。恩格斯讲自由是对必然的认识，毛泽东讲自由是对必然的认识和对客观世界的改造。三是劳动时间和闲暇，这是经济、社会生活层面的问题。马克思认为，人要生活，要创造生活资料，就必须付出一定的劳动，取得报偿，才能养活自己，这就是属于必然的劳动，你的必然劳动既是为社会服务也是为自己生活。除此之外，剩下来的空闲时间就是自由的时间，是你可以自由支配和进行自由创造的时间。龚育之先生把这也叫作必然和自由。政治上的自由，哲学认识论上的自由，谋生劳动之外时间上的自由，都

① 于光远，马惠娣．于光远、马惠娣十年对话：关于休闲研究的十个基本问题［M］．“休闲与闲暇”一节。

是很值得追求的，这三者之间有着很深刻的联系[①]。

龚育之先生认为，文化的创造与休闲有很大的关系，如果没有闲，大概也就没有知识、没有文化，更谈不上科学了。随着人们休闲时间的增加，除去每天 8 小时用于劳动、8 小时用于睡眠，还剩 8 小时用于吃喝等享受生活的事情。现在每周 5 天工作日，还有 7 个节假日，这么多的闲暇时间，而且还在不断地增加。我们研究新事物，面对这么大的一个事物，对它的存在、活动方式等都值得关注。不仅要研究 8 小时以内的问题，还要研究 8 小时之外更广泛的问题。研究休闲，除了要证明把它跟马克思主义联系起来，还需确立它的正确地位，看到它在现实社会中的地位，如果休闲文化内涵高的话，对满足人们的综合需要、消费情趣是有很多好处的。不能只关注 8 小时之内的工作时间，也应研究 8 小时之外的闲暇时间的利用问题，应该看到自由在人类全面发展方面的重要地位。休闲在我们现在社会中的地位越来越重要，但也应该看到休闲存在品位比较低下、比较恶劣的问题。休闲品位的提高同文化的创造、休闲与自由、休闲与创造力等问题都需要去研究。

（三）陈鲁直先生的休闲观

陈鲁直先生是中国休闲研究重要的推动者和参与者，是中国休闲研究的学术顾问，“西方休闲研究译丛”编委之一，中国休闲研究的多个重要活动都留下了他的身影。其代表作《民闲论》（2004 年，中国经济出版社），深刻阐释了马克思主义休闲思想的精髓。书中系统地介绍了马克思关于“劳”与“闲”的关系问题，深刻解读了“每个人的自由发展是一切人的自由发展的条件”的思想精髓，赞扬了“闲”的价值。陈鲁直认为在当下如此快节奏的社会中，人们应该合理分配时间，调剂出“懒散”的时间来享受生活、从容生活，去体味生活的惬意、体察世间的美好。

陈鲁直先生从马克思著作的原文中进行文献考证，准确而生动地译介了马克思休闲思想，他指出“闲”是马克思主义的一个基本思想，使人可以充分地

① 马惠娣. 缅怀中国休闲学的奠基者龚育之老师 音容笑貌宛在 人格魅力长存 道德文章不朽 学术正道永恒［A］. 中国自然辩证法研究会休闲哲学专业委员会、中国艺术研究院休闲研究中心 . 休闲与国计民生——2008 年中国休闲与社会进步学术年会文集［C］. 中国自然辩证法研究会休闲哲学专业委员会、中国艺术研究院休闲研究中心：中国自然辩证法研究会休闲哲学专业委员会（筹），2008：5.

利用可自由支配的时间发展自己。20 世纪 90 年代欧洲的工人阶级提出了生活和劳动平衡的问题，这实际上就是人的自由解放。如果只是鼓励大家劳动而不创造大量的时间来发展自己，就失去了平衡。西方所提出的生活与劳动平衡的问题触及了很多事情。比如说，欧洲的工会不但保障工人们的生活，还保障他们的休闲。符合我们今天谈的“闲”。

“闲”是同社会生产力密切相关的事物，生产力的发展意味着休闲生活的增加。“闲”是生产力发展的根本目的之一。闲暇时间的长短与人类文明进步是并行发展的，劳动时间进一步减少，闲的地位进一步提高，这是走向未来经济高速发展的必由之路。如今“休闲”是人们使用频率最高的词之一，在中国城乡的任何一个角落，我们都能发现这样的字眼，看来，社会进步不会以人们的意志为转移，只要科学技术不断地向前发展，普遍有闲的社会就会向我们走来。

休闲研究在中国是一个正在被拓荒的学术领域，作为一个新的社会文化现象，休闲对人的日常生活结构、社会结构、产业结构以及人的行为方式和社会建制产生了深刻的影响，而且休闲不仅是一个经济问题、科学问题和哲学问题，还是一个社会文明问题，国家竞争力背后的支撑力量是体制、资源、文化等，正是在这一社会背景下，全国一大批专家学者已经加入这支拓荒的大军中，加快了中国休闲研究的步伐。近年来，一批颇具学术水准的学术著作不断问世，中国休闲研究的力量正在崛起①。

（四）成思危先生的休闲观

成思危先生是著名的经济学家和社会活动家，中国民主建国会和中华职业教育社的杰出领导人，中国共产党的亲密朋友，第九届、第十届全国人民代表大会常务委员会副委员长，中国民主建国会第六届、第七届、第八届中央委员会主席，中华职业教育社第八届、第九届理事会理事长，国际欧亚科学院院士②。

---

① 陈鲁直：劳动和生活的平衡. http://finance.sina.com.cn/economist/xuezhesuibi/20070719/12013801148.shtml?from=wap［2007-07-19］.

② 成思危. https://baike.baidu.com/reference/116488/5fb3YD2ndawZAM5cSVVGItWfRBjQYbD5I_zfeNGsj3W0FHEx92J01qdhNpxEeOh4-iJT0owHRww9yIhS7TXM7v-QGnI9jQs2DbsIIkoEHe_rqw .

于中国休闲学界来说，成思危先生是一面旗帜——他与于光远先生、龚育之先生等人将这面旗帜高高擎起。成思危先生认为，我们的国家目标是在2020年实现全面建成小康社会的目标，在这个过程中，休闲问题是非常值得重视的。伴随小康社会的来临，人们的闲暇时间会更多，如何更好地利用是大问题。同时，不要把休闲和经济发展对立起来，而是应该看到休闲和经济发展之间有一个互相补充和相互促进的过程。

马克思主义一直强调人的全面发展，成思危先生也认为休闲与人的全面发展是密切相关的，人在社会中不仅仅是为生活为工作，还会有很多追求的价值观。人的全面发展需有充足的闲暇时间，并能正确地利用这些闲暇时间。研究休闲问题，要根植于中国文化、中国国情，把二者紧密结合起来，探索中国休闲特色；要有开放的心态，要吸收世界一切的先进文明的成果，融合到中华文化之中。在继承、开放的基础上，还要不断地有创新[①]。

成思危先生在认识休闲发展对社会、经济、文化、政治各个领域的作用方面，做出了重要解释，见解独到。

一是发展休闲产业有利于贯彻落实以人为本的发展观。马克思提倡了人的全面发展，人劳动是为了获取必要的生活资源条件，但人绝对不只是劳动，他必须有一个全面的发展。如果没有给予足够的闲暇时间，没有充分地利用好闲暇时间，就会影响到人的全面发展。

二是休闲的发展有利于社会稳定，有利于构建和谐社会。而休闲本身对整个社会和谐，对整个社会的稳定也是有利的。

三是休闲的发展有利于我国经济的增长。目前，虽然我们国家经济发展迅速，但结构性的调整还很重要。人民生活水平不断提高，但我们的消费占GDP的比重从改革开放初期的72%降到了44%。降低有各种因素，有我们习惯于储蓄的因素，也有投资增长过快压缩了消费的因素。但更重要的是，我们要有新的消费增长点。而休闲产业、休闲经济，包括旅游，娱乐，体育，文化等，是中国一个重要的经济增长点。要实现中国经济的可持续发展和稳定、较

① 马惠娣. 中国休闲学界的一面旗帜：成思危［A］. 中国自然辩证法研究会休闲哲学专业委员会、中国艺术研究院休闲研究中心、广东青年职业学院（广东省团校）. 中国休闲研究 2015［C］. 中国自然辩证法研究会休闲哲学专业委员会、中国艺术研究院休闲研究中心、广东青年职业学院（广东省团校）：中国自然辩证法研究会休闲哲学专业委员会（筹），2015：6.

快健康地发展，休闲产业的发展是非常重要的。

四是休闲的发展有利于提高人民的教育科技文化水平。休闲不仅仅是一种娱乐，还是一种教育。

可见，休闲经济的发展在促进社会发展上有非常重要的作用。当然，也有的学者提出了休闲产业的发展对生态也有好处，因为这些休闲产业基本都是没有污染的。旅游是无烟工业，所以发展休闲产业对于保护生态环境，实现可持续发展也是有利的①。

（五）马惠娣女士的休闲观

马惠娣现任中国休闲文化研究中心主任。她是国内休闲学的开拓者，曾多次参与国际休闲学研究，参与多个城市与区域发展战略规划项目，出版过多部休闲学著作。

马惠娣的休闲思想在《于光远马惠娣十年对话——关于休闲学研究的基本问题》一书中得以充分体现。她认为，休闲是一个重要的概念，但不能被神秘化，更不能被庸俗化。它是一种玩，包括物质性、生物性的吃喝玩乐，但不是无聊，不是打发时间，它是高品质、有创意的精神文化生活。休闲是增强文化素养、精神愉悦的途径，劳动者的休闲素养提升了，内生力强大了，工作理念、效率、创新力等才能更强大②。“休闲”字面理解是闲暇时的休息和娱乐，其实更要敬畏自然、遵守规则、自我约束，随心所欲不逾矩。

马惠娣认为休闲哲学是认识休闲的核心问题。离开哲学的思考，休闲便失去了作为一门学科的意义。休闲是文化的基础，这是人类文化的共性，是人性的共性，是生存的共性，是发展创造的共性。文化依靠休闲滋养，休闲培育文化品质。重视休闲教育，是从最高社会价值方面将休闲的学问视为善良、自由、尊严、公平、怜悯和仁爱，是引导人享受积极、健康、文明的生活方式最佳的教育方式。休闲，是人“成为人”的过程中的重要舞台，是人的本体论意义所在，是一种生活实践和生命体验，是人类的精神家园，是人生的一种智

① 成思危：中国休闲产业经济大有可为［EB/OL］. https://news.sina.com.cn/c/2008-01-02/094214648962.shtml［2008-01-02］.

② 休闲学“大咖”古城邂逅几件小事，直叹金华城真有休闲气质［EB/OL］. https://www.sohu.com/a/462209227_162323［2021-04-21］.

慧，是促进文明社会来临的有效途径。劳作与休闲是人存在的组成部分。劳动创造了人类，也创造了休闲；没有劳动就没有休闲，没有休闲，人类就不会有高级的劳作形式。游戏是人的休闲方式和生活主题之一，是“衣、食、住、行”四大要素之外的重要生存条件。此外，休闲理念融入旅游，能增强旅游的文化属性，开阔旅游者视野，拓展旅游业界的范围。旅游—旅游休闲—休闲旅游—休闲是旅游业发展的必然规律，是旅游者成熟和理性选择的法则。休闲与经济有着内在的联系，休闲促进消费成为社会新经济的来源。休闲经济的本质是以人为本、人文关怀。休闲消费其本质上是对日益兴盛的“物质消费主义”思潮的一种反叛。它倡导消费的合理化和适度性，倡导休闲生活的简单、简朴与简约。休闲产业强调以人为本的服务，以人为本的创造；注重服务的人文性、创造的文化性①。

三、马克思主义休闲观的理论发展

习近平新时代中国特色社会主义思想对马克思主义休闲观进行了升华，在“中国梦”目标描述、新时代主要矛盾阐述、生态文明思想理论中都包含了经典的马克思休闲思想，是马克思主义休闲观在我国新时代的理论发展。

（一）“中国梦”思想中的休闲解读

在第十二届全国人民代表大会第一次会议闭幕会上，习近平总书记对中国梦的内涵及其实现路径进行了深入阐述：“实现全面建成小康社会，建成富强民主文明和谐的社会主义现代化国家的奋斗目标，实现中华民族伟大复兴的中国梦，就是要实现国家富强、民族振兴、人民幸福。”② 中国梦的主体是人民，是关于人民幸福的梦，是要让人民群众的生活越来越好，是彻底以人为本的思想。习近平总书记指出：“中国秉持以人民为中心的发展思想，把改善人民生活、增进人民福祉作为出发点和落脚点。”③ 以人为本，关注人的价值、人的发

① 于光远马慧娣十年对话——关于休闲学研究的基本问题［EB/OL］. http://www.chineseleisure.org/2008n/080828.html .

② 习近平谈治国理政：第 1 卷［M］. 北京：外文出版社，2014.

③ 习近平. 共担时代责任 共促全球发展——在世界经济论坛2017年年会开幕式上的主旨演讲［N］. 人民日报，2017-01-18.

展，就是要实现人的全面自由发展，实现人的能力、个性和需求等诸多方面充分而自由的发展。可见，中国梦以人为本的价值理念与马克思主义关于社会发展的终极目标是实现一切人的自由全面发展的理论阐释高度一致。同时，中国梦还是关于社会公平正义的梦。公平梦是中国梦的一部分，是要让每个个体都有圆梦的机会，为每个人提供圆梦的舞台。这意味着，我们要不分性别、不分民族、不分地域、不分贵贱、不分阶层，人人享有展示自我、张扬个性、追逐梦想的权利和平等的机会。中国梦以人为本，致力于实现人的自由全面发展的理念正是马克思主义休闲观的本质内核；中国梦关于公平梦的意蕴，与马克思休闲思想关于公平休闲权的阐述相得益彰。

（二）我国现阶段主要矛盾阐述中的休闲解读

党的十九大报告指出，我国社会主要矛盾已经转化为"人民日益增长的美好生活需要和不平衡、不充分的发展之间的矛盾"。美好生活需要的内涵丰富，可以基于需要的主体、内容、价值取向等多个维度进行解读。

首先，美好生活需要的主体是全体人民[①]。这要求我们一方面，要立足人民的主体地位考虑美好生活创造的问题，全体人民，即包含各族人民、各区域人民；另一方面，美好生活需求供给既要体现普遍性，又要彰显个性化，要关注特殊群体的差异化和个性化需要，如少数民族同胞、老年人群体等。习近平总书记强调，"要把各族人民对美好生活的向往作为奋斗目标，确保少数民族和民族地区同全国一道实现全面小康和现代化……"[②]让改革发展成果更多更公平惠及各族人民，不断增强各族人民的获得感、安全感、幸福感。可见，美好生活需要立足于全体人民的基础性内涵与马克思理论及其公平休闲观如出一辙，即让全体人民过上美好生活。

其次，美好生活需要的内容具体体现于"好"的生活和"美"的内涵。这意味着广大人民群众不仅仅要过物质意义上的好日子，还表现为人们追求富有情趣的、个性展现的、自我价值体现的、精神层面高度满足的美好生活，体现了美好生活的价值取向是人们对高品质生活的追求。休闲是人们美好生活的重

---

① 郁有凯．新时代"美好生活需要"内涵三维论析［J］．北京教育学院学报，2019，33（1）．

② 习近平．在全国民族团结进步表彰大会上的讲话［EB/OL］．https://www.ccps.gov.cn/xxsxk/zyls/201909/t20190927_134584.shtml［2021 -08-30］．

要组成部分。休闲不仅是人的一种存在方式和生活方式，更是人的价值存在的表现形式，马克思始终把休闲与人的全面发展及社会进步联系在一起，是马克思主义休闲价值观的核心，是马克思对人类真正目标的回答[①]。

（三）生态文明思想中的休闲解读

党的十八大以来，习近平总书记提出了一系列生态文明思想理论，经过多年不断完善，形成了完整的、内涵丰富的、逻辑严密的中国生态文明思想话语体系。习近平生态文明思想是对马克思恩格斯生态思想的继承和发展，是中国经济社会发展的指南针，与“美好生活”理论交相辉映，是休闲价值的绿色化范式。

一方面，生态文明思想与美好生活具有统一的价值逻辑。人类对美好生活的探索从未停息。“美好生活”内涵丰富，是人们与一系列关系相协调的反映，这其中，人与自然的协调发展是重要的一环。人是自然的一部分，在现代社会，良好的生态环境既是生产资料又是消费性产品，保护好生态环境、尊重生态系统规律，既是实现人类可持续发展的科学路径，也是人们实现美好生活的重要内容。生态文明思想多个角度的话语体系为保障人民实现美好生活提供了坚强堡垒：是人民享受生态之美休闲生活需求的保障；是人民获得生态美好生活的公平性保障；是人类生态美好生活的可持续发展保障。

另一方面，生态文明思想为建设人民满意的休闲环境、设施提供理论指导。习近平总书记谈道，“休闲日益成为人们更高的物质和精神需求的重要体现，也成为经济发展、社会和谐和人的全面发展的重要体现”。基于休闲对于人们美好生活的重要意义，为保障人们获得良好的休闲环境和设备设施，习近平总书记在考察四川时提出了建设“公园城市”的重要指示，突出强调要把握公园城市建设的生态价值，提出坚持以人为核心、引导城市发展从工业逻辑回归人本逻辑、从生产导向转向生活导向，在高质量发展中创造高品质生活，让市民在共建共享发展中有更多获得感。

① 马惠娣．休闲：人类美丽的精神家园［M］．北京：中国经济出版社，2004.

四、马克思主义休闲观的当代实践价值

（一）休闲的社会实践价值

马克思主义公平休闲思想的当代实践具有积极的社会作用。对无产阶级休闲权的维护是马克思公平休闲思想的初心，马克思休闲思想主张休闲不是资本主义有钱阶级的特权，每个生命的个体都应该享有休闲的自由。休闲是人的基本权利。在新时代的中国，我们始终坚持“以人为本”，关注每个个体的价值、权益和自由，关注其生命价值和生存质量，关注个性需求和全面自由发展。新时代中国社会发展的主要目标之一就是要消除发展中不平衡、不充分的问题，保障弱势群体的休闲权益，让每个人都能享受休闲自由的美好生活。以公平休闲权思想为指导，破除休闲活动的阶层障碍，为弱势群体创造休闲机会、完善休闲公共体系，切实提高人民群众的休闲获得感和幸福感，这一方面可以突破群体沟通的边界，增强各阶层、各民族的交流交融；另一方面，有益于切实提高人民生活质量，对于构建和谐社会具有积极作用。

（二）休闲的经济实践价值

首先，休闲消费具有积极的经济价值。休闲经济是消费经济的范畴，休闲促进消费。无论是旅游休闲、运动休闲，还是文化休闲，休闲行为过程就是消费的过程。其次，人们为了获得休闲的极致感受，往往更愿意在休闲方面增加投入。随着我国经济发展水平的稳步提升、国家带薪假期制度的日益完善，人们越来越具备开展休闲活动的基础条件，我国休闲市场发展空间广阔，经济价值巨大。

同时，马克思提倡的休闲经济是一种促和谐的循环式经济。首先，休闲是人们对美好生活的追求。开展休闲本身就是人们平衡劳动和娱乐状态的自发选择，它首先实现的是人与自身的和谐，是让人成为更好个体的有效路径。人成为更好的个体，以人的活动为基础的经济才会是循环的经济。其次，开展休闲还是人与外界和谐的有效路径。休闲的融合性特质，可以帮助人们消除文化、地域、阶层阻碍，实现个体与他人的互通与互动，促进人与人之间的和谐；休闲的“更美、更好、更怡然”的内容属性，让人们自发地尊重自然及自然规

律，促进人与自然有序和谐发展。可见，休闲经济是人们追求内在和谐、社会和谐、人与自然和谐的产物，天生具备循环经济模式的属性。

（三）休闲的生态实践价值

休闲是人类追求一系列“和谐”状态的活动，这其中，人与自然的和谐是最基本的内容。享受生态之美是人类休闲活动的主要内容，只有尊重生态的自然属性，才能获得生态休闲的极致体验。同时，生态休闲还发挥了可持续发展的内在机制。一方面，人类的可持续发展是建立在与大自然和谐共生前提之下的，生态休闲的本质就孕育了人与自然和谐共生的内涵；另一方面，人类的可持续发展是在满足现有需求的基础上，充分尊重子孙后代的资源获取权和发展机会的，生态休闲所蕴含的关怀未来的意义正是它的长远价值所在。

党的十八大以来，习近平总书记关于生态文明建设的一系列讲话将生态文明思想升华到极致，逐渐形成了具有中国特色、影响全球的生态话语体系。由此可见，中国对马克思生态思想实现了最高级别的运用，那就是世代延续性、创新性地继承和发展。马克思生态思想的当代发展为生态休闲提供了最可靠的基础。

（四）休闲的文化实践价值

在休闲外化的表现形式上，马克思将其进行了层次划分：一是消极被动的低级别休闲，即辛苦劳动之后，在补偿机制下表现出来的休闲形式，如睡觉、发呆、放空等，或者是一些有害的休闲形式，如赌博、酗酒等；二是积极主动的高级休闲，即那些体现个体力量、发挥聪明才智、彰显个性特征和兴趣爱好的高级休闲方式，如体育运动、琴棋书画、艺术鉴赏等。马克思向来主张人们在自由时间里的活动应该是充满文化性的活动。文化属性是休闲内容的价值属性之一。

理解了休闲的文化性，在实践中首先要尊重、保护、发展不同民族群体健康有益的文化休闲活动。我国各民族在长期社会实践过程中形成了具有民族特色的休闲娱乐活动，尊重、保护、传承各民族良好的休闲活动一直以来是各级政府提倡和主导的，在中华民族共同体意识下，各民族群众休闲活动百花齐放，丰富多彩。同样，不同国家文化各异，尊重各国人民的文化差异性是国际对话的基础，如此才能让世界充满多元文化的魅力。另外，要为弱势群体，如流动人口、老年群体、留守儿童等，提供和创造高级别文化休闲的机会。让每个人都有圆梦的舞台，这是新时代中国梦公平正义的体现，也是马克思公平休闲权思想在当代中国的具体体现。基于此，各级政府一直在努力为弱势群体创造休闲机会，让他们能够享受真正健康有益的休闲活动，让休闲真正发挥愉悦身心、调适心理、社会交往等积极作用。

第三节　国民旅游休闲研究综述

中国旅游休闲研究已经受到国内学者的广泛关注，分别从不同学科背景、研究视角出发，形成了较为丰富的研究成果。由于旅游休闲说涉及的研究非常广泛，相关研究成果目前呈现出多元化、分散化等特点，从现有文献看，对中国旅游休闲研究领域的系统梳理较少。基于此，本书在吸纳已有研究结论的基础上，运用科学计量的方法对国内权威期刊研究旅游休闲方面的文献进行了量化分析，对休闲总体趋势和主要研究热点进行梳理，以加深对中国休闲领域的认识与把握。

一、休闲研究时间演变特征分析

随着社会经济的发展和闲暇时间的增多，休闲已成为人们生活的重要组成部分，对休闲的研究也引起了诸多学科的关注。我国休闲研究起步较晚，随着大众旅游的兴起、休闲旅游市场的发展及居民闲暇时间的增多，学者对休闲研究的关注开始增加，并对我国休闲研究做了较为系统的阶段性研究。但目前我国尚无专门的休闲研究期刊，休闲研究成果多在旅游学、地理学、社会学、管理学、经济学等不同学科期刊上刊载。研究通过中国知网（CNKI），以主题为“休闲”进行检索，检索范围限定为北大核心期刊，检索时间设置为 1980 年 1 月 1 日至 2021 年 12 月 1 日，检索结果共获得文献 11776 篇。

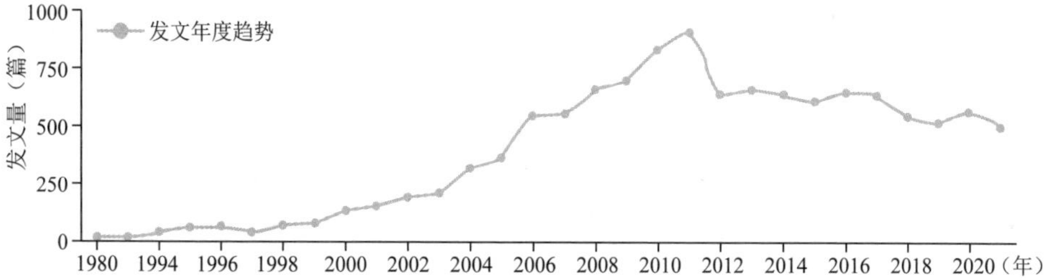

图 1–1　1980~2021 年中国休闲文章总体增长趋势

图 1–1 表明，我国国民旅游休闲研究的发育与发展，同我国休闲业从无到有、从小到大、从弱到强的历史过程相一致，迄今大体经历了学术发轫、研究兴起和拓展深化三个阶段。

（一）学术发轫阶段（20 世纪 90 年代）

我国最早提出休闲学研究的学者是著名经济学家、哲学家于光远先生。早在 1983 年他就指出："我国对体育竞赛是很重视的，但对体育之外的竞赛和游戏研究得很不够。在中国高等院校中没有一门研究游戏的课程，没有游戏专业，没有一个研究游戏的学者。这不是什么优点而是弱点。"

20 世纪 90 年代，中国学者开始全面关注休闲研究。在于光远先生的倡导下，1995 年成立了以推进全民具有文化意义的休闲为宗旨的"六合休闲文化策划研究中心"并将休闲理论作为重点研究课题。在于光远以及成思危、龚育之等学术大家和学者型领导的积极倡导下，马惠娣等学者自 20 世纪 90 年代开始潜心研究，倾力推动。旅游学界学者们的研究也逐渐会集到"休闲"研究领域，相互碰撞、彼此交融。通过十多年的努力，"休闲"研究主题被纳入学术研究的范畴，并在社会科学领域占有一席之地。但与国外相比，我国休闲研究起步晚、研究涉及面窄，尤以大众休闲、休闲方式方面的介绍性文章居多，除个别文章以休闲教育为切入点外大多数文章分别从哲学社会学、经济学视角对休闲这一复杂的现象进行了研究。

（二）研究兴起阶段（2000~2010 年）

休闲是一个交叉性、综合性很强的新的研究领域，在其基本概念尚有争议、理论体系尚未形成的情况下，研究从思想、内容、逻辑体系上对2000~2010年来我国休闲研究的成果进行梳理。10年间，休闲研究取得丰硕成果。

2000年马惠娣主持翻译了“西方休闲研究译丛”，该丛书对美国休闲学研究中有代表性的成果进行了一次集中介绍。2004年，马惠娣等人主编了“中国学人休闲研究译丛”作为其10年学术研究的积累和课题研究的成果，丛书立足于国情、国人，反映了中国学者对中国问题的思考。2008年，由湖北大学马勇教授等人主编的“休闲与游憩管理丛书（译丛）”出版。这套丛书以教学为主要目的，着力对休闲相关基础知识的普及和人才的培养进行了阐述。2009年，由马惠娣担任主编的“西方休闲研究译丛”面世，该丛书从休闲与生活满意度、休闲教育、休闲服务、美国人时间分配等角度，再次向人们介绍了美国休闲研究的近期成果，同年，浙江大学出版社出版的几本译著也从不同角度展示了国外研究成果，如现任世界休闲组织秘书长的克里斯多夫·爱丁顿所著的《休闲：一种转变的力量》，侧重于考察休闲作为一种重要力量如何推动个人、社区、国家的转变;《休闲的制约》一书探讨了哪些因素会制约人的休闲。

在于光远、马惠娣等人的大力推动下，中国休闲研究会、中国文化研究所休闲文化研究中心、中国艺术研究院休闲文化研究中心、中国软科学研究会休闲研究专业委员会等学术机构相继成立。作为我国自然科学和社会科学的最高殿堂，中国科学院和中国社会科学院也有专门的力量从事休闲研究，其中，中国社会科学院2003年批准将财政与贸易经济研究所旅游研究室更名为旅游与休闲研究室，中国科学院地理科学与资源研究所也在1998年立项研究北京老年人的休闲生活，并于2009年将城乡室调整更名为旅游与社会文化地理研究室，将休闲作为一个重要研究主题。

2000年8月，“中国休闲产业国际研讨会”首次在北京召开，成为我国休闲研究的一个里程碑。与会代表围绕“休闲产业——新的经济增长点”这一议题，就休闲产业在中国，休闲组织的变化及服务管理，女性、青少年、老年休闲项目的开发与创新，休闲产业与经济发展，假日旅游等问题展开了充分探讨。2001年11月，由国家旅游局和杭州市政府合办、杭州宋城集团协办的“中国休闲经济国际论坛”邀集了国内外学者，就休闲经济在中国的发展进行了深入讨论。2002年10月，由中国软科学研究会、《自然辩证法研究》编辑部、中国艺术研究院休闲文化研究中心联合举办的“2002 中国：休闲与社会进步学术研讨会”就“休闲产业与经济结构、产业结构、消费政策、劳动时间的关系”“转型期城乡（社区）居民休闲时间的利用、特点及存在问题”等一系列问题进行了讨论。由世界休闲组织、浙江大学、杭州市人民政府、原浙江省旅游局联合、连续主办的“中国休闲经济国际论坛”，以及“密云休闲论坛”等也都提供了一个交流的平台。2005~2009 年，中国自然辩证法研究会休闲哲学专业委员会和中国艺术研究院休闲研究中心等连续组织了五次会议，分别以“文化：城市的荣誉与责任”“休闲价值与构建和谐”“休闲与社会转型问题”“休闲与国计民生”“休闲：一条通向人类福祉与社会和谐之路”为主题，进行了广泛讨论，引起了较大反响①。

（三）拓展深化阶段（2010 年至今）

进入 21 世纪后，我国休闲业发展呈现新态势，主要表现在以下几个方面：其一，旅游市场实现了从入境市场一元到入境市场、国内市场、出境市场三元的全面转变，旅游休闲产业体系基本形成，并在国民经济和社会发展中占据重要地位；其二，在成为世界旅游大国之后，国家提出建设国民旅游休闲的发展目标，国民旅游休闲发展进入繁荣阶段，相应的改革政策与措施密集出台；其三，随着国内旅游休闲的蓬勃发展，其休闲化、全民性特征日益明显，市场主体数量猛增，业态类型多样化，结构复杂化，竞争业日趋激烈；其四，随着旅游休闲学的持续发展，旅游休闲理论发育进入“快车道”，呈现出从单学科研究走向跨学科、多学科研究融合的趋势。

在新形式和新背景下，国民旅游休闲研究必然产生新变化。一方面，由于地区旅游休闲竞争日趋白热化，旅游休闲不仅受到旅游学界的持续关注，各级政府和业界更是给予了高度重视和支持，使得国民旅游休闲一直保持良好的发展趋势。另一方面，国民旅游休闲作为一个热点研究领域，其在内涵、结构、功能、方法等方面也发生深刻变化。从论文成果的统计分析来看，近十年国民旅游研究拓展深化特征十分明显，相关研究在成果数量上有所减少，在研究内容上进一步深化拓展，“休闲旅游”“旅游休闲”“休闲度假旅游”“休闲旅游产

---

① 近十年来我国休闲研究的历程与特征［EB/OL］. https://wenku.baidu.com/view/f24485369cc3d5bbfd0a79563c1ec5da51e2d660.html［2021-07-21］.

业”等方面的研究受到持续关注（见图 1-2）。

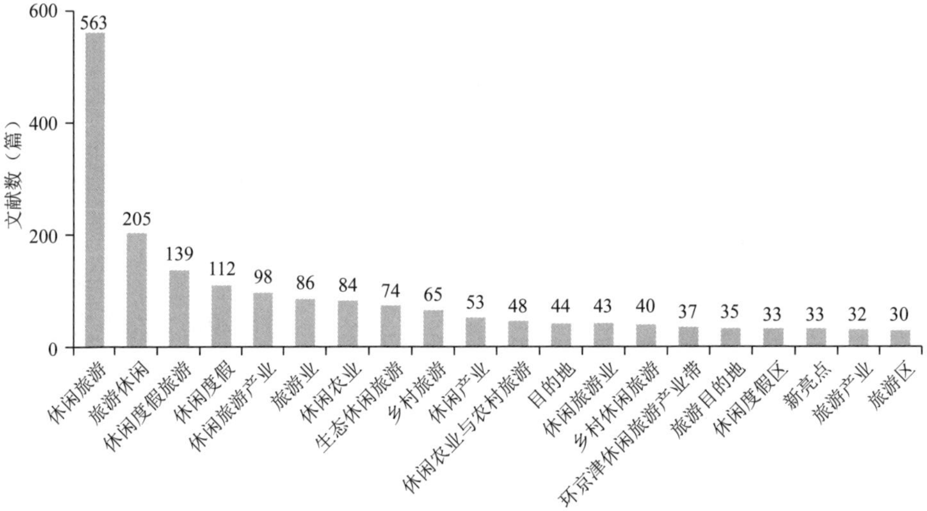

图 1-2　1980~2021 年中国休闲旅游研究 TOP20 主要关键词

二、休闲研究热点领域进展

（一）休闲基本理论

目前，国内学术界对休闲基本理论的研究正在呈现逐步深入的态势。从已经发表的文章看主要集中在以下四方面。一是对休闲概念的认识和界定其中代表性的观点包括：休闲是一种现实存在，是一种文化，一种人类文明程度的标尺，一个意义世界①；休闲是现代社会的一种全新的生活形态，是一种特定的生存状态②③。从这些文章来看，国内学者对休闲的概念定义远远没有达成共识，休闲究竟是时间、状态、生活方式还是一种理想，彼此之间分歧较大。二是休闲与人的发展的关系：有学者从人类社会的休闲化趋势、后现代主义精神的休闲

① 胡志坚，李永威，马惠娣.我国公众闲暇时间文化生活研究［J］.清华大学学报（哲学社会科学版），2003（6）：53-58.

② 楼嘉军.休闲初探［J］.桂林旅游高等专科学校学报，2000（2）：5-9.

③ 宋瑞.国内外休闲研究扫描——兼谈建立我国休闲学科体系的设想［J］.旅游学刊，2004（3）：46-54.

意蕴以及马克思休闲思想的角度，探讨休闲与人的自身发展的内在逻辑关系[①②]。当然，也有学者以哲学为研究基点认为由于休闲与消费都是人的具体生活方式和存在方式，在本质上应是人的价值存在的表现[③]。此外，还有学者从马克思主义和科学社会主义理论中已经包含的休闲与人的全面发展的理论角度出发，对休闲与社会进步相互关系进行全面的思考[④]。三是对国内外休闲理论发展进行梳理。目前，学者们更多的还是依赖于国外现有的休闲研究成果，并将这些成果引入国内学术界[⑤⑥]。四是对建立我国休闲学科体系的初步思考[⑦]。总的看来，还没有真正进入独立系统的理论研究阶段[⑧]。

（二）休闲体育

近些年，经济快速增长，工作效率的提升，人们的余暇时间逐渐增多，休闲体育是有利于身心健康的娱乐健身休闲活动，其参与人数也在不断上升。目前，国内学者也对休闲体育进行了大量研究，其中对休闲体育概念的界定是学界研究的热点。学者们从不同角度尝试对休闲体育进行定义，刘一民认为，余暇时间发展体育运动并非新兴的体育运动形式，余暇体育的定义是根据参与主体的参与时间进行界定的，人们利用余暇时间，开展多项有利于身体发展的以健身、娱乐、宣泄等为目的的体育运动[⑨]。于涛认为，休闲体育是在工业社会和后工业社会创造的物质财富和精神财富的基础上，人们抱着自我完善、自我充实的自觉态度，积极主动和享受体育活动获取的一种现代行为方式[⑩]。薛海红认为，余暇体

---

① 刘晨晔 . 解读马克思休闲思想的几个问题［J］. 自然辩证法研究，2003（6）：88-91.

② 吴文新 . 试论休闲的人性意蕴和境界［J］. 自然辩证法研究，2004（1）：85-89.

③ 许斗斗 . 消费社会之休闲异化批判——波德里亚的休闲观评析［J］. 东南学术，2003（4）：163-168.

④ 陆彦明，马惠娣 . 马克思休闲思想初探［J］. 自然辩证法研究，2002（1）：44-48.

⑤ 楼嘉军 . 休闲科学理论发展简析［J］. 北京第二外国语学院学报，2001（3）：7-13.

⑥ 马惠娣，刘耳 . 西方休闲学研究述评［J］. 自然辩证法研究，2001（5）：45-49.

⑦ 周常春，董武亮 . 近十年国内休闲与游憩研究综述［J］. 桂林旅游高等专科学校学报，2004（5）：5-10.

⑧ 岳培宇，楼嘉军 . 国内休闲理论研究阶段、重点及评述［J］. 北京第二外国语学院学报，2005（5）：22-27+12.

⑨ 刘一民 . 余暇体育——一种文明、健康、科学的余暇生活方式［J］. 天津体育学院学报，1996（1）：57-62.

⑩ 于涛 . 余暇体育研究的理论框架［J］. 上海体育学院学报，1998（3）：6-10.

育是一种群体参与的群体性体育活动，多发生于工作、学习之余，是现代生活中余暇生活的重要组成部分，可以根据群体特点、需求开展不同形式的身体活动，在欢乐愉悦中达到强身健体、缓解压力、恢复体力，调节身心、满足身心追求等目的的活动。[①] 可以看出，国内学者对于休闲体育的定义还未统一，关于休闲体育的定义都偏重于休闲体育的某一方面功能或特征描述。对于定义要从整体上把握，因此，石振国等将休闲体育的定义总结为：人们在休闲时间里自发自愿、自主选择，身体参与是余暇休闲的主要方式，以释放身心压力、恢复体力、调节身心，强身健体为主要目的的一种科学健康的身体生活方式。[②]

（三）休闲农业

自从 2015 年国务院印发《关于推进农村一二三产业融合发展的指导意见》开始，中央一号文件连续四年提及农村产业融合发展，农村产业融合成为推动我国乡村振兴的国家层面的发展战略[③]。休闲农业产业联结起农村三产，能够充分发挥农业的生产、生态、生活等多功能，是一种新型农业生产经营形态，也是农村三产融合的典型形态[④]。我国休闲农业发展经历了四个阶段[⑤]：第一阶段是 20 世纪 80~90 年代，零星地区农民以瓜果节庆活动吸引城市居民；第二阶段是 20 世纪 90 年代至 2000 年，城市郊区出现了以观光为主的观光休闲农业园；第三阶段是 2000~2010 年，对休闲农业的需求快速增长，出现了大型生态农业观光园、现代农业示范园等新业态；第四阶段是 2010 年至今，随着中央把农村产业融合作为乡村振兴战略重要途径，休闲农业业态不断升级演化，开始在融合农业多功能，建设美丽乡村实践中发挥越来越重要的作用。

国内学者认为我国农村产业融合概念来源于日本的“第六产业”概念。起初，日本学者将第六产业定义为农村地区一、二、三产业之和，后来又修正为

---

① 薛海红，唐建倦．休闲与休闲体育［J］．西安体育学院学报，2001（4）：22.

② 石振国，孙冰川．近年来我国休闲体育领域的研究成果评述［J］．山东体育学院学报，2008（24）：33-3.

③ 侯国栋，吕莎莎．农村产业融合研究热点与趋势分析［J］．中国农机化学报，2019，40（5）：229-236.

④ 张笃川．以休闲农业推进三产融合研究综述［J］．中国农业资源与区划，2019，40（8）：226-231.

⑤ 张辉，方家，杨礼宪．我国休闲农业和乡村旅游发展现状与趋势展望［J］．中国农业资源与区划，2017，38（9）：205-208.

三个产业之积。相比三者之和，相乘关系更加强调产业链上任何一个环节都不可以为零。国务院相关文件中把休闲农业定义为紧密联结农业生产、农产品加工和服务业，融合生产、生活和生态等功能，发展观光、休闲和旅游的新型农业生产经营形态[①]。

（四）休闲经济

休闲经济是目前国内学界关注最多的研究领域之一。对休闲经济的研究主要集中在宏观经济层面和微观产业层面两方面。从休闲经济的宏观方面讲，目前研究的成果主要有两个特点：一是对休闲经济的基本特征、覆盖范围和休闲经济的社会影响力进行分析与讨论[②③]；二是对我国休闲经济发展中政府的导向作用、调控手段，以及如何实现东部、中部、西部休闲经济的平衡和可持续发展等问题进行探讨[④]。从休闲产业微观层面角度看，研究成果主要表现在以下三方面：其一，对休闲产业的概念、成长动因，以及对休闲产业在我国发展的可行性、对策与措施的分析[⑤⑥]；其二，对我国城市休闲服务业协调发展的现状和影响因素进行分析，并对如何推进城市旅游、娱乐、休闲产业有机结合的发展路径展开探讨[⑦]；其三，对我国休闲产业特征、产业政策作用以及休闲产业与相关产业的互动所做的研究[⑧]。这些研究涉及了休闲产业发展中相当多的层面，其中不乏对产业发展能起到推进作用的成果。

（五）休闲城市

随着国民休闲需求的快速增长，城市间新的竞争力更多体现在城市的休闲

---

① 路征 . 第六产业：日本实践及其借鉴意义［J］. 现代日本经济，2016（4）：16–25.

② 李磊 . 是“假日经济”还是“休闲经济”?——有关“假日”和“休闲”的探讨［J］. 自然辩证法研究，2002（9）：72–74.

③ 王琪延 . 中国大城市将首先进入休闲经济时代［J］. 学习论坛，2004（7）：46–50.

④ 苗建军 . 中心城市：休闲经济的空间视点［J］. 自然辩证法研究，2003（11）：73–78.

⑤ 黄文馨 . 培育休闲产业，推进经济增长［J］. 自然辩证法研究，2001（10）：55–58.

⑥ 原梅生，郭梅军 . 论旅游经济、休闲产业与产业结构调整［J］. 生产力研究，2002（5）：228–229+235.

⑦ 巨鹏，何佳梅 . 城市休闲产业客源特点分析［J］. 山东师大学报（自然科学版），2001（4）：407–410.

⑧ 许峰 . 旅游城市休闲服务业协调发展研究［J］. 旅游学刊，2001（5）：70–74.

程度上，建设休闲城市也逐渐成为新的城市竞争与管理理念①。休闲城市是指休闲功能上升为城市性质的城市，休闲功能区发展完善、休闲设施丰富、休闲产业高度发达、环境优美，以休闲文化为城市的气质与灵魂，拥有现代化的城市休闲设施、国际化的休闲环境和标准化的休闲设施，提供个性化的休闲服务，具备国际化休闲形象的宜居城市②。休闲城市的评价指标也涵盖了城市历史文化传统、生活方式、自然社会条件等多个层面③。研究发现，北京、上海、深圳、杭州、南京、天津、成都、厦门、大连等城市的休闲城市竞争力较强④，地方感在城市休闲发展中具有重要意义，应推动地方感理论在休闲城市中的理论和实践研究⑤，城市休闲化质量等级高的城市与休闲城市竞争力强的城市高度重合，城市休闲化越深入，该城市发展成为休闲城市的现实性越高⑥。

（六）休闲旅游地

随着旅游方式逐渐由观光型向休闲度假型转变，休闲旅游逐渐成为学界的研究热点，目前研究集中于乡村休闲旅游地、环城游憩带和休闲农业地，研究内容侧重从空间视角分析休闲旅游地的空间分布特征、空间结构及形成机制。相关研究发现，武汉休闲旅游地趋于凝聚型分布，空间上主要呈“大分散、小集聚”和“小分散、大集聚”两种分布模式，经济基础、人口分布、资源禀赋及交通状况等是影响休闲旅游地空间结构的主要因素⑦。中国乡村休闲旅游地整体空间分布趋于集聚，空间结构属于凝聚型；特色村镇类和乡村文化类集聚程度高，休闲观光类和农业科技类数量多、布局分散；经济基础、资源禀

① 黄安民，韩光明.从旅游城市到休闲城市的思考：渗透、差异和途径［J］.经济地理，2012，32（5）：171-176.

② 休闲城市［EB/OL］. https://baike.baidu.com/item/ 休闲城市 /9190693?fr=aladdin .

③ 杨振之，周坤 . 也谈休闲城市与城市休闲［J］. 旅游学刊，2008，23（12）：51-57.

④ 曹新向，苗长虹，陈玉英，等 . 休闲城市评价指标体系及其实证研究［J］.地理研究，2010，29（9）：1695-1705.

⑤ 韩光明，黄安民 . 地方理论在城市休闲中的应用［J］. 人文地理，2003，28（2）：125-130.

⑥ 李丽梅，楼嘉军，肖伟伟 . 苏南地区城市休闲化差异研究［J］. 世界地理研究，2014，23（4）：107-116.

⑦ 刘大均，胡静，陈君子.武汉市休闲旅游地空间结构及差异研究［J］.经济地理，2014，34（3）：176-181.

赋、人口密度、交通区位是影响乡村休闲旅游地分布的主要因素[①]。随着环城游憩带在城市休闲旅游中发挥的积极作用日益明显，环城游憩带建设力度明显加快，从缓慢发展逐渐走向成熟状态。在此背景下，环城游憩带可划分为萌芽期、发展期、近成熟期、成熟期4个发展阶段[②]。近年来随着休闲农业的兴起，休闲农业地成为休闲旅游的重要目的地。休闲农业地不管是从全国尺度还是省域尺度均存在较明显的空间分异，且地理空间集聚特征较明显，其空间分布具有明显的自相关特征，分布格局受资源禀赋、农业水平、客源市场、交通区位等因素影响明显[③④]，建议从拓展农业功能、推动城乡互动与统筹发展、加快新农村建设等方面促进休闲农业地的发展[⑤]。

三、休闲学科研究进展分析

（一）休闲研究机构与基金分析

研究通过中国知网（CNKI），以主题为“休闲”进行检索，检索范围为中文期刊，检索时间设置为1980年1月1日至2021年12月1日，得到中国休闲研究机构发文趋势图与基金分布图。

通过对研究机构的发文情况的分析，发现休闲研究单位主要包括北京大学、浙江大学、中山大学、南京大学、北京师范大学等（见图1–3）。从发文机构地域分布来看，研究机构所在城市以北京和南京为主。四川、武汉、安徽在此领域的科研能力突出，此外，以南京、上海等为主要城市的华东地区形成一定的集聚，基本形成了科研机构和院校之间的合作格局。从论文发表的基金支持情况来看，国家自然科学基金、国家社会科学基金、国家科技支撑计划三

---

① 王新越，候娟娟.山东省乡村休闲旅游地的空间分布特征及影响因素［J］.地理科学，2016，36（11）：1706–1714.

② 李仁杰，郭风华，张军海，等.北京市健身俱乐部多尺度空间格局［J］.地理科学进展，2010，29（2）：232–240.

③ 许贤棠，刘大均，胡静，等. 国家级乡村旅游地的空间分布特点及影响因素——以全国休闲农业与乡村旅游示范点为例［J］. 经济地理，2015，35（9）：182–188.

④ 吴清，李细归，张明.湖北省休闲农业示范点空间格局及影响因素研究［J］.地域研究与开发，2017，36（1）：158–163.

⑤ 朱华武，张好记，傅志强，等.湖南省休闲农业发展战略与空间布局探讨［J］.经济地理，2013，33（6）：132–134+154.

大基金是中国休闲研究基金项目的主体（见图 1–4）。

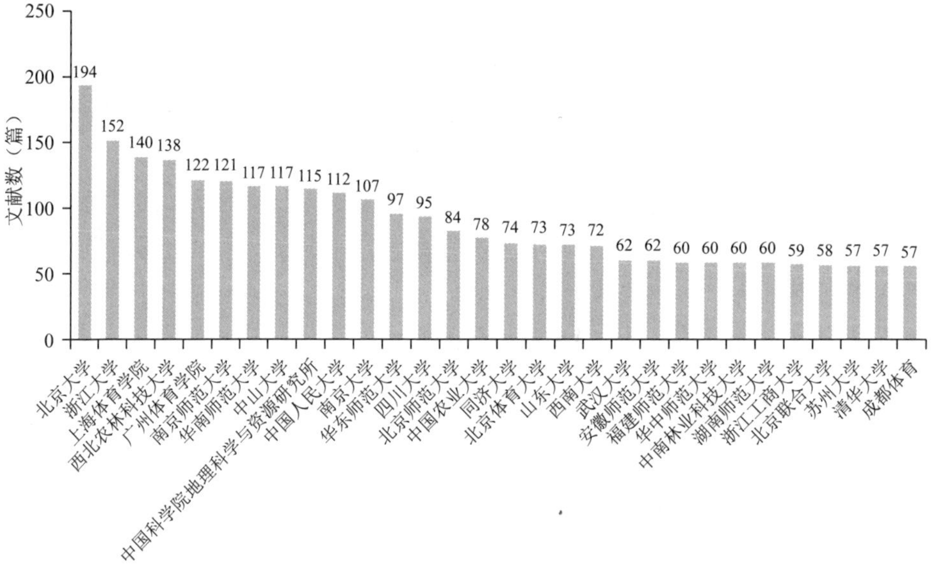

图 1–3　1980~2021 年中国 TOP20 休闲研究发文机构

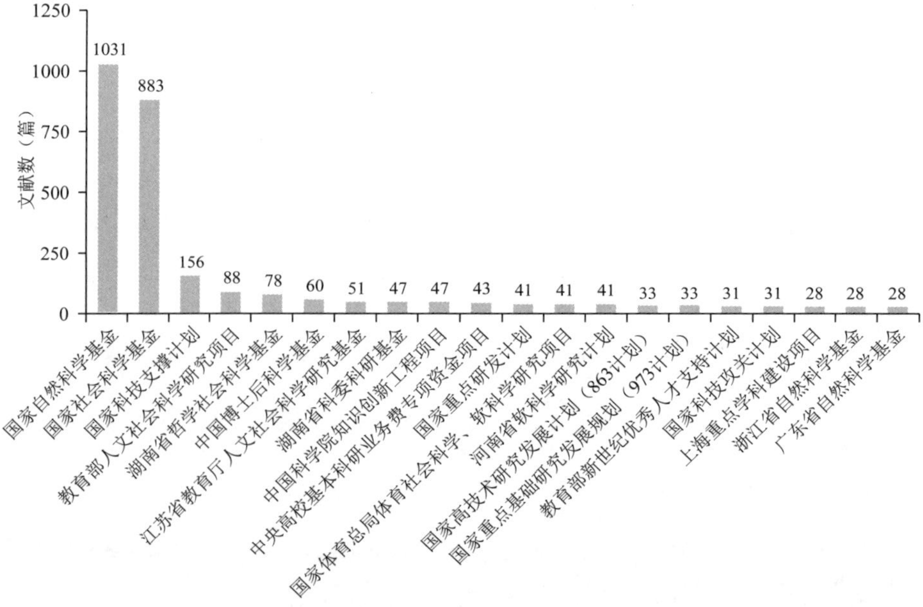

图 1–4　1980~2021 年中国 TOP20 休闲研究基金分布

（二）休闲研究学科分布分析

休闲是建立在多学科基础上的新兴学科，40 多年来从其他学科借鉴来理论研究范式、研究方法和研究成果，逐步建立属于自己的学科知识体系，同时也为其他传统学科拓展出一个新的研究领域。

目前，旅游休闲学科尚没有建立起完整、科学的理论框架和体系，但研究涉及的学科众多，包括经济学、社会学、地理学、教育学等（见图 1–5）。

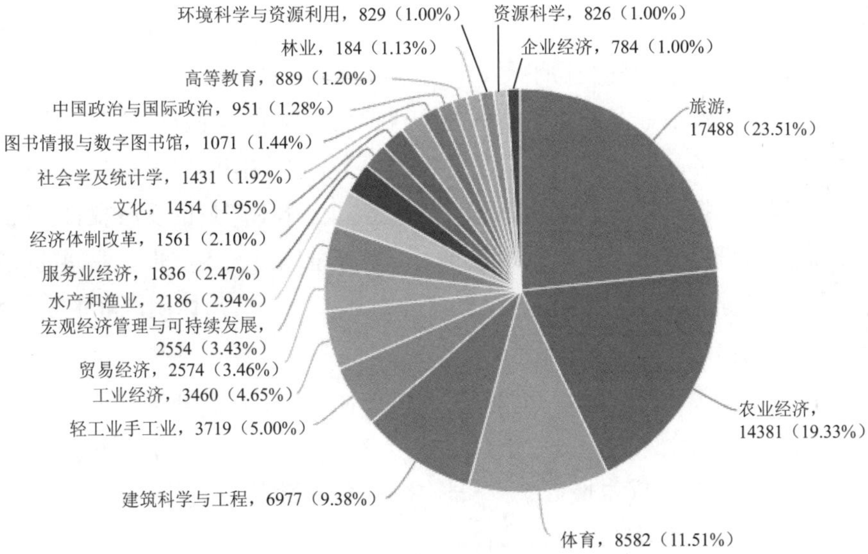

图 1–5　1980~2021 年中国休闲研究 TOP20 主要学科分布

四、休闲发展模式研究分析

随着国内旅游休闲理论研究的不断深入，其实证研究层面也取得了丰硕成果，形成了具有中国特色的休闲发展模式。

（一）确立休闲产业拉动经济增长的战略地位，研究制定和出台支持休闲产业的政策

广州市把休闲产业作为全市经济发展的主要产业之一，统筹做好休闲产业结构布局的宏观调控，将饮食、旅游、娱乐行业纳入休闲产业统筹规划。出台

有利于休闲产业发展的相关政策，鼓励各种社会资本投资旅游、文化、体育等与休闲相关的行业，支持休闲产业的发展。

长沙市完善休闲产业政策法规，为休闲产业提供强有力的政策支撑。在资源普查和项目评价的基础上，依据市场需求、资源优势和区域竞合要素，按照“需求细分—资源整合—区位竞合—产品设计”的思路，科学制定休闲产业整体规划。建立科学合理、灵活高效的经营制度，按专业分工和规模经营的要求，采取联合、重组、兼并等现代企业手段，组建和培育休闲产业集团。积极引导、扶持和健全休闲产业协会，以加强行业内部管理、协调和自律，防止恶性竞争，建立信息通道和交易平台。

杭州市休闲产业以高起点、高标准、科学化、规范化为发展导向，重视杭州特色化休闲服务品牌的打造，具备开放化、多元化的国际发展眼光，适度超前、合理规划，提升休闲产业的整体竞争优势。将休闲产业的发展视野扩展到全球，通过直接投资形成跨国休闲企业，或是在全球范围内实现企业间的投资及兼并，将个别品牌企业的市场竞争战略提升为整个杭州休闲产业的发展战略，提高杭州休闲产业的整体国际竞争力。

承德市把休闲旅游业培育成战略支撑产业，着力建设国际旅游城市，将承德全市域都作为一个“大景区”来打造，作为“大旅游产品”来包装、推介和营销，使发展旅游业成为推进城乡一体化的重要突破口和现实抓手，与新民居、新农村、城镇建设实现有机结合①。

（二）利用多种媒体加大宣传力度，切实提高休闲产业的影响力和关注度

云南省委、省政府提出“云南旅游第二次创业”的旅游发展目标，着力打造一批国际化水平的旅游休闲产品，让优秀特色旅游休闲品牌快速打响国内外市场，加快旅游休闲产业发展，促进由旅游大省向旅游强省的成功迈进。重点培育了休博会这一精品展会，以高档次高规格会展推动旅游休闲产业发展。休博会以“多彩云南·休闲胜地”为主题，为旅游休闲产业搭建一个展示企业产品、宣传企业形象、拓展市场以及高效沟通的洽谈贸易绝佳平台和良机。休博

① 各省市发展休闲产业的案例解析［EB/OL］. http://blog.sina.com.cn/s/blog_e330ad580102v3j0.html［2014-10-21］.

会动员媒体全力配合，充分利用网络、电视、广播、报纸等多种媒体开展内容丰富的宣传，引起全社会对云南旅游休闲产业现代化、国际化的高度关注。京津冀区域巩固培育区域性品牌赛（节）事，大力开发水上、户外和极限运动等项目的区域性品牌体育赛事。大力发展冰雪运动赛事，建立以“大众冰雪季”为主线，以群众喜闻乐见的冰雪运动活动为支撑的群众冰雪运动赛事活动体系。打造一批群众参与度高、国内外影响力大、示范带动作用强的京津冀冰雪运动品牌赛事。广泛开展适合不同人群、不同行业特点及京津冀地域特点的群众身边的健身休闲赛事。鼓励和引导社会组织、商业机构举办三地健身休闲赛事，采取政府购买、奖励等办法支持群众性健身休闲赛事发展[①]。

（三）挖掘区位、资源等方面的比较优势，促进休闲产业合理布局

广东省利用大珠三角城际在空间上的逐步融合，构成了“环大珠三角城市群游憩带”和“点—轴树状游憩网”，以及“南部濒海游憩廊”的旅游休闲产业空间布局模式。雅安市从突出茶文化特色和区域地貌特色着眼于规划休闲旅游产业，形成了以“产茶—销茶—品茶—走茶马古道”为主的茶文化休闲游，以“山地城市到高原地带”的休闲体验观光游，以“汉文化、地文景观、寻觅大熊猫”为内容的风情游、以“探究雅安渊源与美食休闲”的养生游、以“红色休闲旅游和藏彝风情、草甸、大峡谷”为主的自然风景游。京津冀区域根据京津冀三地功能定位，结合京津冀地形地貌、气候条件等自然资源，构建“一地”“五区”“五带”“六路”基本空间布局。以健身休闲运动为龙头，充分挖掘区域文化内涵，开发新产品，发展新业态，探索新模式，培育新动能，形成区域健身休闲产业聚集区，打造国际知名运动休闲目的地。依托京津冀三地山野、江河湖海、湿地、草原、沙漠、森林等自然资源和已建成的近160个健身休闲运动场地设施，打造草原、山野、湿地水库、滨海港口、冰雪5条运动休闲带。沿着以北京为中心向6个方向放射的交通运输主干线，采用“交通轴+葡萄串+生态绿地+健身休闲”的发展模式，打造满足群众多元健身需求的运动休闲城市、运动休闲特色小镇、运动休闲乡村，形成6条运动休闲走廊。

---

① 京津冀健身休闲运动协同发展规划（2016–2025年）[EB/OL]. https://www.sohu.com/a/192624264_138481［2017–09–17］.

（四）推动休闲产业向集团化发展，以特色产品促进品牌化经营

牡丹江市利用得天独厚的旅游资源和宜居环境，坚持走品牌化、精品化、市场化、一体化发展之路，全力打造“东北亚旅游休闲度假胜地”和“最适宜人居城市”，面向国际、国内高端旅游度假市场，坚持高标准、高水平规划创意，整合镜泊湖、渤海国遗址、镜泊峡谷等景区资源，以休闲游、避暑游、度假游为主要定位，提升服务功能和接待层次，完善景点布局和线路设计，提升会议接待和团体接待能力，把镜泊湖景区群打造成最具影响力的大型度假基地。成都市打造“中国休闲之都”，无论是桃花节、梨花节等带有成都特色和节庆风格的城市营销，还是锦里、琴台路等大走怀旧路线的噱头，都是成都品牌化的象征。北京市中游休闲产业集团是服务于国内休闲产业的行业集团，是集体育、休闲、旅游、资源整合、保护、开发、拓展、展示、展览、信息服务、传播报道、品牌推广于一体的专业传媒机构。集团旗下的各公司致力于提升中国休闲产业国际化品牌，旅游项目开发、休闲文化传播、传媒机构资源整合等，使中国休闲产业呈规模型发展的态势。

（五）秉承旅游休闲度假养生理念，科学设计休闲产品和营销策略

浙江省湖州市精心打造旅游休闲产品。在娱乐休闲方面，整合文化娱乐资源，打造一批上档次、高水平的歌舞厅、KTV 等休闲娱乐场所；建设一家具有浓郁地方特色的演出场馆；打造一批具有浓郁地方特色的演出节目。在饮食养生方面，抓住观音做文章，大力开发具有延年益寿特色的菜肴，规划建设餐饮一条街。在购物消费方面，建设西樵山旅游特色产品一条街，让旅游的人们来此消费。在运动体育方面，举办一些影响力较大的国际体育赛事，提高西樵山的知名度。在乡村农家乐方面，开发乡村旅馆、农家菜馆，让游客不仅能吃到当地特色菜，而且能自己采摘、自己制作。

上海市结合美丽田园建设，打造一批以桃花、菜花、樱花、菊花、荷花等命名的观花节；以农业主题园和开心农场等为主体，打造一批以瓜果、蔬菜、草莓、玉米等命名的采摘节；以特色农产品生产、销售和品尝为主体，打造一批以羊肉、大闸蟹、小龙虾、粽子、松糕等命名的品尝节；以乡村文化和赛事为主体，打造一批以赛龙舟、乡村马拉松、垂钓、农家菜擂台等命名的赛事

节；以农耕文化和体验为主体，打造一批以插秧、栽培、捕捞、打油菜等命名的农耕节；另外，发掘马家浜、崧泽、广富林、马桥、青龙寺等郊区历史文化资源以及国家级历史文化名镇名村等，打造一批民俗文化节①。

成都武侯区依托江安河都市休闲旅游街区空间为载体，促进艺术品原创和历史文化融合发展，培育艺术品交易市场，加大旅游投资，打造千亩赏花基地等重大项目，引入国际度假品牌，完善休闲游憩设施配套，打造高品质的都市生态观光旅游游憩产品。依托武侯体育公园，发展复合型旅游地产，综合提升清水河公园、江安河公园、十里生态绿道、百亩运动休闲公园等慢行交通功能，优化配置医疗资源和体育资源，创新健康旅游商业模式，开发集康体健身、医疗养生、体育运动、休闲娱乐为一体的旅游产品②。

第四节　休闲文化及国民旅游休闲概念体系

一、中国传统休闲文化

国民休闲与传统文化紧密相关，通过休闲活动的开展产生哲学、艺术、文学等丰富的传统文化③。本部分将对中国传统休闲文化进行汇总分析，以形成代表中国传统的国民休闲体系。首先说明在中国传统中对休闲文化的定义，说明休闲文化对中国传统的持续性影响。其次对主要的中国传统休闲文化进行描述，形成由琴棋书画类休闲文化、语言文字类休闲文化、民间节日类休闲文化、民间艺术技艺类休闲文化等共同组成的代表中国传统的国民休闲体系。

---

① 关于印发《上海市休闲农业和乡村旅游布局规划（2018–2022 年）》的通知［EB/OL］. http://nyncw.sh.gov.cn/cyrhfz/20191225/d9e197153c4e4f7499cd3d6373d8ef2d.html［2019–11–13］.

② 成都市武侯区文化体育旅游局关于印发《武侯区都市休闲旅游业“十三五”发展规划》的通知［EB/OL］. http://www.cdwh.gov.cn/wuhou/Upload/doc/2017/05/a19d8d71ffbc9868c59dedaae6b0900e.pdf.

③ 于光远，马惠娣. 休闲与文化——关于休闲问题对话之二［J］. 洛阳师范学院学报，2009，28（3）：1–6.

（一）休闲文化释义

中国是一个休闲文化历史非常悠久的国家，几千年前的中国圣贤们，对“休闲”二字就有着极精辟的阐释，“休，依木则休”，强调人与自然的和谐，闲，娴静，代表思想的纯洁与安宁。从词义的组合上，表明了休闲所特有的文化内涵和价值意义。

记录休闲文化的内容也十分丰富，从《诗经》《楚辞》《汉赋》《唐诗》《宋词》《元曲》、清代文人小品，到衣食住行、诗词歌赋、琴棋书画，都是休闲文化的创造物。

休闲文化的记载，从老子、孔子到司马迁，从陶渊明到李白，几乎所有古代诗人、作家都研究或描写过休闲。人们都熟悉陶渊明的“采菊东篱下，悠然见南山”，反映了他的休闲生活；曹雪芹笔下大观园中的士大夫阶级的休闲生活；沈复在他的《浮生六记》中所津津乐道的平民百姓的休闲生活；至于李笠翁，他除了是戏剧家、文艺理论家之外，还可以说是一位“休闲学家”，他的《闲情偶记》几乎可以看成是一部休闲学的专著。中国的确是一个自古以来就注重休闲的国度，休闲文化是我国传统文化中独具特色的部分。

从现代文化角度理解休闲，是指人在完成社会必要劳动之后，为不断满足人的多方面需要而处于的一种文化创造、文化欣赏、文化建构的生命状态和生活方式。休闲的价值不在于实用，而在于文化。它使你在精神的自由中历经审美的、道德的、创造的、超越的生活方式。它被誉为“是一种文化基础”，是灵魂存在的条件。它还是一种对社会发展的进程具有校正、平衡、弥补功能的文化精神力量。休闲的特点是它的人文性、文化性、社会性、创造性。

在当代，提出休闲学研究的学者是于光远先生。早在1983年他就指出：“我国对体育竞赛是很重视的，但对体育之外的竞赛和游戏研究得很不够。在中国的高等院校中没有一门研究游戏的课程，没有游戏专业，没有一个研究游戏的学者。这不是什么优点而是弱点。”1994年他又进一步指出：“玩是人类基本需要之一，要玩得有文化，要有玩的文化，要研究玩的学术，要掌握玩的技术，要发展玩的艺术。”1995年在他的倡导下，我国的休闲文化和休闲哲学方面的理论研究逐步深入，并引起了社会各界的关注和重视[①]。

（二）中国传统休闲文化种类

中国人崇尚休闲，形成了多种类的传统休闲文化，其中，同一种类下的休闲文化内涵种类同样丰富。这与中国地域广阔、国家稳定、历史演变时期长、亚文化众多、民族文化丰富等因素息息相关。考虑到中国传统休闲文化的丰富性，本部分仅对典型的中国传统文化进行分类介绍。

1. 琴棋书画

中国传统休闲文化中最具有代表性的当属琴棋书画，根据中国的传统，可以通过休闲方式实现文化教育、道德培育的目标。琴指乐器和传统音乐，中国传统音乐体现了中国人的审美思想和精神追求。有代表性的中国传统乐器有长笛、二胡、笛、鼓、古琴、琵琶等；这些乐器的独奏和演奏组合形成了中国传统音乐，包括戏曲音乐、民间歌曲、说唱音乐、民族器乐、歌舞音乐、综合性乐种等。在中国传统音乐中，形成了具有中国代表性的曲目，如十大名曲等。

棋主要指中国围棋，古时称“弈”，据说，中国围棋经过朝鲜传到日本，然后在欧洲和美国得到流行。围棋在中国有丰富的文化内涵，蕴含着丰富的棋类艺术思想，代表着中国社会价值和中国文化传统。中国古代重要围棋著作包括《新论》《弈旨》《玄玄棋经》《弈问》等。

书由书法和篆刻两个部分组成，是深受中国文化影响的艺术表现形式之一。其中，中国书法被称为没有词句的诗歌，没有形状的绘画，无声的乐。书法的主要形式包括细腻、强劲、书写线条较直的篆书，隆重、略宽、长直、呈矩形书写的隶书，比较简单、平坦、垂直书写的楷书，比较无条理、呈倾斜状书写的草书等。运用于进行中国书法书写的中国传统文房四宝为毛笔、墨、砚台、宣纸。篆刻是用以制作印章的，将书法和雕刻进行结合的一种独特的汉字表现形式。

画指中国的绘画，主要是传统的中国画，即在纸上用毛笔浸泡墨水形成的彩画作品。中国的绘画作品体现了中国的艺术风格，中国画中有对大自然、社

---

① 中国传统休闲文化的演进［EB/OL］. https://wenku.baidu.com/view/3ebcda3031126edb6f1a10b3.html［2012-06-01］.

会、政治、哲学、宗教、道德、文学艺术的体现。中国画主要包括山水画、花鸟画、人物画等，分别反映了人与自然的联系，人类社会的关系，人们之间的和睦相处等自然与社会形态。

2. **语言文字类休闲文化**

除了琴棋书画以外，中国传统休闲文化种类丰富多样。其中，语言文字类休闲文化是中国传统休闲文化的重要方面。语言文字不仅为中华文明的发展提供了沟通交流的可能性，同时，也将语言文字运用于休闲活动中，创造了丰富的语言文字类休闲文化。

汉字汉语是中国文化的表达方式与记录手段，结合了汉字汉语，形成了对联、谜语、酒令等一系列的中国传统休闲活动。中国人的传统休闲离不开传统文学，中国传统文学体现了中国人对世界的洞察、对社会的认知、对人物的见解，包括远古神话、先秦诗歌、唐诗宋词、明清小说等。通过运用语言文字进行沟通交流，促进了中国传统思想的形成与发展，中国传统思想对中国传统休闲文化的形成带来了重要影响。

3. **民间节庆类休闲文化**

中国人利用传统民间节庆活动，举行多样的休闲活动进行庆祝，比如元宵节、清明节、端午节、中秋节、重阳节、腊八节等。十二生肖来自中国古代的动物崇拜，在节日期间被用来向亲朋好友表达祝福，分别为鼠、牛、虎、兔、龙、蛇、马、羊、猴、鸡、狗、猪。中国地域广阔，在不同地域形成、演变并发展了多元化的传统休闲文化，包括内蒙古草原文化、江南文化、中原文化、大漠文化等，并且在各地形成发展了礼节、婚嫁、祭祀等具有统一性与各地差异性的多元的民风民俗活动。

4. **民间艺术技艺类休闲文化**

中国传统民间艺术技艺非常丰富，也形成了种类丰富、内涵丰富的中国民间艺术技艺类休闲文化。其中，中国戏剧有自身独特的艺术魅力，深受各年龄段国民的喜爱，包括昆曲、京剧、皮影戏等。中国建筑体现了中国人独特的审美趣味和对休闲的独特看法，包括园林、亭台楼阁、民宅等。中国人运用传统中医技术放松身心、调养生息，在历史进程中形成了大量的中医中药专著，如《黄帝内经》《本草纲目》《千金方》等。中国人拥有多样的民间工艺用以供孩童玩乐、供成年人从事休闲娱乐活动，如风筝、泥人面塑等。中华武术不仅是一种重要的文化形式，而且可用于强身健体，是中国传统的休闲活动。

同时，也形成了丰富的中国衣冠服饰，用以日常或在节日庆典时穿着，包括汉服、旗袍等。中国人对烹饪艺术充满兴趣，视烹饪为重要的传统休闲文化。中国人将柴、米、油、盐、酱、醋、茶视为出门七件事。中国具有悠久的饮食文化，形成了独具中国烹饪休闲文化特色的八大菜系。

中国人自古懂得享乐，并把欣赏花鸟虫鱼的活动取名为四大雅戏，牡丹、菊花、兰花、梅花、竹子、盆景、鲤鱼、蛐蛐、鹤、龟等，都是中国人的手中玩物。中国人喜好把玩器物，常常将器物随身携带或放置家中观赏，中国传统的休闲器物包括景泰蓝、彩陶、鼎、红灯笼、芭蕉扇等。由于对休闲文化的热爱，中国从古至今积累了一系列的中国文物，包括越王勾践剑、马踏飞燕、敦煌莫高窟等。

二、旅游休闲基本概念

进入21世纪以来，旅游休闲越来越受到人们的青睐，但是在大量的相关文献及出台的旅游政策中，却出现“休闲养生旅游”“休闲度假旅游”“养生度假旅游”等不同的概念，在国内研究文献中，也经常会发现将“休闲旅游”与“休闲”或“旅游”混淆的问题，因此，要正确认识休闲旅游，有必要明确“休闲旅游”与“休闲”和“旅游”的关系。

（一）休闲与旅游的关系

尽管“旅游休闲”作为一个词语常被通用、混用，但实际上“旅游”和“休闲”二者互有异同。在行为的时空关系、概念层次和产业范围上，旅游与休闲不尽相同，后者包含了前者，但在产生条件、发展基础和社会功能上又有一些共同之处。

时空关系不同——按世界旅游组织定义，旅游是人们为了休闲、商务和其他目的前往并逗留在常住环境以外的地方不超过连续一年的旅行活动。因此，“旅游”考虑的是地理范畴的位移，而“休闲”主要是从时间的范畴来认识的，这就是二者的本质差异。而且，部分休闲活动对时间方面的要求不如旅游严格，其可以随时进行，对时间连续性的要求也不高。

概念层次不同——实质上，旅游是那些发生在异地的休闲。如果说旅游业具有多样性、社会性和公共性等特点，与国民经济中的许多产业部门在产品消费上都高度相关、联系紧密，那么，对包含了异地休闲的旅游和本地休闲行为的休闲产业来说，则牵涉更多的产业要素。因此，旅游业与休闲业处于不同的层次上，休闲产业的存在空间要远远大于旅游业。

产业范围不同——正是由于旅游与休闲的层次不同，因此二者范围也不相同，旅游业本身就是休闲业的一部分，是休闲业的子行业。一是产业面不同，除旅游业以外，休闲产业还包含了文化、体育、娱乐、卫生、教育等产业的相关部分。二是消费面不同，旅游业偏向于人们在异地的消费（参加旅游活动），休闲业尽管也包含异地消费，但主要是本地消费。三是产业链不同，休闲业拥有更长的产业链，其社会经济功能较旅游业更强，也更明显。

本质相同——旅游业与休闲业都可以认为是时间产业。所谓时间产业是指帮助消费者更好地利用时间的产业，其中既有帮助人们摆脱痛苦和不安的保险业、医疗业、服务业及社会治安业，也有给人们提供欢乐的娱乐业与旅游业。可以看出，时间产业是对休闲产业和旅游业最为贴切的描述。

产生条件相同——休闲产业和旅游业几乎产生发展在相同的基础之上，包括：经济的快速发展，可自由支配收入日趋增加；科学技术日新月异，物质产品极大丰富；人们受教育机会增多，知识水平普遍提高；人们的价值观念正在迅速改变，逐步认识到“生活”和“消费”的重要性，对健康的追求也日益迫切等。

发展基础相同——服务质量和文化内涵是发展大旅游或者大休闲的核心与关键，人们在旅游休闲时，也是在购买服务和文化、消费服务和文化、享受服务和文化。

社会功能相同——都是重要的经济增长点和支柱产业，对扩大内需、促进消费、刺激经济增长具有显著效用；都是以提供服务和劳务为主的行业，这些行业中有些对劳动力资源的知识化程度要求较高，但更多的行业属于劳动力密集性行业，对于吸纳剩余劳动力就业具有重要作用。此外，二者在文化、环境和社会文明建设等方面的功能也具有相似性。

外延同样模糊——从产业要素的角度来看，旅游业具有综合性的特征，包括食、住、行、游、购、娱六大要素，与国民经济的主要产业部门都紧密相关。如果把这种综合性作为旅游业的产业特征，旅游业将变成一个包罗万象的庞杂的产业群体。休闲产业也具有和旅游业同样的特性，只是更为庞杂、更为巨大，更无法把握其主体和边界。也就是说，旅游业和休闲业外延的模糊性相同①。

（二）旅游休闲基本概念

旅游休闲的出现是由于单一的观光旅游发展模式使我国的一些传统旅游目的地陷入衰退之中，而受资源条件的限制，这些地方又无法按照人们一般印象中的度假旅游目的地（如夏威夷、加勒比地区等）模式进行打造，因此，旅游休闲最初就是相对于观光旅游和度假旅游而言的一种旅游形态，而这也正是我国“旅游休闲”与国际旅游文献中“leisure travel”的区别所在。因此，要想把握休闲旅游的内涵，厘清休闲旅游与观光旅游、度假旅游之间的关系是关键。

休闲旅游、观光旅游与度假旅游首先可以被看作旅游者的一种具体的旅游行为或旅游活动。在这种视角下，其实观光旅游、休闲旅游和度假旅游只是旅游方式的不同，不存在档次高低之分②。所以，如果从旅游者的具体旅游活动或旅游行为来看，观光旅游、休闲旅游与度假旅游之间不存在递进关系，而是并列的三种不同的旅游活动而已。但这并不意味着三者之间没有区别。如果要区别它们之间的差异，可以从旅游者的出游动机来分析：观光旅游的出游动机是“拉力”作用的结果，是因旅游地具有美、新、奇、独、特、异等方面的吸引力拉动形成的；休闲旅游和度假旅游的出游动机类似，是“推力”作用的结果，很大部分出自人的内在需求，包括生理和心理的放松、康复，活动目的是为了康体休闲③。

休闲旅游、观光旅游与度假旅游都是目的地的一种旅游业发展模式。从目的地旅游供给的视角看，旅游目的地提出发展休闲旅游，是将其看作一种旅游业发展模式，或者说是想作为一种业态来打造，在这一视角下，休闲旅游、观

---

① 石培华，冯凌.对国民休闲战略几个基本问题的探讨［J］.北京第二外国语学院学报，2010，32（7）：9–13.

② 周进步.论旅游的“层次”和“参与性”［J］.旅游学刊，2000，15（6）：32–36.

③ 徐菊凤.中外度假旅游研究述评［A］.宁泽群，王兵.现代旅游休闲方式与旅游发展国际学术研讨会论文集［C］.北京：中国旅游出版社，2007（465）.

光旅游和度假旅游三者之间的关系相对要复杂。

（1）休闲旅游与观光旅游。休闲旅游是在观光旅游基础上的发展与提升，是一种更高层次的旅游业发展模式。通过分析我国具有代表性的休闲旅游目的地（如杭州、成都）可以发现，休闲旅游与观光旅游的区别主要体现在三方面。一是丰富性。旅游内容更为丰富，体现的是量的增加。这从“休闲”与“观光”的区别上就可以理解，“观光”只是休闲的一种方式，而“休闲旅游”中的旅游者不仅要观光，还要体验更为丰富的异地休闲的内容。二是深入性。旅游内容更有内涵，体现的是质的提高。“休闲旅游”不同于“观光旅游”的走马观花、以量取胜，而是要让游客保持休闲的心态，深入感受目的地的文化，“以欣然之态做心爱之事”①。三是舒适性。服务设施更为发达，旅行过程更为舒适。休闲旅游目的地都拥有发达的支持性服务和设施，令游客的旅行活动更为轻松、方便、惬意。因此，其吸引对象以热衷于既熟悉又舒适的旅游环境、重游率高的“依赖型”旅游者为主。

（2）休闲旅游与度假旅游。通过对比具有代表性的休闲旅游目的地（如杭州、成都）和度假旅游目的地（如三亚、夏威夷），发现上述“丰富性”“深入性”和“舒适性”特征二者都具备，其差别主要体现在核心吸引要素上。旅游吸引物是典型的资源基础型产品，而目的地的旅游资源总体上可分为自然旅游资源和文化旅游资源两类，每个目的地都拥有这两类资源，区别在于哪类资源占主导。夏威夷、三亚等度假旅游目的地资源明显是自然类占主导，海水、阳光、沙滩是其度假旅游开发的核心依托，最具吸引力的旅游活动多是在自然背景下开展的。杭州、成都等地虽然也有高品质的自然资源，但这些资源却无法用来开发传统的度假旅游，其创新与发展更多地依托文化资源，而文化也正是这些历史悠久的传统旅游目的地的优势所在。因此，从某种程度上说，旅游休闲的核心吸引要素更侧重于“文化”吸引物，而度假旅游的核心吸引要素更侧重于“生态”吸引物。然而当用这样的逻辑去分析国外一些著名的旅游目的地时，却发现如美国的拉斯维加斯（Las Vegas）、布兰森（Branson）等旅游目的地虽符合上述休闲旅游目的地的特点，但这些旅游目的地在国外都被归为度假旅游目的地。为了区别于国内理解的传统度假旅游目的地，可以把这类目

① 马惠娣. 人类文化思想史中的休闲——历史文化哲学视角［J］. 自然辩证法研究，2003，19(1)：55-65.

的地称为“文化型度假旅游目的地”，把传统的度假旅游目的地称为“生态型度假旅游目的地”。这也表明休闲旅游和度假旅游的划分只是相对的，现实中并不存在清晰的界限。

（3）观光旅游、休闲旅游与度假旅游的关系。我国学术界普遍认为观光产品还是“相对单一的初级产品”，而度假旅游则是比较高级的形式。这与我国旅行社长期以来几乎只运作单一的初级观光旅游产品有关，也是我国旅游业由于资源禀赋、文化传统及其他社会经济条件不同而呈现出的发展阶段性的必然反映。在我国，人们通常认为，观光旅游、休闲旅游与度假旅游是旅游业发展的 3 个阶段，旅游业的发展是从观光旅游到休闲旅游再到度假旅游的依次递进，但通过对休闲旅游与度假旅游关系的分析，发现三者之间的关系并非如此。全球各地的大量实例表明，如今国际旅游市场需求的主流早已不再是以饱眼福为目的的“旅游观光”，而是已经演变为追求务实性身心享受的“非观光目的的旅游活动”。休闲旅游与度假旅游在旅游业发展的层次方面都要高于观光旅游。观光旅游最终是向休闲旅游还是度假旅游方向发展，由目的地的资源状况决定。然而，休闲旅游与度假旅游之间则不存在层次上的差别，二者的差别在于核心吸引要素，这种差别是由“资源”差异决定的，而不是由“发展方式”或“发展理念”造成的，“资源”差异决定了“休闲旅游目的地”可能无法成为传统概念上的“度假旅游目的地”（即生态度假旅游目的地），设施上的差距可以通过加大投入来弥补，先天资源上的差别则不易改变。值得注意的是，观光旅游向休闲旅游和度假旅游的发展并不意味着观光旅游活动的消失。

综上所述，休闲旅游是一个在中国衍生出来的概念，它仅是国际旅游文献中所指的消遣性旅游的一部分，其内涵的核心建立在与观光旅游和度假旅游的对比上。综合上文的分析，本书将休闲旅游的内涵阐述如下：休闲旅游是一种相对于观光旅游和度假旅游而言的旅游形式，是一种以消遣休闲为目的的旅游活动，强调游客获得真正的身心放松，也是一种目的地旅游业发展模式，与观光旅游相比，它的层次更高，呈现丰富性、深入性和舒适性特征，与度假旅游相比，它更侧重于以文化作为核心吸引要素①。

① 陈永昶，郭净，徐虹.休闲旅游——国内外研究现状、差异与内涵解析［J］.地理与地理信息科学，2014，30（6）：94–98.

三、国民休闲基本概念

2013 年 2 月 18 日，经国务院批准，国务院办公厅日前印发了《国民旅游休闲纲要（2013~2020 年）》（以下简称《纲要》），同日《中国旅游报》发表《国民的休闲时代的进步——写在〈国民旅游休闲纲要〉颁布之际》一文，提出“休闲是人们在闲暇时间开展的观光度假、康体娱乐、求知益智、愉悦身心等活动，以及为上述活动提供服务、生产和保障的相关业态与产业。由国务院批准发布国民休闲纲要，对全民的业余生活作出指导和规划，以引导树立健康、文明、环保的休闲理念，更好地满足旅游休闲消费需求，提高国民生活质量，与以往重工作、轻生活，重生产、轻消费，重紧张节奏、轻闲适舒缓相比，反映了执政理念和发展理念的重大变化，显示了对民生福祉的关怀和时代发展的进步。促进国民休闲发展，有利于彰显以人为本的理念。中国政府自 2006 年首次提出关注休闲发展以来，就一直强调为‘大多数人’，今天颁布的《纲要》冠以‘国民’之名，体现了国家推动休闲的全民性和普遍性，廓清了与小众休闲之分野”。

从国民旅游休闲活动的实施主体角度——国民，对国民旅游休闲概念进行分析，主要包括两部分的内容：一是在《纲要》发布后对国民休闲概念的相关论述；二是在传统意义上对国民和国民休闲的相关论述。

（一）国家层面上的国民休闲概念

“国民”是国家的基本组成单位，是能够参与国家的发展建设，享受国家的成果福利的人[①]。自 2006 年中国首次提出关注休闲发展以来，强调实现休闲发展的对象是社会绝大多数国民。《纲要》是一项在社会科学领域确定健康休闲的方向，提高居民的生活质量和福利，促使所有国民在闲暇时间都能享受到旅游、娱乐、知识、智慧等休闲活动带来的身心乐趣的政策文件。

近年来，国民休闲作为一项公民权利，已成为热点社会话题。长期以来，我国并没有优先重视休闲产业的研究和发展，与美国、日本和其他发达国家的休闲发展实践和理论研究相比，我国的休闲实践和理论远远落后于时代水平。最近几年，休闲相关研究逐渐受到我国学者的关注，比较深入地研究了休闲经

① 俞可平 . 中国公民社会：概念、分类与制度环境［J］. 中国社会科学，2006（1）：109-122.

济、休闲公民等休闲相关基本理论，以及休闲消费、休闲和国家发展之间的关系等休闲的实践运用。

2013 年 2 月 18 日，《国民旅游休闲纲要（2013~2020 年）》在国务院办公厅的支持下顺利发布。接下来，《国民的休闲时代的进步——写在〈国民旅游休闲纲要〉颁布之际》一文在《中国旅游报》发表，认为休闲是指在业余时间进行的旅游、娱乐、知识、智力和身体娱乐等相关的活动。《纲要》确定和规划全民休闲和娱乐活动，指导形成健康、文明的休闲概念；更有效地满足旅游休闲消费的需要，提高国民生活质量。与过去繁忙的工作和生活相比，通过休闲让现在的生活更加美好，体现了我国管理和发展在哲学意义的巨大变化，体现了人们对新时代实现幸福和进步的决心，是促进国家休闲发展，推动以人为本的理念形成的标志。中国政府自在 2006 年提出发展休闲产业以来，始终认为国民休闲的对象为绝大多数人民。2011 年，山东省发布《山东省国民休闲发展纲要》，规定国民休闲是指所有公民在空闲时间在旅游、娱乐、知识、智慧、身心娱乐等方面进行的休闲活动。

《国民休闲的旅游供给研究》中将休闲定义为具有自由性、解脱感、建设性、趣味性四大特性。国民休闲在此基础上，还具有国民性和福利性两大关键属性，其中，国民性要求不同的社会阶层和群体均可参与休闲娱乐活动，强调休闲活动在人群上的覆盖范围；福利性就是指通过政府、企业等的支援和帮助来降低旅游休闲成本。总体来讲，国民休闲就是国民的一项权益，可以理解为居民在其国度空间里依法实践休闲权利的活动，其是国民相对于工作的休息权的发展权利。

（二）传统意义上的国民休闲概念

在古代，“国民”是指一国或藩封所辖的百姓，《左转·昭公十三年》即指出了“先神命之，国民信之”的概念；《史记·东越列传》也有了“威行龄国，国民多属，窃自立为王”的说法[①]。目前，国民指具有特定国籍的人群。因此，讲国民休闲，很重要的是覆盖性、普遍性和利益均等化。

从对“国民休闲”概念研究的现状来看，目前国内对国民休闲进行规范的

① 吴敏敏 . 国民休闲的旅游供给研究［D］. 东北财经大学，2010.

界定，也没有统一的说法。但是均普遍认为国民休闲除了休闲的应有之义还应包含国民性、福利性的内容。

四、其他休闲相关概念

本部分对其他与休闲相关概念进行论述，以和前后文相衔接，形成完整的对休闲研究的理论体系，丰富对国民休闲研究的完整性和深度，帮助读者在形成完整的国民休闲概念的同时加深对休闲的理解，主要包括休闲产品、休闲活动、休闲文化、休闲消费、休闲权、休闲产业等。

（一）休闲产品

休闲产品即生产经营者提供的、用于满足休闲消费者需要的各种产品和劳务的总和，既包括各种直接用于休闲消费的物质产品，也包括各种满足休闲消费者休闲需要的休闲项目、休闲设施与休闲活动。因此，休闲产品由有形的物质型休闲产品和无形的劳务型产品两大部分构成。物质型休闲产品是指直接以物质产品的消耗满足休闲消费者休闲需要的产品，如休闲食品、休闲服装、休闲生活用品、休闲房地产以及各种精神产品的物质载体。劳务型休闲产品又可以分为设施服务型休闲产品和活动服务型休闲产品。设施服务型休闲产品是指凭借各种休闲设施向休闲消费者提供服务以满足休闲消费者需要的服务性产品，如娱乐游艺场、主题公园、运动场馆等提供的各种游乐游览、康体休闲等服务以及各种住宿设施等。活动服务型休闲产品是指通过组织休闲消费者完成某项休闲活动以满足消费者休闲需要的服务，如旅行社组织的观光旅游、工业旅游和农业旅游向游客提供的参观游览活动、采摘果实、钓鱼、各种民俗节庆活动等。

（二）休闲活动

休闲活动是指人们在自由时间内为康体娱乐、放松身心、发展自我而进行的各类活动。这些活动可以是单一的活动，如滑雪、攀岩、采摘等；也可以是一系列单一活动的组合，如节庆活动、体育比赛等。而参与休闲活动最重要的部分是享受活动的过程，而非注重活动的结果。

（三）休闲文化

休闲文化，是指人类通过休闲活动过程所形成的价值观念、语言、思维模式、艺术等物质成果和社会关系的总和。包括休闲主体文化、休闲客体（休闲场所、设施）文化和休闲中介文化。休闲文化概念的提出，不仅意味着现代休闲活动已延伸到社会生活的各个角落，而且表明休闲活动的展开与人类文化的交融又生成了新的文化层面，休闲文化成为现代社会高效的社会生活和优质的个人生活的重要标志①。

（四）休闲消费

中国休闲研究中心主任马惠娣认为，休闲消费是指人们在休闲活动中物质与精神产品的消费。休闲消费可以从多个角度进行分类：以是否支出货币为标准，分为支出性消费和非支出性消费；以消费场所为标准，分为家庭居室内休闲消费和家庭居室外休闲消费；以国界为标准，分为国内休闲消费和跨国休闲消费；以消费档次为标准，分为高级别休闲消费、中级别休闲消费、低等级别休闲消费；以对身心健康是否有益为标准，分为健康型休闲消费与有害型休闲消费；以内容为标准，分为保健型消费、美容型消费、餐饮型消费、娱乐型消费、消遣型消费、情感型消费、知识型和增智型消费、综合型消费。

（五）休闲权

《宪法》规定“休闲权”作为“休息权”的具体内容之一，即“休闲权”指的是劳动者通过积极的活动或者消极的静养等方式享受闲暇的权利。劳动者通过行使该权利，使自己的体力和脑力得到恢复。《国际休闲宪章》解释休闲权利包括合理的劳动时间、正规的带薪休假、喜爱的旅行以及为提高休闲活动效率而使用设施、场所、设备的机会。

按照《法学词典》的解释，“休息权”是指劳动者为保护身体健康和提高劳动效率而休息和休养的权利。其目的是保证劳动者的疲劳得以解除，体力和精神得以恢复和发展；保证劳动者有条件进行业余进修，不断提高自己的业务水平和文化水平；保证劳动者有一定的时间料理家庭和个人的事务，丰富自己

① 休闲文化［EB/OL］. https://baike.baidu.com/item/ 休闲文化 /8538382?fr=aladdin .

的家庭生活。我国《宪法》第四十三条规定，中华人民共和国劳动者有休息权利。可见，休息权是自然人得以生存和发展的一项基本权利，是中国公民的基本人权之一。

闲的前提是要有休息时间，是社会经济发展水平达到一定阶段的产物，休闲权是休息权的具体延伸。随着中国居民的闲暇时间和可自由支配收入的持续增长，休闲正成为人们的生活方式之一，休闲权也正成为公民的一项基本权益。

（六）休闲产业

休闲产业可被定义为，从事“休闲产品或服务”供给的组织或个体之经济活动总和。它以实现人本价值与经济价值为发展目标，且以能满足人们有意义的休闲需要为目的，是一个不断更新、变化发展的产业体系。它有以下三个界定原则。

一是生产目的原则。休闲产业有明确的生产目的——满足人们的休闲需要。二是人本价值与经济价值并重的原则。三是动态更新原则。指的是随着社会的发展、科学技术的进步以及人们价值观的变化，休闲产业的内容与形式在不断地发生变化与更新。西方学者普遍认为，从英国工业革命开始至今，休闲产业的发展大体上经历了公园、休闲体育、休闲旅游、大众媒体以及新兴的电子游戏与互联网相关的休闲产品的发展变化。所以，动态更新原则标志着某些旧的休闲产业类型日渐式微以至于被淘汰，新的业态不断生成与发展。尤其是在认定某一产业是否属于休闲核心产业或者其他产业的范畴，一定要坚持动态更新的原则。譬如，科学技术的发展，使得欧洲贵族“大旅游”的传统开始影响到 19 世纪 30 年代海边度假旅游产品的兴起；随着飞机的发明，跨国长途旅行开始逐渐盛行；无线电技术的发明使得英国 BBC 广播公司以及其他电视等媒体设备的出现，促进了基于家庭休闲设备的发展，也促进了休闲体育商业化的进程；信息智能技术的发展更使得休闲产品与服务的种类日新月异。另外，人口结构、职业种类、性别角色、思想价值观等社会环境的变化，使得各种国家公园、户外休闲活动得以普及；新的“银发休闲产业”则回应了人口老龄化社会的来临等。

（七）休闲街区

为打造文化特色鲜明的国家级旅游休闲街区，文化和旅游部发布了《旅游休闲街区等级划分》（LB/T 082—2021）行业标准，2021 年 4 月 1 日起实施。

标准明确，旅游休闲街区（tourism leisure street blocks）具有鲜明的文化主题和地域特色，具备旅游休闲、文化体验和公共服务等功能，融合观光、餐饮、娱乐、购物、住宿、休闲等业态，能够满足游客和本地居民游览、休闲等需求的城镇内街区。

旅游休闲街区划分为 2 个等级，从高到低依次为国家级旅游休闲街区和省级旅游休闲街区。国家级旅游休闲街区年接待访客量应不少于 80 万人次，而省级旅游休闲街区年接待访客量应不少于 50 万人次。

旅游休闲街区等级划分标准应注重街区的文旅特色、环境特色、业态布局、服务设施等。标准还显示，旅游休闲街区也应从综合服务方面进行等级划分，进行休闲街区的安全、卫生以及设施设备的管理。

比如，在文旅特色方面，街区宜有鲜明的标志性景观以及多样化的游览景点、历史建筑、名人故居、博物馆、文化馆、实体书店及图书馆（分馆）、小剧场等文化景观以及地方餐饮文化展示体验等；在环境特色方面，街区内建筑宜特色鲜明，建筑形式、体量、色彩等宜与周边景观相协调等；在业态布局方面，街区应有体现文化展示与体验、游览、购物、餐饮、休闲娱乐等功能的相应业态，且业态应数量充足，临街单位 70% 以上对外开放等；在服务设施方面，在街区出入口宜设置街区全景导览图，店铺宜有统一编号，有特色且对访客明示等①。

（八）体育休闲

狭义上所说的休闲体育指的是休闲体育专业是社会体育专业的组成部分，但是休闲体育与社会体育并不是组成关系而是一种交叉重叠关系。

一般来说，休闲体育指人们在闲暇时间以增进身心健康、丰富和创造生活情趣、完善自我为目的的身体锻炼活动，特点是具有自由性、文化性、非功利

① 图解.文旅部《旅游休闲街区等级划分》行业标准［EB/OL］. https://www.sohu.com/a/447558650_273128［2021-01-29］.

性和主动性等，对增进健康、强健体魄、预防疾病与康复、提高文化素养与精神文明建设、丰富生活内容与加强人际关系，以及促进人的社会化与个性形成等都有重要意义和作用。

休闲体育是指人们在闲暇时开展的，项目形式不拘一格，对场地设施要求不高，强调娱乐休闲、运动乐趣、放松身心的体育活动。

（九）休闲小镇

在新型城镇化建设进程中，休闲小镇是一种非常有效的实践模式。休闲小镇更具象化，可以落实到休闲产业上，是以泛旅游产业为主体，在500~5000亩的架构上进行城市化聚集的一种模型。休闲小镇，是指依靠某类具有开发价值的自然景观或人文景观，以旅游服务和休闲产业为主的小城镇，也是一种以商业街区为主要形态，休闲聚集与居住聚集混合的小镇旅游策划综合开发项目，如休闲古镇、旅游小镇、温泉小镇、艺术小镇、时尚小镇等。

休闲小镇是由旅游产业聚集带动的城镇化的一种主体模型，任何一个休闲小镇都应该具备以下三个核心基础。第一，核心吸引中心：其中吸引核不一定是观光，有可能是休闲，有可能是娱乐，也有可能是游乐。第二，休闲聚集中心：不仅让人来，还要让人住在这里，只有住下来才会形成消费。因此以居住为核心的多业态休闲聚集，实际上是休闲小镇发展的核心。一个休闲小镇能不能成功，核心取决于休闲业态。第三，延伸发展中心：休闲聚集可以延伸出养生、养老、娱乐各种各样的消费结构和各种各样的产业业态。这种模式被称为"旅游引导休闲聚集形成的休闲小镇发展模式"①。

（十）休闲农业

休闲农业是指利用田园景观、自然生态及环境资源，结合农林渔牧生产、农业经营活动、农村文化及农家生活，提供民众休闲、增进民众对农业及农村之生活体验为目的的农业经营。起源于19世纪30年代，由于城市化进程加快、人口急剧增加，为了缓解都市生活的压力，人们渴望到农村享受暂时的悠闲与宁静，体验乡村生活。

① 如何打造一个特色旅游休闲小镇？［EB/OL］. http://www.nmgidea.com/news_x1115.html［2021-10-13］.

休闲农业的基本属性是以充分开发具有观光、旅游价值的农业资源和农业产品为前提，把农业生产、科技应用、艺术加工和游客参加农事活动等融为一体，供游客领略在其他风景名胜地欣赏不到的大自然情趣。是农业和旅游业相结合的一种新型的交叉型产业，也是以农业生产为依托，与现代旅游业相结合的一种高效农业。

休闲农业通过融合第一、第二、第三产业，将农业从单一的食品保障功能向原料供给、就业增收、生态涵养、观光休闲、文化传承等多功能拓展，带动农产品加工业、服务业、交通运输、人文创意等相关产业的发展，满足城乡居民休闲消费的需要。休闲农业有利于调整和优化农业结构，拓宽农业功能，延长农业产业链，发展农村旅游服务业，促进农民转移就业，增加农民收入，为新农村建设创造较好的经济基础①。

第五节　国民旅游休闲国内外研究比较

通过梳理国内外旅游休闲的发展现状，从休闲旅游度假村、城市休闲服务层面来总结国内外旅游休闲的差异，并通过典型案例明晰休闲旅游发展需求。

一、国外研究现状及中外研究差异性分析

我国认定的“休闲旅游”的英文为“leisure tourism”，通过文献检索发现，这个词组在国外的研究文献中极其罕见，这与国内的情况大相径庭。进而分别围绕“leisure”和“tourism”进行文献检索，发现这两方面都有大量的外文文献，文献检索的结果意味着，在休闲旅游的研究方面，国内外的情况可能存在着很大的差异。

事实上，之所以很难找到“leisure tourism”方面的研究文献，是因为“休闲”与“旅游”在欧美发达国家一直被视为两个独立的研究领域。虽然二者之间存在紧密的关联，但正如 Veal 所注意到的，作为一个学术领域，旅游业的研究传统上采纳商业取向，而休闲研究则具有福利主义取向。一般在旅游研究

① 休闲农业和乡村旅游的概念和区别［EB/OL］. http://www.shsee.com/yj/xxny/8820.html［2020-06-13］.

中，人们将旅游现象看作一个产业，将旅游者看作消费者。相比之下，在休闲研究中，人们多是将休闲服务看作一种社会服务，将休闲活动的参加者看作委托人或公民。尽管人们承认大部分休闲服务都是由私营部门提供的，但在休闲研究中，人们所强调的重点一直都是公共部门。这种传统的认识差异至今仍然主导着休闲与旅游领域的研究。

正因为这种传统的认识差异，在国外（特别是以英语为母语或官方语言的国家）的研究文献中，leisure 与 tourism 联用的情况极为少见，自然也就难以检索到以“leisure tourism”作为题名或关键词的研究文献。至于个别文献中出现的“leisure tourism”以及在北美研究文献中较为常见的“leisure travel”，与国内的“休闲旅游”并非同一概念。李天元等认为欧美学者通常所说的“leisure travel”是相对于“business travel”而言的[①]。这一划分源于联合国对国际旅游统计所做的规范，自 20 世纪 60 年代起，“business travel”被纳入了 tourism 的内涵。实际上，“leisure travel”等同于“non-business travel”，其中既包含观光旅游，也包含度假旅游，以及所有其他一切非事务性目的的出游活动。个别国外文献中出现的“leisure tourism”也如此。而国内所指的休闲旅游则是相对于观光旅游和度假旅游而言的一个概念。国内个别学者早已注意到了这一差别，李天元在其译著中将“leisure travel”翻译为“消遣性旅游”，以区别于国内的“休闲旅游”；刘德谦则将世界旅游组织旅游定义中的“leisure”翻译为“闲暇”，认为这一定义所指的“以 leisure 为目的的旅游活动”应译为“闲暇类旅游”。

通过对休闲旅游国内外研究现状的分析可以看出，休闲旅游这一概念具有明显的中国情境色彩。“休闲旅游”是一个具有中国特色的词条，是一种具有中国特色的旅游分类。总体而言，我国的休闲旅游研究还处于起步阶段，国内学术界虽然对休闲旅游的内涵有所关注，且取得了积极的成果，但数量有限，尚未形成统一认识，迄今未见能被国人普遍接受的概念界定，这不利于人们对休闲旅游做更深入的研究。

① 李天元，张凌云，沈雪瑞. 国际旅游文献中若干术语的汉译表述：问题与探讨［J］. 旅游科学，2012，26（5）：1-8.

二、休闲旅游度假村发展模式比较

在西方国家，度假村发展始自19世纪中叶，当时在英、法两国皆兴起在海水中浸泡以治疗疾病的热潮。伴随着这股“海水浴疗法”的兴起，开始有旅游企业在海滨浴场旁边修建配套的旅馆与餐厅，形成以“康养”为主要功能的度假村雏形。但真正的度假村旅游，还要等到20世纪中后期。随着西方各国带薪假期制度的推广及第二次世界大战后经济的复苏，度假旅游的需求逐渐被释放。其中最具代表意义的当属法国的地中海俱乐部度假村。度假村提供的一价全包的度假方式和各种主题活动逐渐被消费者接受、喜爱，地中海俱乐部也成为法国度假旅游的第一品牌。

我国的度假村发展经历了几个阶段：中华人民共和国成立初期，各地政府、部委建立了一批具有度假村性质的疗养基地，只为单位内部人员服务，并不看重经济效益。1992年邓小平同志南方讲话之后，为了与国际接轨，一批具备“康乐中心”性质的度假村应运而生。但是，这类度假村还只是观光旅游的副产品，较为初级，不具备主题文化内涵及深度体验项目。

也正是因为历史背景和客群需求的不同，国内外度假村存在着一定的差异，具体包括以下几点。

（一）度假需求与度假行为不同

西方的休闲度假，客人选定度假村之后往往只在一地停留，包括吃、喝、玩、乐在内的所有活动皆在度假村内解决。反观国内游客，往往只是将度假村作为旅游观光的一个歇脚地，其真正的目的地在于游览度假村附近的名山大川或人文历史遗迹。国外游客往往是白天参加度假村组织的各种活动，晚上参与度假村组织的各种主题晚会；国内游客白天流连于度假村周边的名胜古迹，晚上则回到度假村休息娱乐。

（二）产品定位存在差异

在客群定位方面，西方度假村旨在为休闲度假游客提供一站式度假解决方案，而国内的度假村大多数将自己定位于度假区内的酒店，客户也多以会议型、团体型游客为主，未能脱离高星级商务酒店的运营风格。

在产品打造方面，西方度假村针对度假游客设计特定的健康度假餐食、度假地主题住宿、日间运动体验活动或当地文化体验活动、晚间娱乐活动等系列产品。而国内度假村提供的产品与都市商务酒店雷同。近年来，随着中产阶层的崛起，度假旅游散客日益增多，国人才开始体验娱乐度假产品、主题化的餐饮、住宿设施等产品和服务。

（三）运营管理方式不同

西方度假村偏重游客的综合感受，即高品质的基础服务与本土化、主题化的深度文化体验活动。因此，其运营者一方面按照高标准进行硬件建设和提供标准化服务；另一方面集中优势资源打造能够为游客提供深度文化体验服务的团队。高品质基础服务与高层次文化体验活动的结合，让客人既享受到高品质的度假服务，又能获得更多的文化感悟、习得新技能，对人生产生持续和积极的影响。国内度假村往往过于重视硬件，却缺乏适合度假主题的管理方式，其管理人员、管理手段等与城市高星级商务酒店差异不大，也较少涉及与当地文化结合的深度体验活动。

自 2015 年开始，国内的度假村从观光、游玩型向主题体验型转变。随着复兴集团收购了地中海俱乐部，并在国内复制地中海俱乐部度假村模式；中景旅游集团仿照地中海俱乐部建设了乌村度假村，青浦旅游建设了福建土楼度假村等，第三代以主题体验为主的度假村开始起步。这一类型的度假村服务群体为都市中产阶层，他们需要逃避都市的压力，感悟异地文化。而在主题体验型度假村中，他们能够在高品质的餐饮、住宿及娱乐服务环境下，通过参与各种主题活动，深度体验各种主题文化、挖掘自我潜能、提升文化感悟。由于主题体验型度假村在国内刚刚起步，因此，游客的接受程度、旅游消费行为成熟度、产品的本地化结果、产品的盈利能力等仍需时间检验。①

三、城市休闲服务模式比较研究

在城市经济发展进程中，以旅游、文化、体育和娱乐为主要内容的休闲服务业越来越受到社会关注和政府重视。一方面，社会经济繁荣、民主意识增

① 国外的度假村与国内的有哪些不同？［EB/OL］. https://www.sohu.com/a/230644508_168296［2018-05-06］.

强，引致大众休闲需求多样化以及大众对休闲权利的觉醒；另一方面，刺激休闲消费有助于城市转变以投资和出口为导向的经济增长方式和拉动内需，有助于城市通过发展休闲服务业来优化产业结构、丰富城市功能和强城市竞争力。因此，越来越多的城市根据自身的条件、特色来制定城市发展战略，并在此基础上选择适宜的城市休闲服务业发展模式。

目前，中国以旅游为代表的休闲服务业正处于兴起阶段，而欧美城市的休闲服务业已非常成熟。基于实践基础和国情政策的差异，各国城市选择了不同的休闲服务业发展模式，其成功经验有相似之处。

例如，同为资源型城市，加拿大的“镍都”萨德伯里和中国的煤城焦作，都在资源枯竭之前就将治理环境和发展旅游相结合，并注重通过发展旅游业来营销城市新形象。首先，发展旅游没有增加治理环境的额外成本，反而有利于吸引投资和增加收益。清新优美的自然环境是评城市投资环境的基本指标，也是城市发展高新技术产业的前提。治理环境和发展旅游相结合不仅可以解决日常环境维护的资金问题，弥补城市在社会保障、生态、人居环境和基础设施建设等方面的欠账，还有利于城市上报项目和申请国家资金支持，吸引私营企业投资，建设工业遗产旅游地，或是集观光游览、康体健身、休闲娱乐为一体的大众旅游中心。其次，城市可借助外地游客的口碑效应来营销新的城市形象，扭转人们对资源型城市的负面印象。萨德伯里曾被贬为荒凉的“月球景观城”，焦作曾被视为典型的“煤黑子城”，但今天二者却作为成功转型的资源型城市吸引着人们的目光；前者成为“充满创造性、爱好探究事物、富有挑战性”的新型工业化城市，后者被世界旅游组织国际旅游评估中心授予“世界杰出旅游服务品牌”称号，并成为国家级园林城市。

再者，同为奥运主办城市，澳大利亚的悉尼和中国的北京不仅借重大国际赛事之良机，改造城市环境，增强休闲供给能力，而且将城市利益和国家发展战略相结合，以实现在全球范围内的城市升级，并在奥运会之后根据城市发展战略调整休闲服务业发展模式。例如，悉尼从2005年开始实施《水上休闲设施发展战略》，注重社区居民休闲权利的普惠性和普适性，而北京在2010年工作报告中也提出世界城市目标，并指出要加大发展文化产业的力度。其借鉴意义在于：城市在承办国际节事活动前后，要适时调整休闲服务业的发展模式，形成文、体、娱、游四大核心产业的整合效应。也就是说，筹办之初，城市要将其与城市发展战略相结合积极推进文、体、娱、游四大产业的结构调整，加大财税支持、完善投融资体系；在活动期间，城市要“借势造势”，树立国际品牌形象，积极营销城市的旅游、文化、体育和娱乐产品；在活动结束之后，城市要继续加强文化、体育、娱乐等产品的生产和输出，强化城市品牌形象。城市品牌营销是长期的工程，需要通过定期的节事活动、密切的经济联系、频繁的文化交流来增强营销效果。城市承办节事活动时，要追求适度的规模，更要重视活动的质量和恒久。只有通过长期提供优质高效的交通、金融、信息等配套服务，形成文、体、娱、游四大核心产业的整合效应，城市才能充分利用节事活动，有效提升自身在世界城市网络体系中的地位和作用。

此外，作为宜居城市的代表，瑞士的苏黎世和中国的杭州也有很多共通的经验值得借鉴。二者都具备了优质的人居环境、投资环境、文化氛围和服务功能，尽管城市经济发展战略的导向存有明显差异（前者着力打造“金融之都”，后者大力发展“旅游名城”），却都非常重视提升城市的大众休闲品质，积极推动文化、体育、娱乐和旅游行业的全面发展。在知识经济时代，城市之间的竞争越来越多地体现为资金、人才、环境等软实力的竞争，城市功能也在向多元化发展。宜居不仅是人们追求生活质量、改善居住环境的美好愿望，也是城市吸引人才和资金、推动科技创新的动力和源泉。目前，从经济发展水平来看，我国有能力建设宜居城市的是大中型城市；从生态环境质量来看，有条件建设宜居城市的是旅游城市。

通过对国内外城市休闲服务业发展模式的比较分析，我们可以发现：成功的休闲服务业模式总是与城市的经济发展战略保持一致。虽然休闲服务业发展模式的形成有其自身的成因与规律，但是由于休闲服务业与城市经济、社会、环境的三维系统存在高度相关性，它必然要受到城市经济发展战略的影响。城市管理者必须站在城市经济发展战略的高度，选择正确的休闲服务业发展模式，并根据外部环境变化适时调整，推动旅游、文化、体育和娱乐等相关产业的发展。未来城市发展的趋势是数字城市、后汽车时代城市、边缘化城市和绿色生态城市，这意味着未来城市休闲服务业发展将走向虚拟化、边缘化、低碳化、生态化。在虚拟化方面，休闲服务企业不仅要在实体空间满足市民读书看报、运动健身、欣赏文艺表演、户外郊游等多样化的需要，还要在虚拟空间积极开发智能化、人性化的休闲产品；在边缘化方面，休闲服务供给的空间格局会发生改变，商业化休闲设施和旅游景点会逐步向城郊转移，休闲房地产随之兴起繁荣；在低碳化方面，各种休闲服务业态要以节能减排为己任，尽可能减少煤炭石油等高碳能源消耗，实现经济社会发展与生态环境保护双赢；在生态化方面，休闲服务行业发展要与绿色城市的产业结构、能源结构和生产力布局相协调，提倡产业技术绿色化，树立绿色企业形象；而且，休闲服务业发展要满足居民亲近自然、节约能源的生活习惯，让居民在参与文、体、娱、游等休闲活动的过程中，促进身体健康、保持思想积极向上、拥有闲适从容的心境①。

① 国内外城市休闲服务员模式的比较研究［EB/OL］. http://www.360doc.com/content/11/0826/07/1302411_143344819.shtml.

第二章

中国国民旅游休闲发展模式与战略

中华人民共和国成立、特别是改革开放以来，我国国民旅游休闲发展取得了举世瞩目的成就。本章系统梳理我国法定工作时间和节假日制度的演变，梳理总结我国休闲生活方式的发展变化及主要特征，系统总结国民旅游休闲发展成就，总结我国国民旅游休闲发展的模式经验。

第一节　中国工时制度和节假日制度的演变

研究梳理我国国民旅游休闲的发展，有必要先梳理国家法定工作时间和节假日制度的演变，这一制度的完善是国民拥有更多时间进行旅游休闲的基础。在对中国的节假日演变进行回顾之后，可以看出“黄金周”制度的出现和节假日制度的变革是中国国民旅游休闲发生重大变革的重要节点，因此本章对中国的“黄金周”和节假日经济也分别进行了论述。

一、中国工作时间制度的演变

从世界来看，18 世纪，随着工业革命在西方的快速推进，世界工人每日工作时长普遍在 14~16 小时，有的甚至长达 18 小时，劳动强度大、工作环境恶劣、工作时间长，劳动者的恶劣处境以及非人道的遭遇引起了社会的广泛关注。1810 年，空想社会主义者罗伯特・欧文出于对劳动者所处境遇的同情，开始在自己的工厂中实行每天 10 小时的工作制度；7 年后，欧文提出 8 小时工作时间制，并提出了“8小时工作，8小时娱乐，8小时休息”的口号，成为8小时工作制运动的先驱。8小时工作制度的实现经历了漫长的过程。直到1847年，英国的妇女和儿童的工作时间才缩短到每天10小时。1848年二月革命以后，法国工人的工作时间减少到每天12小时。1866年第一国际工人代表大会上，再次提出了“8小时工作制”。此后，这一工作制度成为世界工人运动斗争目标之一。直至1889年7月14日，在社会主义者代表大会上，法国代表拉文提议：把1886年5月1日美国工人争取8小时工作制的斗争日，定为国际无产阶级的共同节日。

中华人民共和国成立开始，就十分注重保障人民的休息权利。1949年9月29日中国人民政治协商会议第一届全体会议通过的《中国人民政治协商会议共同纲领》中规定，公私合营企业一般实行8小时至10小时的工作时间制度。1952年国民经济刚恢复，政务院《关于劳动就业问题的决定》规定：“为保证职工健康，提高劳动生产率，为扩大就业面，应有计划地、有步骤地坚持贯彻8小时至10小时工作制，一切较大的公私合营工矿交通运输企业均应尽可能实行8小时工作制。一切公私合营企业的加班加点均应受到严格的限制。”后随着生产力的不断发展，劳动者的工作时间也在不断缩减。1956年6月8日国务院发布了《关于建筑业实行8小时，小礼拜工作制度的规定》，从1956年7月1日起，建筑业一律实行8小时，小礼拜工作制度（一周工作6天，休息1天称为“小礼拜”）。20世纪70年代后，我国对高山、井下、化工、冶金、纺织等行业或工程的工时进行了改革。目前，纺织业已实行“四班三运转”制度，煤矿井下实行四班6小时，化工行业根据1981年化工部和国家劳动总局颁布的《关于化工有毒有害行业工人中改革工时制度的意见》，对有毒有害作业工人依生产特点和条件分别实行“三工一休”制度（工作3天，休息1天）和6小时至7小时工作制。“定期轮流脱离接触”一个半月至两个月，再回原工作单位。

1994年1月24日，国务院发布了《关于职工工作时间的规定》，为了合理安排职工的工作和休息，维护职工的休息权利，调动职工的积极性，促进社会主义现代化建设事业的发展，根据《宪法》的有关规定，发布了国务院令，规定“国家实行职工每日工作8小时、平均每周工作44小时的工作制度”。规定在特殊条件下从事劳动和有特殊情况，需要适当缩短工作时间的，按照国家有关规定执行；还规定因工作性质和工作职责的限制，需要实行不定时工作制的，职工平均每周工作时间不得超过40小时。1994年7月5日，全国人大常委会通过了《中华人民共和国劳动法》，规定“国家实行劳动者每日工作时间不超过8小时、平均每周工作时间不超过44小时的工时制度”。

1995年3月25日，国务院修订《关于职工工作时间的规定》，并于1995年5月1日与《中华人民共和国劳动法》同步实施[①]。规定“职工每日工作8小时、每周工作40小时。一周工作5天，休息2天”。自此，5天工作制（又称标准工时制）得以正式确立。1995年5月1日，完全意义上的双休日工作制正式实施（见表2-1）。1995年5月6日，上班族迎来了第一个双休日。5月7日，《青岛日报》作了如下报道：“昨天是第一个双休日，全市有几十个单位的工作人员忘了‘今天我休息’，照常一大早赶到单位。”1999年9月18日国务院再次修改假日制度，决定将春节、劳动节、国庆节的休息时间与前后的双休日拼接，形成7天长假。随后就形成了“五一”“十一”黄金周假期，国人的假期总天数增加到114天。1999年2月16日，国务院办公厅发布“关于2000年元旦期间放假的通知”。2000年6月正式确立“黄金周”假日制度[②]。2007年12月14日，国务院决定，从2008年起取消“五一”黄金周，改为3天短假期，相应增加清明、端午、中秋三个传统节日，通过拼接双休日，形成3天小长假。调整后，我国法定节假日和周末休息日达到115.3天。

表2-1 中华人民共和国工时制度变迁

实施时间	主要内容	政策文件
1949年9月29日	公私营企业一般实行8小时至10小时的工作时间制度	《共同纲领》
1952年8月6日	一切较大的公私合营工矿交通运输企业均应尽可能实行8小时工作	《关于劳动就业问题的决定》
1956年6月8日	从1956年7月1日起， 建筑业一律实行8小时， 小礼拜工作制度	《关于建筑业实行8小时，小礼拜工作制度的规定》

① 8小时工作制的起源与变迁［EB/OL］. https://baijiahao.baidu.com/s?id=1665563307902824383&wfr=spider&for=pc［2020-05-02］.

② 中华人民共和国“五天8小时工作制”和“节假日”的变迁［EB/OL］. https://zhuanlan.zhihu.com/p/406433472 .

续表

实施时间	主要内容	政策文件
1981 年 6 月 24 日	有毒有害作业工人依生产的特点和条件分别实行“三工一休”制度（即工作 3 天、休息 1 天）和 6 小时至 7 小时工作制。“定期轮流脱离接触”一个半月至两个月，再回到原工作单位	《关于化工有毒有害行业工人中改革工时制度的意见》
1994 年 3 月 1 日	国家实行职工每日工作 8 小时、平均每周工作 44 小时的工作制度	《国务院关于职工工作时间的规定》
1995 年 1 月 1 日	国家实行劳动者每日工作时间不超过 8 小时、平均每周工作时间不超过 44 小时的工时制度	《中华人民共和国劳动法》
1995 年 5 月 1 日	职工每日工作 8 小时、每周工作 40 小时	《国务院关于职工工作时间的规定》（修改）

二、中国假日制度的演变

中华人民共和国成立以来，我国节假日制度不断优化完善。1949~1994 年实行一周单休制度，1994 开始实行每周“双休—单休”循环，1995 年开始实行每周双休，1999 开始形成“黄金周”政策。随着我国社会发展水平不断提高，国民闲暇时间不断增加（于光远，1981）①。

1949~1993 年，我国一直实行一周单休的假日制度。这项制度持续了 40 多年，在此期间，国务院出台了系列与节假日相关的法规，将元旦、春节、劳动节和国庆日等视为可休假的节日，其中元旦、劳动节休假 1 天，国庆休假 2 天，春节休假 3 天，一年一共只包含了 7 天的休假时间。这段时间，面对百废待兴的局面，在集体主义精神的鼓舞下，无数劳动者把自己的青春留给了单位的工作，但与此同时，广大人民群众自愿牺牲了大量休息时间。在这段时期，中国有句俗话：“战斗的星期天，疲劳的星期一”，即当时只有星期天才能休息，星期一就需要继续疲劳地工作。1958 年 2 月，《人民日报》文章《光泽县二千多个干部表示春节不休假》即说明了当时的假期休假观。基于当时的经济发展水平，以及这种一周单休制度，使得劳动者很难离开工作和生活的城市，到另一个地方去从事休闲活动，国民基本上依附于同一地域生存。但我国广大

① 于光远 . 社会主义建设与生活方式、价值观和人的成长［J］. 中国社会科学，1981（4）：4-13.

人民依然充满好奇心和对外界的渴望，许多人是通过广播、报纸、电视等新闻媒体感受外部世界的美好。

1994 年年初，我国节假日开始实施“双休—单休”循环的休假制度。国务院 1994 年颁布的《国务院关于职工工作时间的规定》，提出“双休—单休”循环的休假制度①，对国民的节假日安排提出新的要求，即按照循环模式实施休假，第一周为双休，星期六和星期日均是休息日；第二周为单休，星期日是休息日。1995 年国务院发布《国务院关于职工工作时间的规定》，废除“双休—单休”循环休假制度，采用一周双休的节假日制度。至此，我国国民拥有了一周 2 天的休闲时间，有了更多的休闲机会可以利用，有了更广泛的休闲活动可以选择。

1999 年 10 月 1 日，我国首创提出“黄金周”休假制度。1999 年东南亚金融危机爆发，为了刺激国内需求，国务院 1999 年颁布《全国年节及纪念日放假办法》，将“五一”“十一”的假期从最初的 1 天、2 天增加到 3 天，并与春节前后的休息日结合延长春节假期，因此“五一”“十一”、春节的假期都有所增加。“黄金周”长假让所有劳动者有机会出远门探亲休假。在我国第一个“黄金周”的 1999 年国庆节，全国旅游人数已达 2800 万人次，旅游总收入为 141 亿元，呈井喷式增长。

国务院于 2007 年年底发布《全国年节及纪念日放假办法》，“五一”黄金周取消，改为 3 天假期。法定假日包括最初的 10 天加 1 天，其余的 2 天和被取消的“五一”假期进行重新组合形成新的假期，形成包括清明、端午和中秋的 3 个小假期②。2008 年 1 月 1 日实施，至此，三大假期的时代结束了，只保留了国庆节和春节两个黄金周，全年形成了五个 3 天时间的短假，分别为元旦、清明节、劳动节、端午节和中秋节，全年的节假日总天数从 10 天增加到 11 天，再算上星期六和星期天，国民一年有 115 天的休假时间，休假时间占一年时间的 1/3。

① 中华人民共和国人力资源和社会保障部：国务院关于职工工作时间的规定［EB/OL］.（2016-04-12）［2020-06-17］http://www.mohrss.gov.cn/SYrlzyhshbzb/zcfg/flfg/xzfg/201604/t20160412_237909.html.

② 中华人民共和国中央人民政府：全国年节及纪念日放假办法［EB/OL］.（2006-09-25）［2020-06-17］. http://www.gov.cn/zwhd/2006-09/25/content_397641.htm.

三、中国节日制度的演变

各类传统节日体现了中华民族的感情和中华民族文化的传承，体现了中国人民对文化延续、民族团结的美好祝愿，承载着社会和谐、人民和乐的基本需求。农业社会中的节日随自然时间律动，春来夏往的四季轮回，斗转星移的时序递进，给人最直观与最真切的节律嬗变感受，在历史进程的演变中开始出现了中国传统节日。中国传统节日依靠季节的变化进行划分，展现出独特的、世俗的、社会的时间观念，以协调人与自然的关系为核心，将公历的、农历的时间制度和政治性、季节性、文化性的时间标准汇集成为多元的节日参照体系。

中华人民共和国成立以来，中国的节日文化、人们的节日意识发生了诸多变化。妇女节、青年节等国家节日表现出节日体系中“集体时间”的建构，春节等传统节日的社会认知日益抽象又难以割舍，传统节日活动在内容、空间、仪式等方面传承缺失，导致节日沦为空洞的符号，“大长假”“小长假”“黄金周”之类的“假日制度”取代“节日制度”，休闲文化取代节日文化，以及由此发展出对于西洋节日（圣诞节等）和新兴节日（双十一购物节、女王节等）的追捧。①

国家的节日更代表着一种公共时间的表达，强调了一种国家权力。中华人民共和国成立后，在改革开放前，全国范围内建立了一系列新的节日，当时的主要节日包括国庆节、元旦、劳动节、妇女节、青年节、儿童节、护士节、教师节、记者节等，当时节日主要强调对特殊时令和特殊人群的关注。国家力量在建构节日体系方面发挥领导力，为一些新节日加入了特殊的象征，通过仪式化的行为体现出来。

1979年《人民日报》发表文章《为什么春节不放假？》和《让农民过个安定年》，提出了国民对春节这一传统节日不放假的质疑，提出了对传统节日不放假的疑问，国家更加重视以传统节日形成的假期，节日也成了国民生活的一种仪式。在繁忙的社会生活中，节日成了国民生活中的特殊时间，人们参与节日狂欢与庆祝，结束后再回归正常工作节奏，年复一年的节日文化通过仪式过

① 宣朝庆，冯碧莹.时间标准与仪式化表征：中华人民共和国70年的节日变迁［J］.探索与争鸣，2019（10）.

程表现出来。

进入21世纪以来，国家力图调整和维系传统节日文化的存续基础，通过政策调整节日放假制度和节日庆典活动，弘扬传统节日的价值。2007年11月9日，国家发展和改革委员会等研究调整了1999年起实行的法定节假日制度，自2008年1月1日起通过《职工休假条例》取消“五一”长假，形成包含两个黄金周，即春节、国庆节，再加上5个小长假，即元旦、清明节、劳动节、端午节、中秋节的新型节日体系。这些举措体现出了国家调控节日体系的主要方式是调节“外在时间”，而包括休闲、娱乐、提高精神文明、凝聚传统文化的“内在时间”则在官方政策中没有充分显现出来。其后，《关于深化“我们的节日”主题活动的方案》于2010年发布，提出确认七大传统节日并在主题方案中加重了人伦的分量，具体表现为在春节、元宵节等传统节日强调老百姓日常生活、阖家团圆、尊老爱幼等传统文化；清明节等传统文化突出祭祖、祭祀等传统文化；中秋节等传统节日强调统一、团圆、丰收等传统文化；七夕节等传统节日突出爱情、忠诚等传统文化；重阳节等传统节日强调家庭、关注老年人等传统文化。同一时期，随着世界的相互了解，西方节日也逐渐开始进入国民的生活，国民不仅过七夕节，还会过西方的情人节；不仅庆祝除夕，也会庆祝西方的圣诞节、元旦。西方节日也逐渐与社会的消费文化相结合，形成新的融合传统节日和西方节日的现代社会节日体系。

四、中国的“黄金周”和节假日经济

中国的“黄金周”始于1999年9月，国务院修订《全国年节及纪念日放假办法》，将中国全体公民法定节假日放假天数增加至10天，并通过调休形成春节、劳动节、国庆节等7天长假，实施“黄金周”制度。中国在1999年10月1日正式实施了第一次“黄金周”，国内旅游人数突破4000万人次。而到了2018年，10月1~4日全国接待国内游客人数达5.02亿人次，同比增长8.80%；实现国内旅游收入4169亿元，同比增长8.12%。2019年，国庆7天全国共接待国内游客7.82亿人次，同比增长7.81%；实现国内旅游收入6497.1亿元，同比增长8.47%。于光远等（2002）专家认为，“黄金周”制度促进了中国国内旅游市场的形成，对中国国内旅游的发展起到了积极作用[①]，对我国旅游休闲市场起到了加速旅游市场消费升级、完善旅游配套设施、带动乡村旅游发展、提高国民生活品质、提高政府监管能力等的积极作用[②]。

政府对“黄金周”制度的实施和管理在不断优化和完善。2019年，国务院印发《新时代爱国主义教育实施纲要》，提出通过抓住国庆节这一重要时间节点，通过主题宣讲、大合唱、共和国故事汇、快闪、灯光秀、游园活动等形式，使国庆黄金周成为爱国活动周。推进旅游诚信体系建设，倡导文明旅游，加强人流的引导和管理，完善旅游市场秩序。各地文化、旅游、公安、交通、景区等密切配合、联合执法，切实维护游客合法权益，营造良好旅游环境，各地精心策划旅游活动，自然风光与民俗风情交融，传统活动与新派体验共赏。2017年国家体育总局、国家旅游局联合发布“十一”黄金周体育旅游精品线路，2018年国家体育总局、文化和旅游部联合发布2018春节黄金周体育旅游精品线路，2020年，为实现体育和旅游休闲的融合发展，联合推出包含河北崇礼冰雪体育旅游线路在内的2020年春节黄金周体育旅游精品线路。

实施“黄金周”制度形成了有中国特色的节假日经济，对我国产业结构的调整起到了积极的促进作用[③]，有效促进国民经济转型升级。节假日经济对国民的消费方式转变起到了积极的促进作用。节假日经济则是旅游休闲消费的催化剂，在节假日经济下进行的更加丰富多元的旅游休闲消费，也让国民有更多机会追求美好生活。中国的节假日经济也不再仅是一种消费现象，更是与其他形式的旅游休闲方式结合，实现了中国旅游休闲消费的新模式。2020年，在新型冠状病毒肺炎疫情发生后，通过节假日经济与网络促销、消费券等消费手段的相互叠加，推动线上线下新经济融合发展，打造出提振消费的政企联合新范本。

---

① 于光远，马惠娣. 关于文化视野中的旅游问题的对话［J］. 清华大学学报：哲学社会科学版，2002，17（5）：13-18.

② 贺琛，胡静. 创新休假制度：从“黄金周”到带薪休假［J］. 衡阳师范学院学报，2005（5）：94-97.

③ 吴立平. 对“假日经济”的理论思考［J］. 江苏大学学报（社会科学版），2004（6）：93-96.

第二节 中国国民旅游休闲的成就与经验

我国国民旅游休闲在国家引领推动、各级党政统筹推动、市场机制推动、改革开放推动、社会参与推动、文化基因推动“六动模式”下取得巨大成就，探索出了一条有中国特色的国民旅游休闲发展道路。

一、国家引领推动

在我国国民旅游休闲发展过程中，我国以国家制度和战略为引领，以人民为中心，以健康中国为根本，以文明城市、卫生城市、园林城市等建设为重点路径，以体育休闲、康养休闲、乡村休闲等为重点载体，各级各部门全面整合资源，形成强大合力共同推动休闲旅游快速发展，不断完善休闲制度，全面保障人们的休息权，提高人民的幸福感。

我国以人民为中心，不断完善相关制度，经过多年发展，我国假日制度已形成包括双休日制度、特殊休假制度（病假、婚假、探亲假等）、法定节假日制度、带薪休假制度在内的一套较为完善的体系，全面保障人们的休息权，让人们有空闲时间出行旅游。中华人民共和国刚刚成立，政务院于 1949 年 12 月 23 日便发布《全国年节及纪念日放假办法》，形成中国法定假日的基本格局，规定每年有元旦、春节、“五一”劳动节、“十一”国庆节四个节假日，共 7 天为全民法定假日，全国每年的法定休息时间为 59 天。1995 年我国开始实施 5 天工作制，法定公休日变成 104 天，国民闲暇时间大增。1999 年，国务院修订了《全国年节及纪念日放假办法》，将“五一”劳动节放假 1 天的旧例延长为放假 3 天（增加 2 天），将国庆节放假 2 天延长为 3 天（增加 1 天），法定节假日总量由 7 天延长至 10 天，法定公休日和节假日全年总计为 114 天。2007 年 12 月，我国再次调整休假制度，增加传统节假日，减少长假，国家法定节假日增加到 11 天。2008 年，“五一”黄金周被取消，改为短假期，设立了清明、端午、中秋 3 个短假期，传统节日成为新增法定假日。发展到今日，我国假日制度体系包括双休日制度、带薪休假制度、法定节假日制度和特别休假制度，实现了西方国家花 100 余年的时间才拥有的休假权利，假日制度在保障我国公民休息权利的同时，极大地释放了公民的消费需求，拉动了假日经济的快速增长[①]。

2017 年 10 月 18 日，习近平总书记在党的十九大报告中提出健康中国发展战略，指出人民健康是民族昌盛和国家富强的重要标志，要完善国民健康政策，为人民群众提供全方位全周期健康服务。健康中国战略的提出对于国内群众身体素质提升有着重要的作用和意义，这种针对民生发展的国家战略，意味着国家的社会生产力已经得到了长足的进步，人们在经济建设的保障下追求相应的健康生活，通过休闲旅游发展引导人们逐渐走向健康的道路。所以人们在生活中的幸福与健康也逐渐成为时代发展中所追求的必然方向，将休闲旅游融入人们生活中，一方面能够提升休闲旅游的发展与建设，另一方面对于国家的健康中国战略有着重要的推动作用。我国在完善假日制度体系的同时，以健康中国为根本，以文明城市、卫生城市、园林城市等建设为重点路径，以体育休闲、康养休闲、乡村休闲等为重点载体，原国家旅游局、原文化部、体育总局、原农业部等各部门整合各自资源，统筹合作，全面提升人民幸福感，共同推动国民旅游休闲快速发展。2016 年原国家旅游局、国家体育总局共同印发《关于大力发展体育旅游的指导意见》，指出以满足健康娱乐、旅游休闲为目的，大力发展体育旅游对于丰富旅游产品体系、拓展旅游消费空间、推动全民健身和全民健康深度融合。2017 年原农业部办公厅印发《关于推动落实休闲农业和乡村旅游发展政策的通知》，强调各级休闲农业管理部门要推动落实休闲农业和乡村旅游发展政策，促进休闲农业和乡村旅游业态多样化、产业集聚化、主体多元化、设施现代化、服务规范化和发展绿色化。2019 年国家林业和草原局、民政部、国家卫生健康委员会、国家中医药管理局联合印发了《关于促进森林康养产业发展的意见》，提出要丰富森林康养产品，充分发挥中医药特色优势，大力开发中医药与森林康养服务相结合的产品，积极推进森林康养文化体系建设。2020 年人力资源和社会保障部、国家发展和改革委员会、文化和旅游部等 15 部门联合印发的《关于做好当前农民工就业创业工作的意见》提出，加大对文化旅游针对性政策扶持，推动休闲观光、健康养生、农事

① https://zhuanlan.zhihu.com/p/53469835.

体验等乡村休闲旅游业健康发展。

二、各级党政统筹推动

自从2008年年底，“国民休闲计划”的工作思路被披露，引起了网络、报刊等新闻媒体，以及社会舆论、专家等的普遍关注。此后各地相继制订和试行地方版的“国民休闲计划”，陆续出台了一系列刺激休闲相关消费的政策和措施，惠及百姓的休闲生活。尽管各地实施的国民休闲计划的内容有所不同，但都以全民参与、利民惠民为原则，旨在提高国民生活质量。目前，从中央到地方，各级党委政府把发展休闲旅游作为推进社会主义建设的重要举措，制定相应的工作目标和政策措施，给予高度的重视和支持，逐渐形成了国家、省、市、县、乡多层次推动休闲旅游发展的大格局，使国民旅游休闲呈现出良好的发展局面。

各地相继印发出台一系列政策文件，全面做好顶层设计。北京先后印发了《北京市贯彻落实〈国民旅游休闲纲要（2013~2020年）〉实施意见》《北京市人民政府关于促进旅游业改革发展的实施意见》等政策文件，指出以推广旅游休闲理念、保障市民旅游休闲时间、改善旅游休闲环境、加强旅游休闲产品开发和活动组织、完善旅游休闲基础设施和公共服务、提升旅游休闲服务质量等为重点任务，全面推进推动旅游休闲体系建设，满足市民和游客日益增长的旅游休闲需求，促进本市旅游休闲业健康发展。杭州市先后出台了《杭州市旅游休闲业转型升级三年行动计划（2015~2017年）》《杭州市人民政府关于推进旅游休闲业转型升级的实施意见》《关于杭州市旅游休闲业转型升级加快发展的若干政策意见》《杭州市旅游休闲业发展“十三五”规划》等，为杭州休闲旅游发展描绘了一幅美丽的蓝图。成都市印发了《成都市人民政府关于促进旅游业发展若干政策的通知》《成都市促进旅游业改革发展若干政策措施》《成都市建设世界赛事名城促进体育产业发展的若干政策措施》等政策文件，明确指出以创建国家文化产业和旅游产业融合发展示范区为牵引，紧紧抓住旅游新趋势新需求，大力发展城市休闲游和乡村度假游。

各地相继出台了一系列刺激休闲相关消费的政策和措施。2015年以来，中央、国务院至少已5次公开强调落实带薪休假制度，一些地方也出台了相关细则，带薪休假的落实力度正在不断加大。2015年6月，北京市发布《贯彻落实〈国民旅游休闲纲要（2013~2020 年）〉实施意见》，明确鼓励用人单位引导职工灵活安排全年休假时间，切实保障其休闲权利。7 月 1 日至 8 月 14 日，北京市还开展了专项执法检查活动，检查用人单位落实带薪年休假规定情况。2016 年 10 多个省份出台了带薪休假的实施细则，将带薪休假制度，作为机关事业单位以及企业的重要考核指标，鼓励企业将职工旅游休闲作为福利措施，发放旅游消费券、休闲补贴等。2003 年在全国各景区门票价格不断上涨的情况下，杭州率先在西湖实行公园免票，演绎休闲理念，并用这一理念推进公共休闲空间建设，相继建成一大批城市广场、城市公园、休闲步行街，还在全国最早实施博物馆免费开放、公共自行车免费骑等便民措施。此后，全国各地效仿杭州的免票模式，并根据各地发展需求制定门票优惠等相关政策。2020 年，山东、山西、陕西、河南等地先后发布了景区免票降价政策。据不完全统计，实施优惠措施的国内景区至少已有 500 家。其中，山东发布的降价景区包括 81 个国有景区。对 9 家 5A 级景区，除法定节假日外，在原政府定价的门票价格的基础上，全部执行不低于 5 折的票价优惠，具体价格由各市、各景区自行确定。比如，泰山景区（包含岱庙景区）进山普通门票非法定节假日执行优惠价格 57 元 / 人，在法定节假日执行原政府定价 115 元 / 人[①]。

三、市场机制推动

随着人们生活水平的提高，人们对休闲旅游的需求也日益增强，休闲市场主体逐渐多元化，最终形成了规模巨大、类型丰富、层次多样的休闲供需体系，旅游休闲成为大众化的生活方式。

我国形成了世界上规模最大、增长最快、类型层次最丰富的国民旅游休闲需求体系，旅游休闲已经成为大众化的生活方式，融入生活的各个方面。我国已经进入大众旅游和大众休闲时代，2019 年全年国内旅游人数达 60.06 亿人次，比上年同期增长 8.4%；入境旅游人数达 14531 万人次，比上年同期增长 2.9%；出境旅游人数达 15463 万人次，比上年同期增长 3.3%；全年实现旅游总收入 6.63 万亿元，同比增长 11.1%。虽然受到突如其来的新型冠状病毒肺炎疫情的严重冲击，2020 年度国内旅游人数为 28.79 亿人次，其中城镇居民出

① https://m.gmw.cn/baijia/2020-08/13/34082420.html.

游人数为 20.65 亿人次，农村居民出游人数为 8.14 亿人次，国内旅游收入 2.23 万亿元。在居民八大类消费支出中，2019 年全国居民人均教育文化娱乐消费支出 2513 元，同比增长 12.89%，与 2018 年相比，教育文化娱乐消费支出规模和消费占比均有所上升，教育文化娱乐消费成为居民消费的重要支柱。居民休闲内容更加丰富多样，户外型和消费型休闲活动比重不断增加。人们有了更多用休闲时间进行有利于身心健康的旅游休闲活动，休闲观念不再是过去的“休闲纯粹为了打发时间”，而是成为丰富精神文化生活、为生活生命赋能的重要方式。休闲成为继生理活动、工作或有偿家庭生产经营活动之后的重要选择，休闲时间每日平均 3.8~4.4 小时。文化休闲占比增幅有所扩大。大部分城乡居民喜欢看电影，参观博物馆、展览馆等文化体验以及选择去戏院、音乐厅等场所参加休闲活动。①

我国也形成了规模巨大、类型丰富、层次多样的休闲供给体系，形成了丰富的大众休闲与大众旅游产品体系和业态体系。2020 年年末，全国共有 A 级旅游景区 13332 家，其中 5A 级旅游景区 302 家，4A 级旅游景区 4030 家，3A 级旅游景区 6931 家。全国共有群众文化机构 43687 个，其中乡镇综合文化站 32825 个，群众文化机构从业人员 185076 人，群众文化机构共有馆办文艺团体 9489 个，由文化馆（站）指导的群众业余文艺团体 45.46 万个，馆办老年大学 698 个，共建成村级综合性文化服务中心 575384 个，2578 个县（市、区）建成文化馆总分馆制，394 个文化馆组建理事会，全国共有美术馆 618 个，从业人员 5467 人，全国共有文化市场经营单位 20.89 万家，从业人员 160.91 万人，互联网上网服务营业场所 10.62 万个，从业人员 24.71 万人，演出市场单位 2.23 万个，从业人员 49.52 万人，艺术品经营机构 0.53 万个，从业人员 1.94 万人，经营性互联网文化单位 0.97 万家，从业人员 31.49 万人。各地大力推动文化场馆建设和公共文化场馆免费开放，努力让人们享有更加充实、丰富的精神文化生活。

四、改革开放推动

改革开放 40 多年来，在我国居民收入水平不断提高的带动下，旅游休闲

① 如今中国人休闲讲文化［EB/OL］. https://www.sohu.com/a/498674539_121117772［2021-11-11］.

日益成为人们日常生活的一部分，带动中国国民旅游休闲的快速发展。1978 年我国开始实施改革开放，各个行业都面临着如何改革、如何开放的问题，作为能够接触外宾的旅游业，很快成为最前沿的开放行业，以 1984 年第一家学习外国企业管理模式的建国饭店为契机，整个行业被带动发展起来。这一时期，有两个因素促进了中国的旅游业发展。一方面，旅游行业承担着为国创汇的任务；另一方面，以入境旅游为核心，要让世界了解中国，中国政府以涉外饭店星级评定标准为标志，大力提升入境旅游发展水平。1985 年中央政府先后出台了实行政企分开、分散经营的"旅游体制改革报告"和"旅行社管理暂行条例"，使旅游业摆脱了行政管理的束缚，这也为其发展提供了良好环境和强大动力。

在邓小平南方谈话以后，中国的改革开放迎来了一个新的时期，在国内改革开放水平进一步提升的背景下，国内旅游业发生了显著变化。这一时期中国旅游业发展一个突出的变化就是国内旅游开始受到重视，使旅游业从注重入境旅游到入境旅游和国内游并重发展。一方面，经过改革开放十多年的积累，国内旅游业面临变革，即在加强行业管理的同时，推进旅游市场化改革，充分释放旅游市场主体的活力，推动旅游行业发展。在行业管理上，以旅游行业标准归口管理为标志，原国家旅游局逐步制定了综合类、旅游服务类、设施类的行业标准，并且取消旅行社的分级管理制度，只做国内、国外两种区分，并在 1998 年对涉外旅游直属企业实行彻底的市场经营与管理。另一方面，加大对国内旅游的扶持。以 1993 年国办转发的积极发展国内旅游业意见为标志，国家从主要支持入境旅游创汇的做法，转变为鼓励国内旅游。特别是在 1995 年开始实行双休日、1999 年开始实行"黄金周"，极大地激发了国内民众的旅游热情，休闲旅游开始发展。经过改革开放富起来的国人将国内旅游作为自己外出游玩的首选，使国内旅游行业得到极大的发展。1993 年我国国内旅游人数 4.1 亿人次，旅游收入 864 亿元，而到了 2001 年，旅游人数已突破了 7.84 亿人次，国内旅游收入 3522 亿元。

2001 年我国正式加入世界贸易组织，旅游业进入了改革开放的又一个新时期，中国入世后进一步提升对外开放水平，为在全球推介中国旅游业提供了新的机会，同时，国内民众平均收入水平显著提升，从 1978 年的 190 美元增加到 2002 年的 1100 美元，旅游需求与旅游消费能力都有了很大的提升。在这样的背景下，这一时期我国休闲旅游的发展有两个重点，并进一步强化了中国旅游的国际品牌。一方面，我国旅游行业的国际知名度显著提升。入世后，我国经济增长再次出现了两位数增长，GDP 相继超过了法国、英国等国，并在 2010 年超过日本成为全球第二大经济体。同一时期，中国对外出口的迅猛发展，也使中国制造走遍全球。综合国力的提升以及中国政府通过与相关国家举行旅游国家年活动，迅速提高了中国旅游的知名度。2012 年我国入境旅游人数达到 1.32 亿人次，比 2002 年多出 4000 万人次。另一方面，中国公民出境旅游快速发展。2002 年我国出境旅游人数只有 1660 万人次，到 2012 年已达到了 8200 万人次，中国公民首次出境旅游的最低年龄降到了 7 岁。国内国外旅游的发展，给我国旅游业带来了新的挑战和新的管理模式，也进一步推动了我国旅游业进入大众旅游阶段。

中共十八届三中全会制定的全面深化改革若干决定，使旅游业和其他行业一样，进入了一轮新的深化改革和扩大开放阶段。对于旅游业而言，这一时期的发展离不开两个背景。一是国家对刺激消费的重视。受到国际金融危机影响，我国出口受创严重，且投资拉动增长的模式难以为继，依靠消费拉动经济增长成为必然选择。作为居民消费的重要内容，旅游业发展受到高度重视。政府相继制定了《国民旅游休闲纲要（2013~2020 年）》《国务院关于促进旅游业改革发展的若干意见》（国发〔2014〕31 号）。2017 年我国旅游投资超过 1.5 万亿元，5A 级以上旅游景区达到 250 个。二是中央政府提出的供给侧结构性改革。从根本上来看，供给侧结构性改革追求的就是提升供给水平，对于旅游业而言，近年来国内旅游环境、服务水平都差强人意，与快速发展的旅游业以及旅游者的消费需求有着较大差距。推进旅游业的供给侧结构性改革，自然就是要提升服务水平，改变当前高端消费者更愿意出境旅游的问题。2018 年 3 月，国务院办公厅印发《关于促进全域旅游发展的指导意见》，重点就是要提升旅游者的体验水平[①]。

五、社会参与推动

旅游业与其他行业的关联度、与人们生活的密切度都越来越高，单靠旅游系统自身力量去发展旅游是远远不够的，在协会、社团、组织等形式下，我国

① 高梦浠.改革开放40年来我国旅游业的发展历程、成就与展望［J］.价格月刊，2018（11）：73-77.DOI：10.14076/j.issn.1006-2025.2018.11.12.

国民旅游休闲走出了一条全社会共同参与、共同分享成果的“全民化”道路。

中国现代意义上的旅游行业协会是伴随着市场经济的发展，以及国际、地区之间文化旅游交流的需要而逐步发展起来的。20 世纪 80 年代中后期，随着旅游业的加快发展，产业运行中深层次的矛盾不断出现。而旅游企业普遍存在规模小、力量弱、数量多、分布散的情况，旅游行业管理部门在管理过程中不容易体现管理效率。旅游行业协会作为介于政府和企业之间的组织，一方面，可以协助行政管理的工作，在贯彻国家行业政策、执行相关法律法规等方面发挥积极的作用；另一方面，可以组织企业学习交流，提升行业自律和经营管理的有效性。这一时期旅游行业协会的功能局限于政府与会员企业之间的上通下达及行业管理。20 世纪 90 年代后期，民政部和国家旅游局对全国性旅游社团进行了清理整顿和改革，具有综合性特征的中国旅游协会地位得到巩固，中国旅游饭店业协会等专业性协会得到充实和提高，与旅游相关的部分协会（如中国旅游文化协会）得到改组和优化。进入 21 世纪后，伴随市场的需求，旅游景区分会、旅游教育专业委员会等新生组织得以创办和发展。此时，旅游类行业协会的功能范围得到了明确，如维持行业秩序、信息交流、行业质量管理、研究功能、市场调研和预测，突出了市场导向的服务功能。2012 年，国家旅游局 371 号文件《关于推进旅游行业协会改革发展的指导意见》中，将旅游行业协会的基本功能进一步明确为“沟通、协调、服务、维权、自律”，并且确立了协会“市场化、民间化、国际化”的发展方向。2015 年，《行业协会商会与行政机关脱钩总体方案》出台后，我国旅游业行业协会作为协会改革的先锋者，坚守了协调及维护本行业利益的基本功能。2018 年国务院办公厅关于促进全域旅游发展的指导意见中再一次强调：“创新体制机制和完善治理体系要发挥旅游行业协会的自律作用，完善旅游监管服务平台，健全旅游诚信体系。”① 至此旅游行业协会快速发展，成为推动休闲旅游高质量发展，参与目的地治理的重要抓手。

目前全国 31 个省、市、自治区旅游厅及新疆生产建设兵团，已全部成立了旅游协会，各省份所管辖地级市 80% 左右已成立旅游协会，部分区县也拥有自己的旅游协会。各省级旅游协会机构框架上基本分为两种类型：一是与中

① 刘海玲，梁艺菲.旅游行业协会参与目的地治理的行为逻辑［J］.旅游研究，2018，10(4)：4-7.

国旅游协会类似，除省级旅游协会为独立法人协会，还设立了若干独立法人的专业协会，如广东、广西、浙江、山东、陕西、新疆、西藏、海南就属于这种情况；二是只有省级旅游协会为独立法人，其他为专业分会，如北京、上海、天津、山西、河南、湖北、青海、宁夏、河北、内蒙古、吉林、黑龙江、四川、辽宁、云南、安徽、福建、甘肃、重庆等省份是这样的模式。在专业协会的设置上，各地大都设置了旅行社、饭店和景区协会，体现了对主业发展的重视。有的还设有旅游商品、温泉、旅游教育、餐饮、旅游车船、导游、自驾车等协会或分会。在推进协会改革方面，很多协会都已经做出了大胆而有益的尝试，积极探索适合旅游协会的发展之路。2019 年，三亚市制定和发布了《关于推进旅游行业协会深化改革和发展的指导意见》，对旅游行业协会进行系统改革，成功构建了“旅游行业协会联合会 + 专业协会 + 品保协会”的社会治理新模式，覆盖全市 1300 余家旅游企业，涉及旅游从业者约 23 万人，占全市旅游企业 80% 以上，提升社会组织能力，扩大社会组织影响力。

六、文化基因推动

我国是历史上最悠久的文明古国之一,千百年来，生生不息的修身养性、天人合一、回归自然、群乐独静、山水情怀、桃源梦想等历史文化传统与基因是推动社会变革的重要力量，也是推动中国国民旅游休闲的发展基础。

2013 年 3 月 22 日，习近平总书记在俄罗斯中国旅游年开幕式中明确指出旅游是修身养性之道。休闲是修身养性、完善德行的手段，作为人类文化活动的重要方式和重要组成部分，可以说是与人类一同诞生，只不过在人类历史发展的各个阶段，由于休闲活动在人的活动所占的比重不同、作用不同，乃至对人类的价值也有所不同。人类社会发展到今天，休闲活动已成为一个国家生产力水平高低的标志，成为衡量社会文明的尺度，同时也成为人类一种崭新的生活方式和生命状态，成为与每个人生命质量息息相关的领域。人类正是在“休闲”中才得以发现自身，了解生活的目标和存在的意义。中国古代思想文化源远流长，博大精深，休闲在我国传统文化中有着独特的文化意蕴，在我国传统思想宝库中也有着十分丰富的休闲思想文化记载，形成了独具特色的休闲观。

天人合一的思想是中国传统文化的重要组成部分，对现代人的修身养性起着指导和规范作用，天人合一、回归自然的态度符合当代人的价值取向及追求休闲的愿望，是中国休闲旅游发展的基础。天人合一强调人与自然、人事与天道的统一和协调，表现了人对实现主观与客观、人道与天道、人与环境之间的平衡与和谐的追求。当人们徜徉在一种人与自然和谐的生活氛围中时，人类不会感到孤单，世界不会变得荒凉，自然更不会与生命背离。休闲也是人在精神的自由中所历经审美的、道德的、创造的、超越的生活方式，它给人们一种文化的底蕴，支撑人们的精神。

群乐独静是中国人钟爱的休闲方式，单从“休闲”二字的表面意思来看，休是一种活动或行为的放松状态，而闲则是代表着内心的娴静和平和，侧重是人的感觉和思想的纯洁安宁。这两个字的组合表现了特有的文化内涵，休闲是通过身体的放松，来最终获得精神上的宁静和平和。一个长期处于紧张工作状态中的人，内心也一定是无法得到平静祥和的，所以古人强调动与静的辩证关系，认为劳作与休息都不可偏废，要以中和为度。中国人不仅强调动静兼修，而且更进一步强调养心调神、以静为主，强调神对形的支配作用。所以和西方的休闲不同，中国传统中休闲向往的是一种“神的境界”，故多趋向于“静”，中国人倾向于进行创造性的活动来达到休闲的目的，在静谧遐想的过程中得到思想的解放和升华。

山水在中国人的生活中和文化意识里，占有极重要的位置，而且人文意蕴十分丰富、深远，象征意义和符号意义极强，非常耐人寻味。中国人有千百年的山水情怀，在中国人的生活和文化意识里，山水占有极其重要的地位，山水已经成为中国古典文化一个普遍存在的文化符号。无数文人寄情山水，在中国山水情怀的濡染下，对生命本源的探寻、对休闲自由人生的渴望，使得陶渊明笔下的“桃源”成为人们心目中生命觉醒的精神家园、休闲生活的乐园。中国的山水传统与桃源梦想既是中华民族文化心理一种独特的精神情感，也是休闲旅游发展的原生动力，吸引着人们不断向往怡然自得、无拘无束、亲近自然的世外桃源。

第三节　中国国民旅游休闲机遇挑战与发展重点

近年来作为活动类型、消费形态、生活方式的国民休闲得到快速发展，国家有关部门也从法律、政策等角度给予了高度重视。因此，把握国民旅游休闲发展阶段与时代意义，明晰其发展机遇与挑战，并展望未来发展重点，对促进国民旅游休闲高质量发展具有重要意义。

一、国民旅游休闲发展阶段与时代意义

中国进入新时代，人民日益增长的美好生活需要与不平衡不充分的发展之间的矛盾成为我国社会的主要矛盾，人民大众物质文化生活的目标也从满足温饱等基本需要转变为追求健康、快乐和幸福。旅游在幸福消费和幸福产业中居首位，也是三大主要健康产业和健康消费之一，在此背景下国民旅游休闲发展进入大众休闲时代，表现为以下五个方面。一是消费大众化：随着全面建成小康社会持续推进，旅游休闲已经成为人民群众日常生活的重要组成部分。自助游、自驾游成为主要的出游方式。二是需求品质化：人民群众休闲度假需求快速增长，对基础设施、公共服务、生态环境的要求越来越高，对个性化、特色化旅游产品和服务的要求越来越高，旅游休闲需求的品质化和中高端化趋势日益明显。三是竞争国际化：各国各地区普遍将发展旅游休闲业作为参与国际市场、提升国际竞争力的重要手段，纷纷出台促进旅游休闲业发展的政策措施，推动旅游市场全球化、旅游竞争国际化，竞争领域从争夺客源市场扩大到旅游业发展的各个方面。四是发展全域化：以抓点为特征的景点旅游发展模式向区域资源整合、产业融合、共建共享的全域旅游发展模式加速转变，旅游休闲业与农业、林业、水利、工业、科技、文化、体育、健康医疗等产业深度融合。五是产业现代化：科学技术、文化创意、经营管理和高端人才对推动旅游休闲业发展的作用日益增大。云计算、物联网、大数据等现代信息技术在旅游休闲业的应用更加广泛。产业体系的现代化成为旅游休闲业发展的必然趋势。

当前，我国正大力推进社会主义文化强国建设，休闲作为一种文化其能被大众享用和标志社会文明程度的特质，理应被包含其中。作为人类生存和生命的某种状态，国民旅游休闲蕴含着个体生命的一种生活方式和行为方式，代表着从文化环境和物质环境外在压力下挣脱出来的一种相对自由生活的导向。旅游休闲也由此具备了以下五个重要的功能和价值。其一，全面建成小康社会，是我们国家现代化建设的重大战略，涵盖了经济、政治、社会、文化和生态文

明五个方面的建设内容，其中，让人民享有健康丰富的精神文化生活，是全面建成小康社会的重要内容与指标之一。在现代化和现代性背景下，休闲文化实质上是现代性的重要标准之一，其所蕴含的不仅仅是个体的一种新的生活方式、生活态度和生活理念，也是衡量一个国家经济发展水平、发展质量和生产力高低的重要标志和尺度，休闲文化也由此而成为衡量全面建成小康社会的重要指标之一。其二，随着知识经济的到来，未来社会以史无前例的速度变化着，休闲成为人类生活的重要组成部分，旅游业将成为下一个经济大潮。中国在经历了各个发展阶段后，进入“休闲时代”，开始奠定和确立了“休闲产业”。中国的休闲经济虽然起步比较晚，但是发展很快，有后来居上的态势，特别是旅游业、娱乐业、服务业和文化业，它们以其迎合休闲经济的形态，成为国家经济发展的新的增长点[①]。其三，休闲生活水平是衡量民众幸福感的一项重要指标，随着我国经济步入新常态，服务消费对经济增长的驱动作用越来越突出。我国的休闲产业已上升到国家战略高度，正从实现国民幸福的关键手段走向支撑国家发展的重要支柱。其四，休闲是文明、和谐、良好社会风气的载体。丰富多彩的休闲活动有助于提升人们团结协作的精神，增强社会凝聚力。同时还可以起到移风易俗，丰富社会文化生活，抵制消极、落后的消遣习俗的作用，对形成良好的社会风气和占领社会主义文化阵地也具有很强的积极作用。其五，休闲活动是个人在可自由支配时间内为满足自身需要而进行的一系列休闲和娱乐活动，其所具有的自由和满足个人所需的属性可在一定程度上反映个人的兴趣、爱好、性格、能力等特征。引导国民享受积极健康的休闲活动，不仅能够促进个体创造力的提高，而且能够影响整个民族的精神状态和工作效率[②]。

二、国民旅游休闲发展的机遇

全面建成小康社会对旅游休闲业发展提出了更高要求，为旅游休闲业发展提供了重大机遇，我国旅游休闲业将迎来新一轮黄金发展期。

① 经济观察：休闲经济成为中国经济新的增长点 . http://news.sohu.com/20060531/n243490976.shtml［2006-05-31］.

② 夏杰长，徐紫嫣，王鹏飞 . 闲暇时间配置对个体创造力的影响机制与对策［J］. 中国流通经济，2021，35（8）：93-102.

（一）全面建成小康社会推动休闲消费持续快速增长

随着全面建成小康社会的深入推进，城乡居民收入稳步增长，消费结构加速升级，人民群众健康水平大幅提升，带薪休假制度逐步落实，假日制度不断完善，基础设施条件不断改善，航空、高铁、高速公路等快速发展，旅游休闲消费得到快速释放，为旅游休闲业发展奠定良好基础。

（二）基础设施公共服务体系助力旅游休闲发展

从旅游基础设施和接待设施来看，旅游交通、信息和城市公共设施建设水平都实现了质的提升，逐渐健全。截至2020年年底，我国的六轴、七廊、八通道的国家综合立体交通网的主骨架空间已经初步形成，信息基础设施建设规模全球领先。旅游基础设施公共服务供给体系逐步健全，满足了不同类型游客的旅游休闲需求，为发展城市休闲旅游提供了基础保障。

（三）乡村振兴战略拓展旅游休闲发展空间

中国特色社会主义进入新时代，我国社会主要矛盾已经转化为人民日益增长的美好生活需要和不平衡不充分的发展之间的矛盾。要实施乡村振兴战略，坚持农业农村优先发展。实施乡村振兴战略事关全面建成小康社会的成色，事关建设社会主义现代化强国的质量。中央一号文件专门对实施乡村振兴战略做出部署安排，明确提出要实施休闲农业和乡村旅游精品工程。这为乡村休闲旅游工作指明了方向，乡村休闲旅游大有可为。

（四）数字科技赋能旅游休闲

目前，新一轮科技革命正处在实现重大突破的历史关口，从发展大势来看，机器替代人的劳动，包括替代旅游业人员服务这类的劳动是一种长期趋势。手机导游、移动支付让人们的出游更为便捷。玻璃栈道、海底隧道使人们可以从全新的角度观光，光影演艺、机器人服务带给游客前所未有的新奇体验。科技革命将显著增加人们的闲暇时间，从而对旅游消费构成重要利好。

（五）旅游业被确立为幸福产业有利于优化旅游发展环境

旅游业作为惠民生的重要领域，成为改善民生的重要内容，将推动各级政府更加重视旅游业发展，促进更多的城乡居民参与旅游休闲，带动企业投资旅游。在党中央和国务院的统一部署下，国家发改委、文化和旅游部、国家卫健委、国家体育总局等涉及休闲治理的主管部门，出台各类法规、政策、标准等，进一步完善了休闲制度和政策体系，促进了我国休闲治理体系和治理能力现代化。旅游休闲业发展环境进一步优化。

三、国民旅游休闲面临的挑战

（一）经济下行压力大，旅游市场发展缓慢

由于我国经济发展处于传统动力弱化而新动力生成的调整阶段，经济增速面临减缓和下行的挑战，经济下行压力比较大，调结构、稳增长、提质增效任务艰巨。2020 年年初突如其来的新型冠状病毒肺炎疫情给高速发展的中国经济踩了一脚急刹车，旅游业是受影响最大的行业。国内游市场全面阻断，呈现断崖式下降的局势，旅游收入减少、旅游企业面临巨大压力，线下旅游遭受重创。我国主要的客源市场，如韩国、日本、美国等，团队入境旅游几乎停摆，散客入境旅游受到巨大冲击，基本处于停滞状态。

（二）线上娱乐积极休闲不够

长久以来，人们更关注工作时间的安排，忽视休闲。大众休闲文化过度贫乏，高雅的休闲文化市场尚未形成。国人倾向于讲吃喝、比排场，追求奢华的炫耀性消费而非寻求更高层级的休闲活动以提升自身的修养。目前人们经常参与的休闲活动相当有限，大多数居民的休闲生活不是串亲访友、吃喝玩乐，就是逛街、听音乐、上网、看电视、打游戏等，甚至把“睡觉 + 搓麻将 + 看电视”作为休闲的主体方式。由于休闲生活的空虚，一些低级趣味、愚昧无知甚至违法的活动占据了人们的闲暇领域，对社会生产和人民生活产生了极大的负面影响。

（三）旅游休闲有效供给不足

目前，我国在旅游休闲投资的驱动力上，基本还是以资本驱动为主，创新驱动力仍显不足。观光型产品依然是旅游项目投资上马的主体，靠体验经济取胜的休闲度假产品供给不足。针对个性游、自助游、深度游、高端游以及综合性度假产品的开发还非常稀少，品牌化旅游产品还不充足。此外，我国在旅游的发展方式方面，基本还是以劳动密集型为主，技术集成尚显不够，旅游从业者素质普遍偏低，智慧旅游发展不尽成熟，游客对旅游产品的优质体验还做得不够充分。

（四）休闲生活面临诸多制约，休闲公共管理机构职能相对较弱

时间、经济、设施以及个人休闲意识与能力等方面是制约休闲生活的重要因素。其中，很大部分由于学习工作太忙、假期太少或者虽有假期但不能自由安排等原因而无法享受休闲。此外，经济压力大、收入低、休闲活动费用高等因素对其休闲生活有较大负面影响。休闲场所和设施尤其是公共休闲设施不足或使用不便，缺乏相应的技能、信息、兴趣及伙伴等，也在一定程度上影响了人们的休闲生活。

人们的休闲活动范围很广，休闲供给多种多样，与休闲相关的管理部门为数众多。有关部门也开展了一系列工作，但休闲管理的整体推进无法适应快速发展的休闲发展形势，人民群众对丰富休闲生活的旺盛需求依然无法得到充分满足。

（五）带薪休假制度尚未全面落实

目前，带薪休假尚未得到全面落实。表现为机关事业单位比企业落实得好，国有企业比民营企业落实得好，大中型企业比小微企业落实得好，农民工、临时工、灵活就业者则难以享受到带薪休假。这制约了旅游产业持续健康发展，多数劳动者难以完整享受到带薪休假福利，只好选择在法定节假日满足旅游度假需求，导致“黄金周”和“小长假”旅游出游量过大，产生了诸多负面影响。

四、国民旅游休闲发展的重点

（一）城市旅游休闲

改革开放 40 多年以来，随着我国城镇化的发展，人们对游憩、体育等旅游休闲需求不断增加。政府逐渐认识到旅游休闲需求对“人的城镇化”的重要性，开始在城市建立图书馆、博物馆、体育馆、影剧院等休闲设施，旅游休闲行为逐渐演变为人们生活中的一部分，城市成为生活享受地和幸福生活的代表。进入新时代，我国城市旅游发展迅速，城市旅游进入了一个新的发展阶段，城市旅游的问题被提上了议事日程。

《中共中央关于制定国民经济和社会发展第十四个五年规划和二〇三五年远景目标的建议》提出，建设一批富有文化底蕴的世界级旅游景区和度假区，打造一批文化特色鲜明的国家级旅游休闲城市和街区。当前，随着旅游市场的发展和旅游消费需求升级，人们出游不再满足于到景区转一圈儿看看风景，而是有了更多的度假休闲需求。在此背景下，紧跟消费新需求，建设好国家级旅游度假区，从而激发度假休闲旅游的更大活力是非常有必要的。

目前，我国度假休闲理念逐渐深入人心，度假休闲旅游产品不断丰富。除了 45 家国家级旅游度假区，我国还有 500 多家省级旅游度假区。据文化和旅游部统计，2020 年第三季度，30 家国家级旅游度假区旅游接待游客总人数 4426.18 万人次，环比上涨 82.57%；旅游接待总收入 249.19 亿元，环比上涨 90.88%。从这些数据中不难看出度假休闲旅游的火热，城市旅游休闲已经成为现代旅游业发展的新增长点。

（二）乡村休闲

经济的飞速发展，人们生活水平的提升，对精神生活的追求越来越强烈，促使旅游业进入全新发展时期，对旅游业也提出了更高的要求，高品质、智慧型的新型旅游模式应运而生。随着国家对精准扶贫、农村问题的重视，促进城乡一体化发展加速了农业发展的转型升级，新型的农业发展和旅游业相融合也是旅游业发展的新业态。近年来，休闲农业和旅游业融合（如农家乐、农业园、农业采摘、古村落、民宿等）成为新型旅游形式，为农村经济的发展起到了推动作用，也拉动了城市旅游的新局面。20世纪90年代的农家乐，标志着我国乡村旅游业的兴起，1989年中国乡村旅游协会的成立，为乡村旅游业提供了制度上的保障，2006年国家旅游局出台了《关于促进农村旅游发展的指导意见》，为乡村旅游业的发展提供了政策支持，2016年农业部发布3号文件《关于大力发展休闲农业的指导意见》，2017年5月农业部办公厅发布《关于推动落实休闲农业和乡村旅游发展政策的通知》，表明党和国家高度重视休闲农业和乡村旅游的发展，希望休闲农业和乡村旅游协同发展成为推动农村进步，促进农村经济繁荣的新型支柱性产业。这些政策性的文件发布标志着我国休闲农业和乡村旅游发展的理论体系框架初步形成。

在实施乡村振兴战略中，产业振兴是基础、是关键。而休闲农业和乡村旅游是众多乡村产业发展的不二选择，特别是在大城市郊区的乡村，因为它是横跨一、二、三产业，兼容生产生活生态，融通工农城乡的新产业新业态。大力发展休闲农业和乡村旅游，产业欣欣向荣、环境舒适宜人、人民安居乐业，让文化一脉相承、让乡愁有处安放，就能使农业强、农村美、农民富、市民乐。因此，乡村休闲旅游可以最大限度地提升农业产能、发现乡村价值。

（三）体育休闲

体育旅游，是旅游者以参加或观赏各类健身娱乐、体育竞技、体育交流等为主要目的的旅游，比如登山、攀岩、探险、观看体育比赛等。体育旅游涵盖的内容非常广泛，包括体育事件、体育娱乐、生活方式等多元层面的追求与体验。2016年国务院办公厅印发《关于进一步扩大旅游文化体育健康养老教育培训等领域消费的意见》，将旅游、文化、体育等元素交织在一起，对“跨界”提出了更高要求。文化和旅游部相关负责人表示，目前中国体育旅游产业每年增长30%~40%，体育旅游市场将成为中国旅游休闲领域的新亮点。

从消费的角度看，旅游消费和体育消费有相互支撑的部分。如果能够把体育的某些基因植入旅游中去，或者把旅游的某些基因植入体育中去，就可以使两者自身很难解决的问题通过融合补齐短板，结果是旅游增值了，体育也增值了。根据联合国世界旅游组织的数据，体育旅游每年增长14%，是全球旅游市场中增长最快的细分行业。无论是从世界范围还是从国内市场来看，体育旅游都是旅游产业中成长最为迅速的一个细分行业。但同时，体育旅游产品目前只占我国旅游市场的5%左右，与国外体育旅游占总产值比重的20%相比，还有很大的提升空间。中国体育旅游市场发展潜力巨大，正逐渐从传统的观赏型旅游向体验式旅游发展。

在旅游消费结构日趋高级化的外在拉动下，旅游者的消费需求非常注重参与性和体验性，而体育旅游业恰好能满足这种消费需求，以高尔夫、马术、登山、滑雪、潜水、户外运动等为代表的区别于传统景点式观光旅游的体育旅游消费业蓬勃发展。而且，与传统观光旅游相比，体育旅游具有参与群体更广泛、消费需求更多元、客户黏性更显著等特征。

在现有食、住、行、游、购、娱6大旅游基本消费要素的基础上，体育产业与旅游产业融合也充分体现出商、养、学、闲、情、奇的旅游产业新需求的消费特征。“商”是指以高尔夫、网球、海钓等中高端运动俱乐部为依托的体育商务旅游；“养”是指以体育健身、运动处方等为依托的体育养生旅游；“学”是指以高尔夫、潜水、马术、滑雪等运动项目的培训、户外拓展训练为依托的体育研学旅游；“闲”是指以水类、球类、骑行类、冰雪类、走跑类等休闲运动为依托的体育度假旅游，也是体育旅游业未来发展的方向和主体；“情”是指以球迷们对某个体育明星或著名职业运动俱乐部的深厚感情为依托，从而前往赛事举办地现场观赛，是一种“粉丝情感”充分宣泄的体育赛事旅游；“奇”是指以户外探险、徒步穿越、登山、攀岩攀冰、跳伞滑翔类等为依托的体育探奇旅游。

旅游消费需求日益呈现商、养、学、闲、情、奇的市场结构高级化趋势，呈现出旅游产业与体育产业围绕这些新消费需求而进行深度产业融合发展的态势，将极大拉动体育旅游产业的发展，也将进一步促进旅游消费结构从低层次的观光需求向高层次的体验性休闲度假需求转型升级[①]。

（四）康养旅游

健康旅游是一种高阶旅游产品，与其他常规旅游业态相比，有着三个特征。一是健康旅游融合性强，关联度高：健康旅游涉及医疗保健和休闲旅游两个基本领域，除了旅游、住宿、交通、观光、购物和娱乐等常规旅游活动的六

① 体育旅游——中国旅游休闲领域新亮点新模式［EB/OL］. https://www.sohu.com/a/275945500_505619［2018-11-16］.

大要素外，行业上能够延伸到体育、房地产、文化创新、保健品加工制造、信息服务、教育和培训等领域，产业链上能上溯到技术研发、文化创新、信息服务、人才培养、节庆活动、医疗设施制造等环节。二是健康旅游市场具有无限延展性：健康旅游是以传统的保健理念、现代休闲理念和新的健康理念为基础的，通过医疗保健、休闲旅游、体育等相关产业资源的整合，为人们提供个性化、专业化的健康旅游产品，满足人们身心健康的需要。近年来，国内外对健康旅游的需求不断增加，消费主体从中老年群体扩展到了现在的各个群体。三是健康旅游效益波动性较为平稳。养生旅游是一种高层次、高品位综合性旅游消费形式，医疗服务又是较为刚性的需求。通常来说，由于健康收益需要长期性，要求游客花费较多的时间用于度假休闲，这意味着旅游市场具有较强稳定性。此外，作为专门性的、深层次的一类旅游，健康旅游有很大机会发展为生活方式，赋予了健康旅游稳定的消费群体，这有助于消除健康旅游效益的波动性。①

旅游能促进人的全面身心健康发展，是最适合养生的方法之一。随着大健康产业的发展与“旅游 +”趋势的兴起，“健康”和“旅游”二者之间的联系愈加紧密：大健康产业之“大”思维与“旅游 +”趋势相得益彰，健康旅游正是二者共同融合作用下的新产物。从资源上看，健康资源与旅游资源同样存在地域差异性特征，“健康 + 旅游”新业态可有效联动、整合健康资源与旅游资源，提升产业赋值；从客源市场上看，两大产业的消费主力军存在一定相似性且关联紧密，如我国庞大的中老年市场，在大健康产业和旅游产业中都占有重要的市场地位，其消费能力不容小觑，“健康 + 旅游”新业态可充分利用两大产业关联紧密的市场基础，也为两大产业的市场扩张提供了新思路。资源与市场的紧密联系为两个万亿级产业融合发展新格局奠定了良好发展基础，随着人们健康观念的加强，健康旅游逐渐从小众化市场走向大众视野。从供给和需求的角度看，“旅游 +”“健康 +”既顺应了产业自身的发展趋势与需求，也顺应了人们的消费趋势，可以说健康旅游是大势所趋②。

---

① 李婷 . 山地健康旅游目的地评价与建设研究［D］. 云南师范大学，2020.

② 林应龙 . 海南健康旅游的市场研究［D］. 海南热带海洋学院，2018.

（五）文化休闲

在过去的40多年里，我国社会发展从高速发展向高质量发展转变，社会结构从相对单一转为相对多元，社会整体转向工业化和现代化，由此显示出可预期的中产化趋势。按照人均收入来算，我国也将从中等偏上收入国家迈入基本实现现代化的高收入发展阶段，在消费模式方面将从目前的宽裕型提升为相对富裕型、从生存型占主导提升为生存型和发展型并存的消费结构，由此构成了扩大消费、实现社会发展方式转变的重要窗口期。

文化休闲消费的迅速崛起成为社会消费结构嬗变的一个重要标志。学界已有研究表明，文化休闲是一个可以用时间投入、休闲类型、社会阶层品位等词汇加以界定的多维度概念。休闲意味着社会公众跳出原来的场域，在另外一个场域尝试一种生活体验。当个体将文化休闲集中于消费领域之内时，品位便可被理解为社会公众在消费活动过程中的偏好。人们选择什么样的消费对象和消费方式，既表现了自我对特定消费符号的品位，也折射出了不同社会阶层的特征。

经济社会发展的一般规律表明，随着收入分配状况的改善和家庭财富的积累，社会消费需求将由传统的物质需要向更高层次的精神需要逐步扩大。与此同时，以虚拟产品和服务为消费对象的社会意识将进一步觉醒，并向社会消费的主流趋势靠拢。在中国特色社会主义进入新时代的背景下，人民群众为发展做出重要贡献，应当充分享受发展成果。文化休闲能够带来精神陶冶和美学享受，能够切实提升居民幸福感，能够进一步满足人民群众全方位的美好生活需要。因此，鼓励文化休闲消费发展，为人民群众更好地从事文化休闲活动创造条件。

文化休闲消费契合于新时代消费升级的调整方向。自改革开放至21世纪初期，我国消费升级的步伐相对于经济增长而言更加稳健，主要原因在于较低的人口抚养比及其引致的家庭高生产性和高储蓄率。然而随着我国社会阶层结构的变化，消费市场也呈现出明显的分化和发展。农村居民和工人群体构成了生存型消费的主力，中等收入群体则构成发展型消费的主力，由此衍生出两类具有明显区别的消费特征。但文化休闲消费的特殊性在于，社会成员既能够在有条件的情况下追求更高的消费档次，也不过分囿于产品和服务的品牌效应，即所有群体均能够找到相对满足自身需求的消费产品和服务。因此，应当充分认识到文化休闲消费与新时代发展型消费的升级方向相契合的基本事实，鼓励文化休闲产品和服务进一步发挥消费的弹性和包容性，为满足不同群体的消费需求发挥应有的作用。

文化休闲是根植于自身却又外显于个体日常生活实践过程之中的一种符号表征。市场经济的发展引发了我国社会结构的变迁，人口的受教育程度和收入不断提升，中产规模日益壮大，经济生产之外的生活领域得到更多的关注，特别是人们开始注重文化休闲层面的消费。文化休闲是提升休闲生活品质、满足人们美好生活需要，甚至培育发展新动能的一种重要方式。①

（六）生态休闲

生态旅游作为一种绿色消费方式，自 1983 年世界自然保护联盟首次提出后，迅速普及全球。20 世纪 90 年代，随着我国实施可持续发展战略，生态旅游概念正式引入中国。经过 20 多年的发展，生态旅游已成为一种增进环保、崇尚绿色、倡导人与自然和谐共生的旅游方式，并初步形成了以自然保护区、风景名胜区、森林公园、地质公园及湿地公园、沙漠公园、水利风景区等为主要载体的生态旅游目的地体系，基本涵盖了山地、森林、草原、湿地、海洋、荒漠以及人文生态 7 大类型。生态旅游产品日趋多样，深层次、体验式、有特色的产品更加受到青睐。生态旅游方式倡导社区参与、共建共享，显著提高了当地居民的经济收益，也得到越来越多社区居民的支持。

改革开放特别是“十二五”以来，我国旅游业快速发展，旅游已成为城乡居民日常生活的重要组成部分，成为国民经济新的重要增长点。同时，随着工业化进程加快、城镇化水平提高，人们回归大自然的愿望日益强烈，国内旅游需求特别是享受自然生态空间的需求呈爆发性增长。旅游消费方式从观光游到观光、休闲、度假并重转变，呈现多样化格局，深层次、体验式、特色鲜明的生态旅游产品更加受到市场青睐，观鸟旅游、探险旅游、科考旅游、生态养生、野生动物观赏等逐渐成为新热点。

近年来，“绿水青山就是金山银山”的绿色发展理念深入人心，生态休闲

---

① 社会学视角下的文化休闲消费研究［EB/OL］. http://www.cssn.cn/kxk/skyrw/202006/t20200628_5148443.shtml［2020-06-28］.

的供给质量进一步得到改善。特别是绿色休闲、生态休闲与扶贫事业相结合，取得了环境保护与休闲市场发展的双重红利。2019~2020 年，农业农村部继续开展中国美丽休闲乡村推介活动，共有 248 个村落入选《中国美丽休闲乡村名单》，为乡村休闲旅游的改造提升发挥了重要的促进作用。此外，随着 2019 年以来国家公园体制试点工作有序推进，自然生态系统的原真性、完整性、生物多样性的保护工作取得长足进展，高质量生态休闲资源的供给基础进一步夯实。可见，旅游者对回归自然，放松心情的消费心理日益强烈，生态休闲的市场潜力巨大，发展态势强劲，各种各样的生态休闲产品层出不穷，为旅游业的发展提供了新的空间和选择，未来生态休闲大有可为。

第四节　中国国民旅游休闲发展的对策建议

当前，中国经济社会发展正在步入一个新阶段，那就是贫困群体的“全面脱贫”和整个国家都在向两个“百年目标”加快奋进。对于国民旅游休闲来说，也将迎来一个迅猛发展和大幅提升的新阶段，国民休闲需求更趋个性化，产业供给也需要提档升级。现结合经济社会发展和国民休闲的状况，对顺应和推动国民休闲的发展升级提出完善创新旅游休闲时间供给、完善顶层设计和战略联动、降低大众休闲成本、加快发展大众旅游休闲产品、发展大众旅游休闲产业、完善国民旅游休闲公共服务等对策建议。

一、完善创新旅游休闲的时间供给

加强带薪休假落实情况监督。会同人力资源和社会保障部，加强对企业落实职工带薪年休假制度的政策指导和日常监管，将企业执行年休假情况纳入企业劳动保障年检内容，加强对用人单位执行年休假制度的监督检查。根据 2015 年人力资源和社会保障部调查情况显示，全落实率仅有 50%。因此，有关部门每年至少应开展一次带薪休假专项执法检查，加强日常劳动保障监察。要畅通举报投诉渠道，限时办理涉及年休假纠纷的案件。对未按规定安排职工年休假且不给予年休假工资报酬的单位，各级劳动监察部门要按照《职工带薪年休假条例》和《企业职工带薪年休假实施办法》的规定予以处罚；对拒不执行支付未休年休假工资报酬、赔偿金行政处理决定的由人力资源和社会保障部申请人民法院强制执行。

推行带薪休假集体协商和集体合同制度。以非公有制企业为重点对象，依法推进带薪休假集体协商制度，不断扩大覆盖面、增强实效性，形成反映职工休假需求和带薪休假权利的决定机制和正常增长机制。完善带薪年休假实施细则，加快建立统一规范的带薪年休假调查和信息发布制度，为开展带薪休假集体协商提供参考。企业、民办非企业单位和有雇工的个体工商户要将年休假制度相关条款列为劳动合同、集体合同必备内容，严格执行，确保职工享受年休假的权利。另外，各地要出台相应的带薪休假政策。例如，河北省出台《河北省关于完善促进消费体制机制实施方案（2019~2020 年）》，强调进一步落实带薪休假制度，鼓励错峰休假和弹性作息，在有条件的地区探索实施周五下午加周末的“2.5 天小长假”政策措施；安徽省出台《关于促进全域旅游发展加快旅游强省建设的实施意见》，通过实行年休假相对集中安排制度着力落实带薪年休假；江西省出台《关于进一步激励广大干部新时代新担当新作为的实施意见》，严格落实年休假制度，健全干部待遇激励保障制度体系；贵州省出台《关于进一步落实机关事业单位干部职工带薪年休假有关问题的通知》，指出各单位主要领导应带头休假，中层干部以及一般职工应当认真执行年休假制度。

建立健全协调带薪休假的三方机制。建立健全由人力资源和社会保障部门、旅游部门会同工会和企业联合会、工商业联合会等企业代表组织组成的三方机制。加强和创新三方机制组织建设，建立健全协调带薪休假的三方委员会，由同级政府领导担任委员会主任，完善三方机制职能，健全工作制度，充分发挥政府、工会和企业代表组织在共同研究解决有关带薪休假问题中的重要作用。

统筹完善职工带薪假期体系。职工的带薪假期体系由带薪休假、带薪公休日、法定节假日三部分构成，三者之间既有不同的功能，又有很强的替代互补性。职工还会不可避免地遇到疾病和突发事件，如果用人单位缺乏合理的病假和事假制度，就会挤占带薪休假时间。因此，应该通过统筹完善职工带薪假期体系、建立和谐的劳动关系来推动带薪休假落实，保证带薪休假的时间连续并确实被用于休假，以充分发挥带薪休假在促进旅游产业发展和提高国民生活质量中的重要功能。

加快推进弹性工作制度。随着新型冠状病毒肺炎的暴发，居家办公成为人们生活的常态，灵活的上班制度进一步释放了人们的休闲时间。2020年，西门子官方宣布在中国实行灵活工作模式，支持全球各地员工在合理可行的情况下实现每周平均2~3天的灵活工作，并将其作为公司在疫情期间及疫后的永久标准。随着科技发展，2.5天小长假、灵活工作制度越来越多，多元、灵活的工作方式会成为一种新的发展趋势。因此，需要加快推进弹性工作制度，进一步释放人们休闲时间，一是国家引导和鼓励多种形式的“灵活用工制度”。国家和企业可创造条件、提倡多种灵活就业方式，如人才租赁、短期合同、自我雇用、远程工作、灵活工时、岗位分享、压缩工时和年工时考核等。二是遴选合适产业，试点和完善中国情境下的“弹性工作制”。国外的改革经验及有关研究表明，信息技术行业，健康产业，部分现代服务业包括旅游业、文化创意业等比较适合推行弹性工作制。上述岗位的员工可根据自己的能力和喜好在保证工作时间不变的情况下自主选择上下班时间，或者在保证完成工作任务的情况下申请居家办公。公司和员工也可协商员工的节假日和休息时间安排。三是完善“弹性工作制”的就业保障制度。弹性工作制实施的最大障碍是缺乏有效的法律保护和制度保障。从事弹性工作制的人员难以获得和正式工作人员一致的就业保障和福利保障。为此需要加强相关制度建设，使弹性工作制的从业者享有和固定工作制员工同等的工资率、社会福利、劳动保护等保障。四是推广“家庭—工作平衡”理念，为“弹性工作制”创造思想基础。应从国家层面宣传和提倡“家庭—工作平衡”的理念，使国民尊重工作的同时尊重家庭，收获工作满意度和家庭幸福感。有了这样的思想土壤，才会吸引更多的国民去思考和从事弹性工作，更为合理有效地配置自己的时间，实现更高的幸福感，为和谐社会建设和可持续发展贡献力量①。

二、完善顶层设计和战略联动

成立高规格的休闲旅游产业发展领导小组。各级政府要高度重视休闲旅游发展，把发展休闲旅游作为推动经济发展的重要抓手，加强对休闲旅游发展的组织领导和统筹协调。针对休闲旅游发展中存在的部门协调不畅的问题，建议

① 魏翔．推进“弹性工作制”的最好时机来临［N］．经济参考报，2017-06-22（008）.DOI：10.28419/n.cnki.njjck.2017.003057.

成立由党政主要领导挂帅，农业农村、林业、水利、文化旅游、交通运输、自然资源、发改、财政和建设等相关职能部门主要负责人为成员的休闲旅游产业发展领导小组，形成党政主要领导为主、各相关职能部门通力合作的联动局面。各级旅游产业发展领导小组要发挥综合协调作用，定期研究休闲旅游发展的重大政策、重大项目、重大活动，文旅部门负责对休闲旅游发展的日常进行管理。

完善休闲旅游发展部门协调联动机制。各地休闲旅游发展的实践已经证明，休闲旅游发展管理不能文旅部门唱“独角戏”，必须通过构建完善的部门协调联动机制，来调动其他相关职能部门参与的积极性和主动性。应在休闲旅游产业发展领导小组之下，设立休闲旅游产业发展领导小组办公室（设在文旅部门），定期召开休闲旅游发展部门联席会议，组织文旅部门与相关的职能部门，就休闲旅游发展中碰到的具体问题及其解决路径进行商讨，凝聚休闲旅游发展合力。

科学编制休闲旅游发展规划。科学发展，规划先行。各级政府要委托专业团队编制好本辖区的休闲旅游总体规划，特别注意上下级规划之间要做到有效衔接。同时，维护休闲旅游规划的严肃性和权威性，确保规划在实践中得到贯彻落实，避免随意更改规划现象的发生。加强交通基础设施建设，完善休闲旅游基础设施，提升休闲旅游服务质量和水平。

强化旅游市场政府监管。各地政府要履行好市场监管者的职责，加强对旅游市场的监管执法力度，对虚假宣传、以次充好、强买强卖、价格欺诈等违法违规经营行为，从严整治、从严处理，为游客营造安全舒心的旅游环境。政府要采取上下联动、交叉执法、暗访巡查等措施，加强对旅游市场进行专项整治力度。要搭建游客投诉维权平台，畅通游客投诉维权渠道，对游客反映比较集中的市场问题及时予以处理，并做好反馈，改善游客旅游体验。

强化旅游行业自律。成立旅游行业协会是加强旅游行业自律的重要措施。旅游行业协会对外进行本行业的宣传和推广，对内制定行业条例，规范从业者行为，确保旅游业的良性发展。各地政府要把培育和发展休闲旅游行业协会作为规范旅游市场秩序的重要措施来抓，一方面，政府要倡导鼓励各地成立休闲旅游行业协会，并为旅游行业协会的发展提供足够的空间和权利，以便发挥其在规范产业行为、提升产业自律方面的作用；另一方面，政府要加强对旅游行业协会的有效监管，防止行业协会变相敛财，甚至成为垄断行为的推手，以维护旅游消费者的合法权益。

三、降低大众休闲的成本

进一步推动免费开放。深入推进公共图书馆、博物馆、文化（艺术）馆、纪念馆、美术馆、城市休闲公园等免费开放工作，大力扶持行业博物馆、非国有博物馆的发展，并逐步纳入免费开放范围。降低非基本服务收费标准，公共图书馆、文化（艺术）馆、文化站、博物馆除基本公共服务外，为满足广大基层群众多层次、多样化的需求，开展多种多样的公益性服务。如公共图书馆深度参考咨询服务（为读者收集专题信息，编写参考资料，或者进行代查、代译、复印书刊资料等服务），文化（艺术）馆、文化站的高端艺术培训服务等，可以收取合理的费用。在财政经费保障机制建立的前提下，各级公共图书馆、文化（艺术）馆、博物馆、文化站应把主要精力用于开展基本公共文化服务。基本公共文化服务以外的公益性服务，要与市场价格有所区分，降低收费标准，按照成本价格为群众提供服务。

进一步推动优惠措施。稳定城市休闲公园等游览景区、景点门票价格，并逐步实行低票价。落实对未成年人、高校学生、教师、老年人、现役军人、残障人士等群体实行减免门票等优惠政策。鼓励设立公众免费开放日。逐步推行中小学生研学旅行。鼓励企业将安排职工旅游休闲作为奖励和福利措施，鼓励旅游企业采取灵活多样的方式给予旅游者优惠。相关部门要加快完善对未成年人、高校学生、教师、老年人、现役军人、残障人士等群体的证件制度，尽快给各群体免费办理证件。旅游管理部门在落实政策过程中，要灵活、更具人情和接地气。如对只持有身份证的游客视年龄酌情给予应享待遇，65 岁以上的老人和 18 周岁以下的未成年人，应同样享有减免待遇。对持证件的未成年人、高校学生、教师、老年人、现役军人、残障人士等游客，建议旅游管理部门加大政策减免力度，直至免费。未成年人、高校学生、教师、老年人、现役军人、残障人士等的证件加强全国通用。加强旅游景点门票对本地居民优惠。受疫情影响，各地市民在假期放弃远游，选择周边游、近郊游、乡村游，家门口的美景，成了当地群众的打卡热门景点。但是，由于一些景点门票价格较高，导致很多本地游客选择放弃。为此建议：有关部门可根据当地实际情况进行专项调研论证，合理确定价格优惠幅度，推出旅游套票优惠，对本地居民实行减免或优惠；对特殊人群如退役军人、残障人士、获得较高荣誉的功臣等，提供特价或免费服务；对学校组织的学生团体踏青、观展、实地教育、秋游等实行免费开放；本地居民带外地客人去景点游览，可以推出相关优惠政策等[①]。

进一步提升国民旅游休闲服务质量。制定旅游休闲服务规范和质量标准，健全旅游休闲活动的安全、秩序和质量的监管体系，完善国民旅游休闲质量保障体系。倡导诚信旅游经营，加强行业自律。加强跨行业、跨地区、多渠道的沟通和协调，打击欺客宰客、价格欺诈等严重侵害消费者权益的违法行为。发挥社会监督和舆论监督作用，畅通旅游休闲投诉渠道，建立公正、高效的投诉处理机制。依法维护经营者和消费者的合法权益，维护公平竞争的旅游休闲市场环境。

四、加快发展大众旅游休闲产品

注重产品特色，突出开发主题。特色和主题是休闲旅游产品形成独特个性的灵魂。休闲旅游产品的开发应有明确的主题，“主题是对旅游产品及其相关因素进行组合所形成的内在的、统一的基调”。特色就是要创新，要使旅游产品在某些方面有独到之处。旅游企业应将特色化和主题化理念贯穿于休闲旅游产品开发始终。具体地说，首先，要分析旅游资源特色是否符合休闲市场的需要。其次，确定开发的主题。休闲旅游产品的特色将通过主题表现出来。最后，在开发休闲旅游产品系列的时候选出具有主导和支撑作用的垄断性产品。例如，深圳华侨城从 1989 年开始陆续推出主题为“一步迈进历史，一日畅游中国”的“锦绣中华”和“中国民俗文化村”主题公园，以及后来的“世界之窗”“欢乐谷”等人造景点。由于其将产品开发的出发点放在了“垄断性”上，突破了普通旅游产品容易被模仿的局限性，提升了产品的核心竞争力，因为符合旅游市场需求，迅速成为休闲旅游热点，实现了高投入、高产出的理想目标。

丰富产品的文化内涵，提升文化品位。文化是人类文明的积淀，是休闲

---

① 高晓琴．建议旅游景点门票对本地居民优惠［N］．阳泉日报，2021-12-05（004）．

旅游的突出特征。休闲旅游活动更强调人们在旅游过程中精神文化深层次的享受，强调人们文化品位的提升以及人们在文化创造、文化欣赏、文化交流过程中精神生活的满足。丰富休闲旅游产品的文化内涵，提升产品的文化品位，关键在于一方面充分挖掘休闲旅游产品的文化内涵，满足旅游者精神文化层次的享受；另一方面要在休闲旅游产品开发过程中创造文化，为产品赋予新的特色，不断创新，只有这样才能满足现代旅游者日益增长的休闲需求。实践也证明，随着休闲旅游活动向纵深开展，只有那些富有文化内涵的休闲旅游产品才会受到旅游者越来越多的青睐，才能具有持续的生命力和竞争力。

注重体验式产品的开发。休闲旅游是“人们积极、主动休闲的表现，属于高层次的休闲活动”。人们主动追求精神生活享受的行为促进了休闲旅游市场的发展。开发休闲旅游产品，更要强调旅游者的参与性。这种参与性产品不仅能够满足旅游消费者的感官享受，更重要的是可使游客在旅游过程中得到综合体验感，并留下深刻的印象，提高休闲旅游产品的体验价值。尤其是开发具有高科技技术的体验式休闲旅游产品，不仅可以丰富旅游者的知识，还可以拉近旅游者与现代高科技产业的距离，增加消费者与生产者之间的交流。例如，大连圣亚海洋世界推出的“太空人海底漫步”体验活动，让游客穿上潜水服、戴上太空潜水头盔，在美丽的珊瑚丛及水中植物间漫步，与鱼共舞，极大地满足了人们亲身体验、探险猎奇的心理。同时在原海洋世界馆的旁边，投巨资兴建了一座极地世界馆，运用最先进的科技手段，让游客在逼真的模拟环境中看到活生生的北极熊和南极企鹅的生活状态，再加上挑战珠峰极限俱乐部里的攀岩活动，可以让人们实现一日游遍地球三极的梦想。

休闲旅游产品结构应具有层次性。针对现阶段我国休闲旅游市场情况，旅游企业应在大力发展国内休闲旅游产品的基础上，努力提高产品品质，着力打造国际品牌。休闲旅游产品的开发应同时兼顾国内市场和国际市场的需要。在开发国内产品时，应根据我国的国情，认真研究大众消费需要，开发出既能满足大众口味的中档休闲旅游产品，又能设计出适合休闲旅游高端市场需要的产品。同时，休闲旅游产品开发应走品牌化道路，只有高质量的产品，良好的品牌形象，才能满足消费者认知、审美及忠诚的消费心理，从而在旅游者心中产生品牌效应，产生良好的社会效益和经济效益。在开发国际休闲旅游产品时，应充分研究客源国的旅游消费需要。通过借助国外游客普遍对中国文化有着浓厚兴趣这个优势，深挖休闲旅游产品的文化特质，开发出有特色和有优势的国际化品牌产品。这不仅能够提升我国休闲旅游产品的知名度，而且能够促进国际文化交流，产生很好的社会效益。

适度超前，开发新型休闲旅游产品。随着收入和闲暇时间的增多，人们对于旅游方式、内容等的需求也发生着新的变化。新的生活方式和休闲消费行为方式带来一系列新需求，多样化、个性化的需求要求旅游企业开发出具有复合性、交叉性的新型休闲旅游产品。无论是核心产品还是延伸产品都要用文化来创新，把这种文化创新变成旅游市场，而且创造出新的旅游市场，引导旅游消费①。鼓励开展城市周边乡村度假，积极发展自行车旅游、自驾车旅游、体育健身旅游、医疗养生旅游、温泉冰雪旅游、邮轮游艇旅游等旅游休闲产品，弘扬优秀传统文化。大力发展红色旅游，提高红色旅游经典景区和精品线路的吸引力和影响力。开发适合老年人、妇女、儿童、残障人士等不同人群需要的旅游休闲产品，开发农村居民喜闻乐见的都市休闲、城市观光、文化演艺、科普教育等旅游休闲项目，开发旅游演艺、康体健身、休闲购物等旅游休闲消费产品，满足广大群众个性化旅游需求。鼓励学校组织学生进行寓教于游的课外实践活动，健全学校旅游责任保险制度。加强旅游休闲的基础理论、产品开发和产业发展等方面的研究，加大旅游设施设备的研发力度，提升旅游休闲产品科技含量。

五、发展大众旅游的休闲产业

创新发展理念，立足产业联动，在“融合推动发展”上下足功夫。新时代的休闲旅游必须要创新发展理念，向创新要动力。这个创新必须是立足于产业联动的创新，要在拓展休闲旅游产业链、提升价值链上推动一、二、三产业的融合发展，推进休闲旅游与体育、康养、农业等多个方面的融合。

深化休闲旅游与体育产业融合。积极开拓体育旅游市场，促进产品创新升级。要加强我国体育产业和休闲旅游产业之间的融合发展，就要加强对我国自然体育旅游资源的开发，丰富我国的体育旅游资源。要加快我国体育旅游

① 张静.我国休闲旅游产品开发现状及对策分析［J］.生产力研究，2006（11）：146-147.DOI：10.19374/j.cnki.14-1145/f.2006.11.059.

产业的发展，首先就要加强对体育旅游资源的市场开发。可以从以下几点进行着手。第一，加强对体育健身的宣传，提高人们对体育旅游的正确认识及对于体育旅游的认可度。从提高人们对于体育旅游的认可度上来提高人们参与体育旅游的热情，进而增加参加我国体育旅游的游客数量。第二，加强体育旅游的产业化发展，在加强体育旅游发展的同时，加强体育资源与其他资源之间的结合，进而提高体育旅游的丰富度，提高游客的满意度。在进行体育旅游产品开发的时候，可以加强与当地景点、本地特色文化之间的结合，通过宣传当地景点或者本地特色文化加强对体育产品的宣传。除此之外，还可以通过体育项目的优势来带动当地旅游景点的发展，从而更好地实现双赢。第三，在进行体育旅游产业开发的过程中，一定要加强对环境的保护，加强对环保旅游产业的开发。借助各种高科技技术促进体育旅游产品循环利用，加强对生态环境的综合治理，保证体育旅游产品的开发和发展过程中的环境保护。第四，提高游客对体育旅游产品的印象，突出产品的特色，加强对产品形象的塑造。体育旅游产品的开发需要经历一定的过程，在开发的过程中，开发者需要通过各种渠道来加强对产品的宣传，提高产品的特色，丰富产品的内涵，这样才能更好地吸引游客的注意，加快体育旅游产业的发展[①]。

深化休闲旅游与康养产业融合。发挥环境的作用，无论是自然环境、社会环境还是人文环境，人都是其中的重要组成部分。人类能通过新陈代谢、社会活动等与周围的环境产生物质方面的交换，能对环境产生影响，同时，这一过程也是环境反作用于人体的过程，使得社会对人的身体、心理、生活等产生影响。良好的自然环境以及地理环境能使得人的心理产生宁静的感觉，能对人的身体健康产生一定的影响，改善人的身体状况，同时还能达到提升人体免疫力，延缓人体衰老的作用。实验证明，海洋、森林、温泉等地区都能对人的身体健康起到促进作用。为此，就需要充分挖掘环境中的养生因素，利用这些因素起到防止人产生疾病等功效。同时，还需要利用环境对人的心理进行一定程度上的引导，实现陶冶人情操的作用。工作人员能针对参与人员的身体状况，为其开发日光浴、森林氧吧、避暑等各种养生项目，并能将运动适当地融入养生休闲活动之中，通过对其进行合理化搭配的方式，实现不同体质人群的健康

① 黄玮，李锋．我国体育与旅游产业融合发展对策研究［J］．经济问题，2017（10）：116-120.DOI：10.16011/j.cnki.jjwt.2017.10.018.

养生需要。发挥自然的作用，将康养休闲与体育旅游相结合，实现 1+2>2 的作用。在当前社会中突出品牌特色，很多地方都能开展康养休闲旅游项目。在我国历史发展的背景下，为创造色彩丰富的养老文化，就应该深入挖掘康养休闲体育旅游中的传统文化理念，为康养旅游行业的发展提供有效的资源，建立与其他国家或者地区不同的文化旅游宝库。同时，还应该深入挖掘不同游客的根本需求，将其与文化资源相结合，建立创新型文化内涵的养生活动，在这一活动中融入我国传统价值观、中华饮食文化等，同时提升游客的身体素质、精神理念、文化素养等，促使我国康养休闲旅游行业的核心价值，形成天人合一的养生功效[①]。

深化休闲旅游与农业产业融合。进一步挖掘乡村文化，坚持文旅融合是乡村休闲旅游产品向精品化、品牌化发展的必由之路。乡村旅游产品的“原真”属性是对乡村原生态、原生活和原文化的坚守，是保护和传承乡村民俗文化的重要形式。一方面，乡村旅游产品的开发在保护和利用本地乡土文化的基础上，要创新文化的表现形式。应推动民俗文化与虚拟现实技术（VR）、人工智能等新技术充分融合，探索乡土文化更加生动、多样的表达方式。利用传统工艺或文化习俗打造不同类型的主题表演、特色节庆和精品特色餐饮等体验活动，充分实现文化符号在特色乡村旅游产品上的表达。另一方面，在品牌塑造上要坚持创新，突出特色化、差异化和多样化。品牌塑造是乡村休闲旅游产品摆脱产品同质化的优势路径和不二选择。结合当地的自然风光和民俗文化等资源禀赋，寻找区别与同区位产品的差异和文化特色，进而打造出错位竞争、主题鲜明的乡村休闲旅游产品。坚持农民主体地位，提升乡村旅游服务标准，促进农民脱贫致富和创业增收是发展乡村休闲旅游的出发点和落脚点。因此，要发展乡村休闲旅游，一定要确保农民的主体地位。鼓励农民积极参与产品开发、服务提供和管理运营，构建三方共赢的利益分配机制，让农民享受到发展乡村休闲旅游的“开发红利”。在旅游产品的开发上，要提高标准化服务水平，提升游客的乡村旅游体验。加强对农村从业人员的技能培训，提高乡村旅游产品的服务标准。改善乡村旅游基础设施水平，促进硬件服务现代化[②]。

---

① 陶胜国.健康中国战略背景下康养休闲旅游的内涵及发展对策［J］.当代旅游，2021，19(24)：71-73.

② 种珊.我国乡村休闲旅游产业发展问题探究［J］.当代旅游，2021，19（6）：25-26.

六、完善国民旅游休闲公共服务

完善休闲公共服务设施。各级政府要结合实际，建设各具特色的旅游休闲场所。有关部门要在规划用地和配套公共服务设施等方面支持旅游休闲度假功能区建设，加快推进旅游休闲项目落地。推动大型旅游综合体的开发建设，提升旅游休闲服务接待能力。推动休闲特色街区、景观大道、城市休闲公园、郊野公园、特色旅游休闲沟域和村镇建设，打造丰富多样的旅游休闲空间。加快推进建设有指导、示范、培训等多功能的社区休闲场所，并配备相应的休闲设施和器材。用信息化手段提高社区各单位休闲场地的利用率，实现网上查询、预订，达到亲民、便民、利民，促进资源充分利用。建立传播休闲知识、培训休闲技能的社区休闲指导中心，服务基层群众的休闲活动。形成社区休闲服务机构，配有休闲服务人员，积极宣传、发动、组织居民开展经常性的休闲健身活动[①]。构建休闲旅游信息服务体系，各地围绕旅游配套基础设施、交通网络等重点，加大资金投入，完善旅游集散中心、咨询服务中心、停车场、自驾车营地、旅游指示标识等旅游基础设施建设，增开航线和客运班列班车等，改善旅游的通达性和便利性。同时，积极建立和完善旅游公共信息平台，为游客提供多样化的信息服务。健全公共交通和集散服务体系。提供多种服务标准的旅游客运设施，满足多层次旅游出行需求。在有条件的地区试点推出城市旅游观光巴士，逐步增加线路和站点，形成以城市景观为依托，以观光巴士为载体的城市旅游公共交通服务体系。建立以公共交通为基础，以旅游集散服务中心、集散地和旅游目的地为节点的三级集散服务体系，做到全覆盖并辐射周边地区。

加强休闲旅游专业人才培养。对接市场，明确培养目标。对接现代休闲旅游市场，依据高职院校人才培养的特点，休闲服务与管理专业在人才培养方向应该更加全面。培养具有休闲旅游管理基本知识，掌握休闲旅游服务基础理论知识和基本技能，组织协调能力强，具有较强应变能力、心理调适能力，具备规范的休闲旅游岗位服务和管理能力的高端技能型人才。校企联合培养。加强校企合作，充分利用好学校和企业的资源，与企业进行联合，让课堂教学和企业实践得到有机结合。更新课程设置。课程体系是实现人才培养目标的核

① 冯凌宇.公园城市视角下的城市公共休闲空间建设——以成都为例［J］.中共成都市委党校学报，2019（5）：92-96.

心。因此，在进行人才培养方案设计的时候，要充分进行市场调研，依据市场需求，以及人才培养目标来进行课程的设置。例如，现在国家对低空领域的开放，使得低空旅游项目的开发越来越多（热气球、滑翔伞、低空跳伞等），因此，对专项领域的人才也有新的要求。加强“双师型”队伍建设。专业教师是专业建设的基础，是教学的有力保障。职业教育对于教师的要求是既要有扎实的理论基础，又要具备本专业的岗位操作技能。休闲旅游行业发展迅速，市场瞬息万变，只有紧跟市场发展的脚步，专业人才培养才能与市场匹配。加强校企沟通，让专业教师深入企业，通过行业学习，提升社会服务能力；企业回馈并支持学校教育，企业导师将企业资源带进课堂，为学生提供实习实训的机会①。

① 尹春玲，江波．休闲旅游产业转型升级背景下专业人才培养的思考［J］．人才资源开发，2017（12）：181-182.DOI：10.19424/j.cnki.41-1372/d.2017.12.095.

第三章

中国国民旅游休闲的历史传统与文化基因

我国国民旅游休闲发展模式，渗透深厚的历史传统和文化基因，体现着中华民族的价值取向和生活情趣，传承着中华优秀传统文化基因，是中华民族的精神血脉。我国是世界上最悠久的文明古国之一，千百年来，生生不息的历史文化传统与基因是推动社会变革的重要力量，也是推动中国国民旅游休闲的文化基因。本章系统地梳理了中国人修身养性、天人合一、回归自然、群乐独静、山水情怀、桃源梦想等文化传统与基因，解读推动中国国民休闲的文化根脉。梳理中国几千年休闲历史的演变，并分析休闲阶层的演变和休闲空间演变，全方位探究中国休闲方式的演变过程及动因。梳理中国的传统节日和各民族节庆活动的演变，分析现代中国社会的节庆活动与国民休闲旅游发展关系，梳理探索古代休假及退休制度的演变，阐释休闲产生的历史背景。

第一节　中国国民休闲的文化传统与基因

要更深入地理解我国国民旅游休闲发展，需要用文化基因的视野进行透视。文化基因是指相对于生物基因而言的非生物基因，主要指先天遗传和后天习得的、主动或被动的、自觉与不自觉地置入人体内的最小信息单元和最小信息链路，主要表现为信念、习惯、价值观等。国民旅游休闲作为一种文化精神生活方式，受民族的历史文化传统和文化基因影响深远。本节从修身养性、天人合一、回归自然、群乐独静、山水情怀、桃源梦想等方面理解中国休闲文化基因与传统的演变。

一、中国人修身养性的休闲价值追求

休闲渗透着国民的人生观，修身养性是中国传统人文精神的重要组成部分，是追求安贫乐道、随遇而安的人生境界。休闲是以超然出世的人生态度追求着天地浑成、物我为一的境界，以求得精神自由为人生目标；是以在世的人生态度，摆脱人生的烦恼，进入快乐无忧的境界。修身养性是中国人的一种生存智慧，是中国古代哲人教给人们在有限的条件下追求精神的自由，尽情享受生活乐趣的一种快乐的哲学。旅游休闲是修身养性之道，修身养性将休闲当作修身养性完善德行的途径，通过度假、游泳、阅读、徜徉于海滨、踯躅于森林草原、置身于温煦的光下，使游客身心完全放松，充分展示修身养性的休闲价值。

自古以来，中国人就重视修身律己，休闲方式渗透着中国人的修身养性传统和闲情逸致中的价值追求。孔夫子的《礼记·大学》中有载："古之欲明明德于天下者，先治其国；欲治其国者，先齐其家；欲齐其家者，先修其身……"告诫世人唯修其身才能齐家、治国、平天下，有大的担当。修身就是使自己心灵得到净化、纯洁，养性则使自己本性不受损害。通过自我反省体察，使身心达到完美的境界。

我国古人将养生和修身养性密切地结合在一起，历史上最早的养生理论当出自《黄帝内经》，把养生和修身养性结合在一起，养生和生存的自然环境结合。自然环境是外部环境，那修身养性则是修炼人体的内部环境。《黄帝内经》一书里明确地说"气之长也，人亦应之"，意思就是要人保持良好的心理状态，因为心理状态的好坏直接关系身心健康，人处世要乐观通达才能寿终天年。荀子讲的"得众动天，美意延年"，孔子的"乐以忘忧，不知老之将至"都是这样的意思。从健身养生角度来讲，就是以德养寿，孔子说德者寿，养生修身制欲为之。健康长寿，提高生活质量是传统医学和养生学追求的目的。

古人认为，七情六欲人皆有之，关键问题是要学会调节、克制自己的欲望，特别强调"人之为学，制欲为先""欲不求大，乐常有余"，希望通过积极健康的休闲活动让心、身常处于平衡、平静状态。孔子就提出了"仁者寿"，鲁哀公问他："知者寿乎？仁者寿乎？"孔子就说："知者乐，仁者寿。"把道德修养与养生联系在一起。古往今来，大凡心地善良、助人为乐、善行好事者，或心境平静、乐观愉悦者，机体在均衡的状态下运行，血液循环和神经中枢都调节在最佳状态，抗病免疫，心平气和，身体健康。将温、良、恭、俭、让作为一个人修身立命的修养规范，也作为一种健身养生的法宝，更是内功外功、体动心静、养生健体、延年益寿的一种生活方式，也是社会精神文明的体现[①]。

休闲是修身养性完善德行的重要途径，作为人类文化活动的重要方式和重要组成部分，可以说是与人类一同诞生，只不过在人类历史发展的各个阶段，由于休闲活动在人的活动所占的比重不同、作用不同，乃至对人类的价值也有所不同。人类社会发展到今天，休闲活动已成为一个国家生产力水平高低的标志，成为衡量社会文明的尺度，同时也成为人类一种崭新的生活方式和生命状态，成为与每个人生命质量息息相关的领域。人类正是在“休闲”中才得以发现自身，了解生活的目标和存在的意义。中国古代思想文化源远流长，博大精深，休闲在我国传统文化中有着独特的文化意蕴，在我国传统思想宝库中也有着十分丰富的休闲思想文化记载，形成了独具特色的休闲观。

儒家以积极进取的入世态度，将休闲当作修身养性完善德行的手段，休闲不是静坐休养，而是生动活泼；不是无为而治，而是积极进取与有为，在生命的活动与律动中实现休闲。道家则以超然出世的人生态度，追求着天地浑成、物我为一的境界，以求得精神自由为人生目标。休闲成为生活的目的、精神的故乡。禅宗则以在世的人生态度，摆脱人生的一切烦恼，进入快乐无忧的境界。它们也以追求精神自由为其目标，只不过它们将道家的空灵、遁世变得更加世俗化、生活化，让人们在平淡随意的生活中获得自由、洒脱。

无论儒家、道家的休闲观念有何种不同的表现形式，总的说来，中国人的休闲观念其实就是中国人的一种生存智慧，或者说是中国古代哲人教给人们在有限的条件下追求精神的自由，尽情享受生活的乐趣的一种快乐的哲学。在物质文明高度发达的今天，激烈的竞争，使得人们的生活压力、精神压力越来越大，人们开始向往过一种闲适宁静的生活，向往着回归自然、返璞归真。以此反观中国古代休闲的人生哲学，无不有所启发。

---

① 王济宪.养生的“内功”——修身养性［J］.养生月刊，2019，40(11)：964–967. DOI：10.13633/j.cnki.ysyk.2019.11.002.

休闲在人们的社会活动和日常生活中越来越重要，我们生命中有 1/3 的时间要在闲暇中度过。闲暇时间的增多，使人们不再满足于仅仅由吃饭穿衣、生儿育女来维持简单、平淡、枯燥的生活，而是更加向往丰富多彩、充满艺术趣味的生活，追求精神上的愉悦和满足。这样也就为新的休闲启蒙创造了条件。然而目前中国还处于休闲的初级阶段，其理念、机构、设施等均处于不完善状态，因此，挖掘整理中国古代休闲思想遗产，以引导人们文明、科学、健康、合理的休闲度假，是摆在我们面前的一项重要而艰巨的任务[①]。

休闲旅游倡导慢旅游和深度旅游方式。数千年来，中国人的传统生活一直都崇尚一个“慢”字。陆机在《短歌行》中曰：“人寿几何，逝如朝霜，时无重至，华不再阳。”人生短暂，我们不能急于赶路，而忘记了路上的风景。然而我国在现代生活中，快餐式生活成为主流。西方一些发达国家也曾走过“快餐时代”，但他们如今又重新回归“慢生活”的节奏了。随着时间的推移，中国人也将会从快餐式生活中解脱出来，享受闲适，这种心理的变化轨迹正是社会进步的表现。

所谓慢游（slow travel）就是反对乘坐飞机等快速交通工具的旅游，它更重视游的过程，即“旅游的过程和旅游的目的地同样重要”。旅游先锋派人士 Sims 认为，“就像慢食运动拒绝标准化、规格化的汉堡类食品，鼓励人们即使在最忙的时候也毋忘本国的美食，并以更缓和的步调去培植、去烹调、去食用一样，慢游则鼓励人们进行更加深思熟虑的旅游，慢游不仅意味着采用火车、轮船、自行车乃至步行等环境友好型的方式旅行，更要求旅游者在旅游过程中探寻旅游的本真，进而实现旅游本质的精神回归”。对慢游者而言，旅游不再是购买一些纪念品，不再是为了证明足迹匆匆留下的几张影像照片，而是惬意地沐浴风中，发现最纯粹的风景，不放过任何一个值得我们驻足的细节，带一个故事回家，实现旅游本质的精神回归。

“慢游”也是一种深度旅游，是一个文化的浸入过程，主张扎进一个陌生地方沉淀自我，融入当地的生活，充分了解当地文化。“慢游”强调的是在一个旅游点真正“生活”过，而不仅仅是停留过。换一种旅游心态，不要将旅游看作一个被动的客体，而是试图将旅游当作自己的生活，在欣赏美景的同时试

① 陈盈盈. 中国传统文化中的休闲观念［J］. 自然辩证法研究，2004（5）：94–97.DOI：10.19484/j.cnki.1000–8934.2004.05.022.

着别把自己看成旅客。

二、中国人天人合一、回归自然的休闲偏好

“天人合一”的思想是中国传统文化的重要组成部分，“天人合一”思想认为，人是宇宙整体的一部分，天、地、人三者既自成一体又相互交错融合，这是一种整体的自然观。《周易》中的八卦经，把阴阳作为宇宙万物的基本矛盾及生机的来源。认为人性与天道，人与自然，全都融为一体，构成了完整的天人合一观。这对现代人的修身养性起着指导和规范作用，符合当代人的价值取向及追求休闲的愿望。

旅游休闲是人类向大自然的复归，是“天人合一”的再现。旅游休闲是人类对自我生存状态的反思，向大自然的回归；是人类对真、善、美的追求，对自由的向往；是人与自然的和谐一体，是天人合一的再现。天人合一思想比较复杂，但从基本倾向上说，就是强调人与自然、人事与天道的统一和协调，表现了人对实现主观与客观、人道与天道、人与环境之间的平衡与和谐的追求。天人合一不仅仅是一个存在论的命题，更重要的是一个价值论的命题，这一命题把追求和谐作为一种至高的价值目标。荀子的天人论认为人与自然是和谐的，人与自然是一个和谐、完整的整体。冯友兰认为“天人境界”乃是人生的最高境界，处在这种境界的人可以说是获得了对人生价值和意义的最深刻的领悟，他既不无所不为，也不沉溺事功；既不从众合流，也不与人隔膜。他能将自己的生命看成是与宇宙万物同体，超越名利诱惑，真正进入一种知天、事天、乐天以至于同天的境地。处在天地境界的人从来不会感到生命的存在是孤独无助的，因为在他看来，生命并不是一种纯粹个体的存在方式，而是天地宇宙一体运动的过程，这说明他已经对人生价值和意义有了一种最全面完整的理解和把握，这种人生境界实际上也就是中国传统文化中所说的“浑然与物同体”“与天地精神相往来”的精神追求。当人们休闲地徜徉在一种人与自然和谐的生活氛围中时，人类不会感到孤单，世界不会变得荒凉，自然更不会与生命背离。休闲也使人在精神的自由中历经审美的、道德的、创造的、超越的生活方式，它给人们一种文化的底蕴，支撑人们的精神。

休闲是人类对真、善、美的追求，对自由的向往。在休闲活动中由形貌体现出精神、由现象透显出本质、由有限表现出无限、由现实提升至超越。《古

诗十九首》曰："今日良辰会，欢乐难再陈……令德唱高言，识曲听其真。"阮籍《咏怀诗》云："对酒不能言，凄怆怀酸辛。愿耕东皋阳，谁与守其真？"左思《招隐诗》云："经始东山庐，果下自成榛；前有寒水井，聊可莹心神。峭茜青葱间，竹柏得其真。"这里的"真"皆可作真情、神韵理解。可以说一方面包括自然之真，引导人达到心灵之真，另一方面也达到了对真理的认识，主客观的统一。人们去休闲就是寻真的过程，是对自然的和人文的景观有本真的认识，增加了对历史和人文的理解。而休闲可以说本身就是求善的过程。亚里士多德曾经说过，"我们需要崇高的美德去工作，同样需要崇高的美德去休闲。是的，休闲可以使我们的生活更有意义"。在休闲中提升人的道德境界和人生品位。同时有助于治疗现代社会的心理疾患、安抚现代人的灵魂。在休闲活动中，人们把有限的自我、个人的经验和情感融入无限时空或广大宇宙中，达到一种宽阔的视野、博大的情怀和超越有限以期于无限的人生境界。因此，它不只是欢喜、陶醉，而同时也融入了对宇宙、人生的深入思考和知觉领悟。可以说，一切壮大、宏伟、庄严、崇高的东西，都可以给人以这样的感受。

美国著名心理学家马斯洛认为，人生的价值即体现在各种需要的满足当中。而最能体现人生价值的是自我实现需要的满足，尤其是审美的满足。在审美需要的满足中，我们最容易感受到那种刻骨铭心的高峰体验，同时也最容易觉察出或体验到人生的价值。在森林中、在沙滩上、在花园里、在创造的激情和欣赏的喜悦让人魂牵梦萦的时刻，我们最容易超越自己的肉身存在，同时也最容易感受到做人的尊严和幸福。从人生的意义上说，休闲不单是一种活动，而更主要是一种境界、一种理想、一种氛围、一种不断超越既存现实和自我的努力[①]。

三、中国人群乐独静的休闲方式

中国人有着以"静"为主、中和为度的休闲理念传统。古人强调动与静的辩证关系，认为劳作与休息都不可偏废，要中和为度。很多古代哲学家的至理名言都包含有一种中和为度的中庸思想，例如《孔子家语·观乡射》中有一段非常著名的记载是"子贡观于蜡"。孔子曰："赐也乐乎？"对曰："一国之人皆若狂，赐未知其为乐也。"孔子曰："百日之劳，一日之乐。一日之泽，非尔所

① 张恒力.休闲中的"天人合一"蕴境[J].北京邮电大学学报（社会科学版），2004(3)：5-8.

知也。张而不弛，文武弗能；弛而不张，文武弗为。一张一弛，文武之道也。”这段话极为准确地诠释了中国古人张弛有度的休闲理念。

中国古人不仅强调动静兼修，而且更进一步强调养心调神、以静为主，强调神对形的支配作用。作为与“忙碌”相对应的一种生活状态，“闲”的明显的特征就是“静”，在这方面儒、道两家殊途同归。儒家思想也追求“静”的状态，这种“静”是一种“仁者静”，是一种处于自身情感，但是又在“礼”的限制之下的道德与情感的调和的状态。要求人们能够克制自己的感情和欲望，坚决抵制外界的种种诱惑，不因外界的得失变化而或喜或悲，最终达到自己内心世界的恬静平和。

道家追求的“静”是一种虚静的状态，老子说：“致虚极，守静笃，万物并作，吾以观复。夫物芸芸，各复归其根。归根曰静，静曰复命。”他强调只有保持内心的虚空、清净，才能够让自己的心境超然于物外，保持内心的绝对宁静、平和。所以儒、道两家都追求内心的平静，虽然方法不同，目的却是一样的。这更表明了自古以来追求内心的宁静，超然物外的休闲理念，他们不重视物质的享乐，只在意内心世界的真正平和安宁。

这种以“静”为主、中和为度的休闲理念，在古人所从事的休闲活动中也可以得到很好的证明。中国古人在欣赏美景之时是用创造的活动来表达内心的愉悦和快乐，诗歌创作便是文人墨士们主要的休闲活动之一，在漫长历史长河中，涌现出数不清的游记诗歌，文人们欣赏山水之时，总是静思遐想，寄情山水创作出不朽诗篇。除诗歌创作之外，琴、棋、书、画也是古人休闲的主要活动，通过这些安静的、怡情养性的活动，暂时脱离现实的世界，达到释放自己感情、升华精神世界的休闲目的。另外，赏花、品茗、饮酒等都是古人喜爱的休闲方式，在平和的状态中达到内心的安静祥和。

中国人追求的是群乐独静的休闲方式。中国式休闲的表现形态更多为静态，讲究修养心神、调畅情志、修身养性。单从文字上来讲，就如同前文中所提到的“休”字，中国现在使用的文字起源于古时使用的象形文字，“休”的左边是“人”，右边是“木”，体现了安宁之意。休闲两个字的结合自然而然地传递给人一种舒适悠闲的意境。

中国式休闲更多是静态的，体现安宁、娴静、纯洁的美感。相比于西方人更多偏爱具有刺激性、冒险精神、挑战极限的休闲活动，中国式休闲更加偏好安静。就算是进行运动式休闲，中国人也更加偏好太极拳、武术等不与自然对抗，而与大自然形成和谐节奏的运动。中国人认为，练习太极拳可以锻炼身体，既是对心灵的一种调整，又是一种较为温和的身体锻炼。太极拳融合了阴阳辩证思想等传统哲学，注重身体健康与生活质量，是一种柔和静态、自给自足的休闲活动。太极拳修习者通过练习提高自己的生活质量，改善身体状况，促进人与自然，人与社会之间的和谐。从心灵状态来看，中国式休闲更多讲究修养心神，调畅情志。人与自然的统一是中国的传统理念，中国人认为人与自然的本质是一样的，人人都应遵守自然规律，以实现人与自然之间的和谐。在休闲活动中，中国人也更加尊崇这种实现人与自然和谐的修身养性观。在旅游休闲活动中，中国人更加崇尚自然旅游，通过旅游休闲活动去欣赏自然地理环境、生物景观，从而产生人与自然和谐的审美愉悦。同时，在文化旅游活动中，中国人同样喜欢通过品尝菜肴、参观博物馆等方式获得精神上的享受①。

四、中国人的山水情怀与桃源梦想

山水在中国人的生活中和文化意识里，占有极重要的位置，且人文意蕴十分丰富、深远，象征意义和符号意义极强。中国人有千百年的山水情怀，已经成为中国古典文化一个普遍存在的文化符号。无数文人寄情山水，在中国山水情怀的濡染下，对生命本源的探寻、对休闲自由人生的渴望，使得陶渊明笔下的“桃源”成了人们心目中生命觉醒的精神家园、休闲生活的乐园。中国的山水传统与桃源梦想既是中华民族文化心理一种独特的精神情感，也是休闲旅游发展的原生动力，吸引着人们不断向往怡然自得、无拘无束、亲近自然的世外桃源。

中国人有深厚强烈的山水文化旅游基因，中国自古以来名山秀水众多，山水景象千姿百态。人在与自然长期的和谐共处中，孕育出了丰富多彩的中国山水文化，人们以自然的“山水”为基本素材而创造出来的社会财富，是中华民族在认识和改造自然界的过程中所形成的一种独特的文化形式。无论是寄情于山水的魏晋名士，还是宋代文人书画家；无论是杜甫咏泰山时所展现的“会当凌绝顶，一览众山小”的旷荡情怀，还是感慨家国命运时所表达的“国破山河

① 于光远 . 旅游与文化［J］. 瞭望周刊，1986（14）：37–38.

在，城春草木深”的社稷之忧，都与山水文化并生并存，将山水自然景观融入人们的生活方式和情感抒发中，以自然山水景物入诗、入画、入园等，由此形成了我国丰富多彩的山水文化。中国古时称天下为“江山”，称盟誓为“山盟海誓”，直至现在人们把无拘无束地聊天称为“侃大山”。在中国人的心目中，山水已不仅是物理学概念上的山与水，而转化成了各种社会观念，渗透到文化生活的各个领域，人们对于山山水水寄予了特殊感情，形成了中国人的山水情怀。“智者何乐于水也？”中国的名川秀水无数，黄河的磅礴、长江的壮阔、漓江的明澈、太湖的秀丽……当文人墨客被大自然中的这些山水美景震撼陶醉之时，往往也习惯于将自己对休闲生活的向往、人生理想、美好愿望及道德品格等寄托在这些自然山水景色之中，通过欣赏美景，从而获得身心的愉悦。

山水田园诗是古代诗词歌赋中常见形式，代表性的诗人有陶渊明、孟浩然等，当年陶渊明为了“五斗米”宁可辞官回乡，体会“久在樊笼里，复得返自然”的悠然之感，在这首诗中，诗人寄托了自己内心的休闲和浊世，将满腔热血寄托于山水中，所以我们可以在陶渊明的诗中体会到他笔下宁静的田园生活。“采菊东篱下，悠然见南山”，在陶渊明的《饮酒》一诗中，尽管全诗中未见“我”这一字眼，但是由始至终都体现的是诗人内心对于田园生活的愉悦之感。虽然看似平淡，却赋有趣味，虽然无心采菊，但是却顺手采了一朵菊花[①]；虽然无意望山，却抬头望见山峰，从这一“采”一“见”中均可体现诗人的悠然自得。陶渊明当时所展现的悠然自得以及归隐之后的闲适心情也给后世文人带来了影响，使后世逐渐形成了“拟陶”与“和陶”的风气。孟浩然与李白也是田园诗代表人物，孟浩然《临洞庭》中的“气蒸云梦泽，波撼岳阳城”以及《田家元日》中的“桑野就耕父，荷锄随牧童。田家占气候，共说此年丰”，从中均可体现出诗人在诗中寄托的悠然自得的闲适心情，“桑田”与“牧童”均可体现出孟浩然在田园生活中寄予的休闲思想。李白的《望天门山》中也通过“碧水东流”“青山相对”等词语对山水进行了描述，体现出了李白对于天门山雄奇壮观的感叹[②]。韦应物的《滁州西涧》中，通过“独怜幽草涧边生，上有黄鹂深树鸣”的风景描述，从中寄托了自己当时的心境，虽然诗中所描述的都是寻常景物，但是作者却赋予了作品不一样的情感，并以诗歌的形式

① 赵丽娜．运用中国古代文论进行中学古诗词教学的探究［D］．渤海大学，2015.

② 龙剑宇．毛泽东诗词与当代人文精神的构建［J］．毛泽东思想研究，2011（1）：83-87.

感慨了自己怀才不遇的伤感。古人对于山水田园的喜爱并不只是在于山水田园的优美，同时也是诗人精神的需求，古人讲求“情系田园”，这也是古人创作了众多山水田园诗的原因所在。山水田园诗除了可以歌颂我国优美的河山大川，同时也能从中体会到古代的文人墨客对于大自然的热爱之情。文人所形成的情系田园之感其实是从古至今文人所积累的文化修养，更加追求生命的真正意义以及自由，通过发现生活中的美不断愉悦自己的生活。

“桃源”是我国意义深远的意象，深切关联着每个时代不同人对理想的社会图景和人生图景的建构方向与内涵，既是人类内在本性的渴求，又是人类衡量、批判现实社会的一种特殊文化视角，具有长久的艺术魅力，历经千年而不断衍生新内容。“桃源”是每一位中国人的“梦想乐土”，早在东晋陶渊明的《桃花源记》中就有体现中国人的“桃源情结”。陶渊明抛弃功名利禄，归隐田园，辞官后直到逝世，陶渊明一直过着田园耕读的生活。在此期间写下了大量脍炙人口的田园诗。陶渊明的《归园田居》共5首，其中之一有这样的句子：“方宅十余亩，草屋八九间。榆柳荫后檐，桃李罗堂前。暧暧远人村，依依墟里烟。狗吠深巷中，鸡鸣桑树颠。”其系列《归园田居》恰恰是对耕读生活最真切的描述。古代农村是耕读乡村，秉承耕读传家，劳作滋养身体，读书修身养性，由此形成古代乡村特有的物质与精神生活良性循环的模式。就旅游资源来说，中国社会的封建时代较之于欧美封闭而漫长，其最具典型的形态是农耕经济，最直接的外在表现是田园风光和乡土风情。这首诗的后几句是：“户庭无尘杂，虚室有余闲。久在樊笼里，复得返自然。”这种直抒胸臆的感情表露，在传统农业时代，其回归自然的期盼是热切的；在后工业革命时代，更有现实意义，其不仅反映了现代城里人向往的一种生活方式，更是一种乡村情怀和乡愁情结。这首诗足以说明，中国的乡村有我们所渴求的旅游资源，既然有所求，定然有所依。孟浩然的《过故人庄》描画了诗人隐居鹿门时应邀赴田家做客的过程，表现了对真挚友情的赞美和对田园生活的热爱。写得深衷浅貌，语短情长，富有浓郁的生活气息和乡土风味，是一首久负盛誉的田园诗。王维《渭川田家》描述了初夏傍晚农村生活的实景，充满了“田园牧歌”的情调。太阳已经西斜，落日的余晖照着村落，大大小小的深巷中牛羊成群结队地归来，村中老翁拄着拐杖，站在柴门前，等候着外出放牧牛羊、即将归来的儿孙。充满浓郁生活气息的农村晚景，洋溢着令人陶醉的诗情画意[①]。

第二节　中国人休闲方式的历史演变

要深入了解中国的国民旅游休闲发展与模式，需要梳理中国人休闲方式的历史演变，分析梳理中国历史上各类休闲方式变化，如琴、棋、书、画、茶、酒、诗、词、歌、赋、狩猎、蹴鞠、灯会等各类休闲活动，梳理几千年来我国休闲历史的演变，分析休闲阶层的演变、休闲内容的演变和休闲空间的演变等，全方位探究中国休闲方式的演变过程及动因。

一、中国历史上休闲的阶层演变

当今是真正的盛世，国民才真正拥有旅游休闲的权利。在历史上，旅游休闲只是少数人的特权。原始社会后期，我国已经出现社会阶层分化，从夏朝的确立一直到清朝，由于社会地位以及经济发展水平的限制，我国古代人民从事休闲活动有着很大的阶层差异（见表 3–1）。

从夏朝的确立，奴隶社会制度最终形成，经历了夏、商、西周三个朝代。占人口多数的奴隶是劳动者，处于社会最底层，负责了整个社会的生产活动，他们归奴隶主所有，不具有独立的人格，没有任何的人身自由，劳动就是他们生命的表现形式，没有任何休闲的权利和休闲的条件可言。而作为非劳动者的奴隶主则从繁忙的劳动生产中脱离出来，他们是社会的统治管理阶层，有充分的闲暇时间进行各种科学、文化、艺术、娱乐活动，这个时期的休闲是奴隶主这一阶层的特权。介于两者之间的平民阶层，有一定的休闲生活，然而他们虽拥有人身自由，但占有的生产资料十分有限，享有的休闲资源仍然有限。

春秋战国时期，我国开始了从奴隶社会制度向封建社会制度的转变，直至秦国统一六国，建立秦王朝，封建社会制度在我国最终确立。封建社会，处于统治阶层的贵族和官僚们拥有许多特权，他们的休闲生活很丰富，拥有最多的

---

① https://baijiahao.baidu.com/s?id=1602500196231824736&wfr=spider&for=pc.

休闲特权与休闲福利。介于平民百姓和贵族官僚之间，中国古代还有一个特殊的阶层——文人，这一阶层有着较高的文化素养，并以考取功名作为自己的人生目标，他们一般属于社会的“中产阶级”，有一定的经济基础，并且由于有着跻身统治阶层的可能，他们也是比较受社会尊重的阶层，文人们的休闲活动一般带有比较浓厚的文学色彩，休闲的实现方式较丰富。中国古代还有另外一个特殊阶层——工商阶层，这一阶层有着较好的经济基础，但社会地位低，常年经商需要奔走于各地，他们的休闲活动也常常受到其行走线路的影响，许多大富豪发家之后都希望能够通过仕途改变命运，其休闲活动常常存在模仿贵族官僚的痕迹。受传统农业耕作方式的影响，古代平民的生活节奏与季节变化紧密联系，经济条件和生活空间都比较有限，因此，他们的休闲活动也多与农耕节庆相关，且休闲的范围都在其居住地的附近范围。贱籍百姓是指那些没有完整人身自由的百姓，如卖身的奴婢、乐户妓女等，他们的生活基本取决于主人的意愿，休闲也是如此，而且他们常常是休闲娱乐的供给者。

表3-1　休闲阶层简单对比

社会制度	朝代	主要社会阶层	阶层特点	阶层休闲主要特点
奴隶社会	夏、商、周	奴隶主	统治管理阶层，拥有大量特权，无须劳动	休闲主体，享有休闲特权
		平民	介于奴隶与奴隶主之间，受奴隶主统治，但拥有人身自由，且占有少量生产资料	休闲生活相对丰富，但享有的休闲资源仍然很有限
		奴隶	社会底层，无人身自由，社会主要劳动力	无任何休闲生活可言
封建社会	秦朝至清朝	贵族、官僚	统治管理阶层，拥有许多特权	享有最高的休闲特权、休闲档次和休闲福利
		文人墨客	高文化素养，经济状况大致比较好	休闲生活带有浓厚的文化色彩，休闲实现方式丰富
		工商界层	外出频繁，经济条件相对较好，但社会地位低	休闲活动空间大，常常存在模仿贵族官僚的痕迹
		农民	生活受农耕影响，经济条件与生活空间有限	休闲与农耕生活和传统节日密切相关
		贱籍百姓	没有人身自由，社会地位极低	受主人影响波动，常是休闲娱乐的供给者

二、中国历史上休闲内容的演变

早在8000年前，中国的黄河流域就开始出现了农耕现象，到6000年前，我国先民已经有较为稳定的农业生产活动，至此中国进入了农耕社会时代，但中国真正进入古代时期，却是从夏朝建立开始，直到1840年鸦片战争为止，这一过程共经历近4000年之久，共经历了两种社会制度（奴隶社会制度和封建社会制度）的变更，以及多个朝代的更替，受社会制度、生产力发展、科技水平、文化宗教等的影响，休闲活动在不断地发生变化，研究通过查阅历史文献的方法总结我国古代各时期各阶层的民众的休闲活动状况，并分别从休闲社会阶层、休闲内容、休闲空间等方面分析中国古代休闲活动发展演变。

首先，梳理中国历史上“玩乐”的演变，古代不同时代有不同休闲玩乐方式（见表3-2）。中国在商周时代，就已出现歌舞、游猎等休闲活动，但参与者仅限于贵族，活动种类也很少。春秋战国时期，休闲活动逐渐普遍化。依据《诗经》中许多诗篇的描绘，当时人们的休闲活动主要有田猎、游观、踏青、歌舞射箭、投壶、垂钓等。秦汉时期，阳春三月郊野水滨游乐、初秋九月登高望远等的高雅休闲是民间最普遍的休闲方式。魏晋时期，一面是闲，一面是斗鸡、斗鸭、斗牛等平民娱乐，文人隐逸休闲也是这一时期的特点。唐代是中国古代的鼎盛时期，休闲方式也呈现出丰富多彩的态势。马球、围棋是上层人士喜爱的休闲方式，拔河、角抵等参与的百姓则特别多，当时无论尊卑贵贱都喜欢观看百戏（形式上与现在的杂技相似）。宋代商业繁荣市民阶层形成，应社会对休闲的需求，出现了瓦肆这种休闲娱乐场所。放风筝、踢毽子、荡秋千等是民间普遍的娱乐休闲方式。元代因为特定的文化背景，杂剧戏曲盛行，观赏戏剧是当时人们最重要的休闲活动。明清时期社会休闲进入鼎盛时期，气功、温泉养生流行，棋弈、茶馆、斗蟋蟀等盛极一时。

中国古代曾产生过许多具有特色、深受欢迎的休闲活动，例如投壶，是要把箭矢投入腹大颈细的壶中，根据投入的多少来定胜负。投壶的运动量不大，但能起到健身养性的作用，从先秦时期一直流行到明清。马球，是骑在马背上用长柄球槌拍击木球的运动，分两队，手持球杆，共击一状小如拳的球，以打入对方球门为胜。马球先流行于军队和宫廷中，后民间也仿效流行。斗蟋蟀是用雄性蟋蟀相斗取乐的娱乐休闲活动，唐宋开始流行，明清更是兴盛。每逢秋季，民间就“搭厂排台，纠众合斗”。有些赛场的参赛和观看者甚至来自邻省，每天聚众数千人，喧哗声远传数里之外。斗蟋蟀常用来下注，以致“万金之资付于一啄”。

琴、棋、书、画是中国古代文化休闲最典型的主要活动载体。古琴音域宽广，音色深沉，弹奏时必须将外在环境与平和闲适的内在心境合而为一。围棋的圆棋方盘、黑白两色折射出古人天圆地方、阴阳合一的哲学理念；博弈时变化无穷，更是东方智慧与意蕴的体现。书法是汉字独有的艺术形态，依靠毛笔运笔的灵活多变和水墨的多样性来呈现，是古代文人陶冶情操、修身养性的独特休闲方式。中国画是用毛笔蘸水、墨、彩作画于绢或纸上，描绘山水、器物、花鸟、人物，笔法单纯明快，画风写意抽象，反映了人们对自然、社会、人生的艺术思考。

表3–2　古代休闲玩乐方式

休闲类型	玩乐方式	描述
日常休闲	赏花	唐宋之间，赏花风气大盛，出现了“斗花”等活动；明清时期，人们对花卉的热爱更甚，尤其是南方地区，由于气候适合花卉生长，南方的赏花风气一直很浓，直至今日，依然如此
日常休闲	泛舟	在先秦时期就已经是民间的重要娱乐活动；到了隋唐时期，泛舟观赏沿途风景十分流行；到了宋代出现了专门的游赏船；而明清时期，这种游赏船分化为普通游赏和妓船
	园林消遣	园林消遣属于高档次的休闲活动。在汉代时私人园林就已经出现；唐代开始，园林出现了一定的普及趋势，许多中级官吏和文人墨客也修建了园林；宋元时期的园林建设有了新的发展，并逐渐形成了中国特色的园林风格；明清是我国园林的集大成时期，园林的建设格局和园林的消遣活动在这期间发展成熟
运动休闲	“射”	最初的“射”是射箭技术的训练，后逐渐演变为君子风度的培养
	“御”	原始的“御”是指驾驭战车的技术训练，后来发展为领导、管理和驾驭学
雅俗共赏的休闲	斗禽	最早的斗禽活动是斗鸡，随后各种斗鹅、斗鸭、斗鹧鸪、斗鹌鹑等相继出现，不过斗鸡一直是流行范围最广，流行时间最长的休闲活动

续表

休闲类型	玩乐方式	描述
雅俗共赏的休闲	斗蟋蟀	在唐代开始出现，宋代发展兴盛，到明代达到了高潮。明朝晚期，斗蟋蟀形成了不同的竞赛规则和严密的比试制度。清代的斗蟋蟀更加趋向多样性，民间斗蟋蟀虽以娱乐为主，但掺进了一些赌博色彩
	放风筝	历史十分悠久，放风筝先是作为一种游戏出现在古人的生活中，在清代，放风筝曾经成了一种竞技项目，但其娱乐性从未被取代
消极休闲	狎妓	在古代，虽然狎妓也被认为是一件不光彩的事，但在古人眼里这并没有妨碍社会公德，在某些时代甚至被认为是件荣耀的事情
	博弈	博弈在古人的休闲生活中占了很大的分量，可简单分为博弈游戏和赌博两类

资料来源：

[1] 刘耳 . 中国古代休闲文化传统 [J] . 自然辩证法研究，2001，17（5）：63-64.

[2] 孙亚云，钟厦 . 中国古代各阶层的休闲消费与艺术设计 [J] . 科学咨询（决策管理），2007，21（11）：63.

[3] 商利，余岁兴 . 中国古代休闲体育文化浅谈 [J] . 成功（教育），2009（1）：286.

[4] 张玉勤 . 试论中国古代休闲的“境界” [J] . 广西社会科学，2005（10）：178-181.

[5] 吴承忠 . 中国古代的休闲娱乐 [J] . 邯郸学院学报，2009，19（2）：58-61.

其次，梳理中国历史上“吃喝”休闲文化的演变。自古以来，“吃喝”就是我国古代休闲活动的重要组成部分，各类宴会酒席集中了我国古代饮食休闲文化的精粹，通过几种重要宴会的演变一窥我国古代的“吃喝”休闲演变。从表 3-3 可以看出，各个阶层的聚会酒席都有自身的特点，且随着时代的变化在不断地进行演变。宫廷宴是一直是古代最高规格的宴会，也是礼仪要求最烦琐的宴会，尽管在后来的朝代逐渐简化，且娱乐性有所增强，但其作为中国古代最高等级的宴会，严格规范的礼仪制度一直是它的标志之一。诸侯宴主要是我国奴隶分封制度下的产物，兴起于新石器时代后期的部落之间，在春秋战国时期发展到顶峰，但随着封建制度的建立，诸侯宴逐渐走向没落，在随后的年代，只有在诸侯割据的战乱时期，诸侯宴才有所出现，但和平年代，诸侯宴基本不存在了。官僚聚宴则在两个不同的社会制度时期有较大的区别：奴隶制社会时期，官僚聚宴主要是大贵族的家臣进行交流、谈判、辩论的场合；封建社会时期的官僚聚宴则是官员们为了进行交流、公务接待等而举行的，而且要一套完整的宴会制度。民间聚宴是比较自由的宴会，一般来说和婚丧嫁娶、节日时令等有较大关联。文人宴则一直都带有浓厚的文化气息和浪漫色彩。

表3–3　古代宴会各朝代主要特点对比

<table>
<tr><th>时间
类型</th><th>宫廷宴</th><th>诸侯宴</th><th>官僚聚宴</th><th>民间聚宴</th><th>文人宴</th></tr>
<tr><td>夏商</td><td>主要目的是巩固统治，显示君主威仪；后期发展趋向奢靡</td><td rowspan="2">诸侯宴出现，但不兴盛，主要是诸侯间的非政治交流宴会</td><td rowspan="2">这个时期的官僚大多是贵族、皇族等奴隶主们的家臣，聚会的目的大多是交流政见、为自身主公谋求利益等</td><td rowspan="2">大多因农业生产的时令和节气而举行，带有原始狂欢娱乐气氛，但因平民阶层掌握的生产资料很少，聚宴规模有限，宴会活动比较原始</td><td rowspan="2">教育是贵族特权，因此文人也是贵族，文人宴具有浓厚的贵族气息</td></tr>
<tr><td>西周</td><td>在夏商的基础上形成了一套完整的等级鲜明、要求细致的礼仪制度</td></tr>
<tr><td>春秋
战国</td><td>周皇室式微，宫廷宴趋于没落</td><td>兴盛时期，用于外交、合作、谈判等及犒赏将士、笼络门生等活动，规格较高，带有浓厚的戏剧性</td><td>—</td><td>平民阶层壮大，宴会参与人员和规模有所扩大，活动较以前丰富</td><td>百家争鸣使得这个时期的文人宴具有浓郁的争辩火药味</td></tr>
<tr><td>秦汉
隋唐</td><td>沿袭先秦时期的礼仪制度，但有所简化并趋向娱乐性</td><td>秦代没落，汉初有所恢复，后逐渐消失</td><td>秦代确立了封建官僚制度，有一整套完善的聚会规定</td><td>节日增加，聚会名目上升，且形式、参与人员、宴会活动等更为丰富</td><td rowspan="3">无论是名目众多的诗酒聚会，还是流行于文人间的狎妓宴席，都具有浓郁的文化气息</td></tr>
<tr><td>宋元</td><td>娱乐性加强，宴会规模宏大并集各种娱乐活动于一体</td><td>—</td><td>沿袭了之前朝代的宴会制度，但对形式和场所放宽许多</td><td rowspan="2">除传统的节日聚会外，由于市坊发展被打破，工商阶层壮大，妓院、酒楼等同样成为人们聚会的重要场所</td></tr>
<tr><td>明清</td><td>分化为国事宴会和宫廷</td><td>—</td><td>—</td></tr>
</table>

资料来源：

[1] 王赛时．古代宴会漫谈系列1–6［J］．四川烹饪，1996–1997.

[2] 王赛时，张学书．汉唐流风：中国古代生活习俗面面观：吃喝玩乐［M］．济南：山东友谊出版社，2000.

饮食文化，指的是人们在日常生活中的饮食行为和习惯，主要包括食物本身的属性制作过程和仪式，以及用餐的器具、环境、礼仪和风俗等。饮食文化从来都是民族文化中的瑰宝。名扬四海的中国美食，就包含了中华民族丰富的食源和独到的饮食加工技艺，蕴含深厚的饮食美学和饮食民俗等文化内涵，它已成为历代社会物质文明和精神文明的重要组成部分，是检验这两种文明发展程度的标尺。同时，中国美食也是一种色、香、味、形、器、健、意诸美俱全的艺术。中国饮食在色彩上，追求冷暖相配、浓淡相宜；在气味上，崇尚香气扑鼻、清醇诱人；在滋味上，重视五味调和、脍炙人口；在造型上，讲究变化多端、精美和谐；在器皿上，力求质地精良、美观舒适、相得益彰；在功能上，主张健康安全，补益身心；在饮食氛围上，讲究清静幽雅、情趣盎然。中国饮食文化历史悠久，烹调技艺精湛，闻名寰宇，在世界上素有“饮食王国”之美誉。如同音乐、舞蹈、书法、绘画、戏剧一样，中国饮食文化能够充分体现中华文化的意蕴和特色，是中国数千年灿烂的民族文化遗产的重要组成部分，也是一种宝贵的旅游资源。可以说，在今天的旅游休闲中，饮食早已超越了单纯生物学意义上的目的，而是体现人们热爱生活、彰显自我、追求高雅、注重体验、丰富情趣的文化载体和符号，是包含着丰富社会意义的重要文化活动。如今“食在中国”，品尝中国大江南北风味佳肴，是成千上万的海内外旅游者到中国旅游的动机之一。旅游饮食文化是中国一项重要的旅游资源，大力开发这一资源，对促进中国旅游事业的发展具有重要意义。

中国酒文化也是中国传统休闲文化的重要内容，不管是达官贵人，还是平民百姓，都能从这杯中之物里找到乐趣。中国文人大多喜欢饮酒。嵇康、阮籍、李白都喜欢狂饮，但史书上称嵇康醉后如“玉山之将倾”，称李白为“醉中仙”，这自然与张飞、李逵之辈的大碗喝酒韵味不同，因为他们酒后的效果不同。饮酒行令，是中国人饮酒助兴的一种传统方式，它既是一种调和饮酒气氛的娱乐方式，也是一种文化展现形式。在古代，酒令的形式有很多种，有赌赛令、射覆令、花枝令、文字令、诗歌令、酒筹令等，在饮酒过程中，赋诗填词、猜谜行拳，增加游戏性和娱乐性，是我国酒文化的一大特色。画蛇添足、曲水流觞这些典故在我国广为流传；白居易《就花枝》曰：“就花枝，移酒海，今朝不醉明朝悔。且算欢娱逐来时，任他容鬓随年改。”“击鼓传花”的游戏行令方式，既热闹又紧张，丰富多彩的酒令文化，体现了我国人们的娱乐意识和休闲意识。其实中国人饮酒，特别是中国文人饮酒，绝不是为了满足口腹的欲望，而是借助酒能达到心灵自由、超然物外的境界。这叫“醉翁之意不在酒”，宋代大文豪欧阳修讲到了这一点。酒是一种精神，是一种休闲方式，一种娱乐方式，又是一种文化。它有着火样的热烈，水般的柔情。酒消融了人与自然山水之间的距离，消融了人与人之间的隔碍，使这位太守沉浸在上下与天地同流的生命体验中，进入“独与天地精神往来”的自由境界。酒能调动人的情感，拉近人与人、人与天地万物的距离。在迷离状态中感受到自己的生命与天地万物融为一体，在情绪的激扬中排泄出心灵的压抑，超越物我对立，把山水之美引入内心，把内心之情转移给天地万物，“壶中天地”的广阔和妙处就在这里，这种妙境正是酒文化的魅力所在。①

中国茶文化是中国传统休闲文化的重要内容。中国是茶的故乡，具有4000多年的发展历史。先辈以茶为载体，以中国为中心，向世界各国和地区传播茶的品种、茶的培育加工技术和茶道等。俗语道：“文人七件宝——琴棋书画诗酒茶”，茶作为雅俗共赏的一种存在，是中国传统文化艺术一个重要的载体。俗语又曾道：“开门七件事，柴米油盐酱醋茶。”作为一种文化，茶文化既是上层文化，也是一种大众文化。茶是连接着各个职业、各个阶层、各个国家之间的文化纽带。随着社会的进步、国际茶文化交流的增加和区域茶文化的不断挖掘，人们对茶文化的人事与日俱增，并在茶文化资源的开发、综合利用、茶文化等方面开展了更深、更广泛的研究和交流。茶文化的领略是消费者对环境感通、器具审美、茶叶品鉴、茶艺鉴赏等整个品茗过程的美好意境，体现形式和精神的相互统一，是在饮茶活动过程中形成的。茶文化融合了儒释道各家优秀思想，负载着中国民众的拙朴茶文化内涵，形成今天具有中国特色的以“和”为中心的茶道精神。

在丰富多彩的休闲活动中，中国古代还产生了很多重要的休闲思想。庄子主张人与自然融为一体，认为“闲旷（休闲）”不仅是一种生活态度，更是一种“大智”者的境界。孔子提出“智者乐水，仁者乐山”的理念，将山水休闲提升到道德启示的高度。孔子还表示休闲的目的并非单纯满足生理的享受，而是致力于对内心精神世界和心灵空间的关照，致力于达到心灵的平和与充实。

① https://tieba.baidu.com/mo/q/posts?tid=7627348727&pid=142220383341#/.

宋代朱熹提出了休闲有调适身心、玩物适情、超拔识见、涵养德性等价值，并反对纯粹为了消磨时间的休闲娱乐活动，强调休闲要重视心灵收获和道德内涵。西方休闲思想更关注休闲的自由本性趋向于体育等动态的休闲活动；中国的休闲思想更重视休闲与品德的结合偏向于棋琴书画等静态的休闲活动。

中国在鸦片战争以后进入了近代社会，这是一个西方文化逐渐进入中国，中国开始近代化进程的时代，中国近代休闲在休闲场所、休闲活动、休闲服务与管理等方面，都带有古代休闲所不具备的时代特征。

近代中国在西方文化的影响下产生了公园、动物园、博物馆、图书馆等新型的公共休闲场所与空间。1868 年出现在租界中的上海外滩公园是中国最早的公园。之后租界公园和政府建设的公共公园遍及全国，南京开设了动物园。著名的广东从化温泉、重庆嘉陵江温泉（后来的北碚温泉）、无锡太湖风景区、上海海水浴场等景区也相继建成。20 世纪初，南通博物苑等中国最早的近代博物馆，湖南图书馆、京师图书馆等中国最早的图书馆相继开放。民国时期，北京先后将北海、天坛、中南海、雍和宫等原来属于皇家的宫殿园林向社会开放。由此，民众的休闲场所和空间又得到了新的拓展。

1896 年，电影在上海首度放映，迅速成为城市民众重要的休闲方式之一。20 世纪初，舞厅在上海如雨后春笋般涌现，一些茶社、酒吧、咖啡馆开始兼营跳舞业务。跳舞成为一项大众的休闲娱乐活动。这一时期，休闲活动的特点是规模大、设施新，革除了古代茶园观戏时递毛巾、送点心等习俗的新式剧场也在中国出现。近代时期，在大都市出现的大型游乐场是最受民众欢迎的新型休闲场所，最著名的代表是上海大世界。大世界游乐场中滚动演出各类戏曲、杂技、评书、大鼓、皮影戏等数十种表演项目；中心露天场地设有高空飞船、高轮升转、秋千荡船等新型游乐设施。楼顶放映露天电影、开设露天舞厅。大世界还有能把人照得奇形怪状的哈哈镜，为游客提供饮食的餐厅、音乐茶室等。大型游乐场既受到西方文化的影响，又继承了古代瓦肆式的传统，为广大民众提供了独特的休闲娱乐体验，因而遍布北京、武汉、广州等全国各大城市。20 世纪初建成开业的上海先施、永安等百货商场都在顶楼设置游乐场，既安排戏曲、电影、歌舞、魔术等演出，又有高尔夫、射击、台球室等新式游乐项目，并配有酒楼、舞池、歌台和屋顶花园。这种将商场购物与休闲游乐相结合的方式，既是当时创新式的休闲场所，又开创了现今城市购物休闲综合体的先河。以游乐场、剧院、舞厅和电影院为代表的新型城市休闲娱乐场所的兴起拓展了人们的休闲场所与空间，完成了近代中国休闲活动形式的变革。与此同时，煤气灯、电灯等新式照明工具的普及和路灯的设置，又使人们的休闲时间得到了拓展，休闲不再受白昼的约束，晚上到休闲娱乐场所休闲娱乐，成为城市居民日常生活的一部分。

近代中国的休闲活动带有明显的时代特征。跳舞、滑冰、游泳、逛公园、听音乐会，到咖啡厅、弹子房、游乐场，以及往往和赌博结合在一起的跑马跑狗、回力球等，众多新的休闲方式广泛流行。20世纪初，《上海导游》杂志做了一项调查，发现上海高端市民的娱乐活动一是电影、二是京剧、三是游艺、四是跳舞、五是高尔夫。可见新式休闲活动在大都市已经占有主导地位，但饮茶等传统休闲方式依然得到普遍的保留，到茶馆、茶室休闲消遣依然是人们日常休闲的重要方式。大茶馆不但可以品茶吃点心，而且可以喝酒吃饭；清茶馆有棋牌、谜语供茶客娱乐，还可以玩鸟、斗蟋蟀；书茶馆有艺人说评书；茶园型茶馆兼作剧场，茶客可以边饮茶边看戏。民国时期还出现了在布局和设施上类似咖啡厅和酒吧风格的新式茶室，环境优雅、座位舒适、活动丰富。1923年年初，中国第一座广播电台在上海开始播音。广播的内容有新闻、音乐、戏曲、故事、生活常识等。当时上海的报纸记载："口含雪茄斜倚沙发，静听收音机之音乐歌曲，一日之中劳倦，可在此歌声悠扬中忘却之。"可见听广播这种超越了空间限制的新型休闲方式，在都市中已经相当普遍。

阅读新式报刊也是近代出现的新型休闲方式。近代报刊往往以雅俗共赏为宗旨，除了刊登新闻时政、市场行情、社会逸事外，还连载通俗小说等，因此深受民众喜爱。篮球、足球、网球、乒乓球等球类运动都在近代传入中国，迅速风靡成为最流行的体育休闲活动。在上海等大都市，网球曾是热门的单项球类运动，"打网球，最有趣，舒筋骨，强身体"的宣传语不时在报纸上出现。旅游始终是人们重要的休闲方式。由于交通更加便利，近代旅游的距离不断拓展，出国旅游逐渐普遍化。这一时期主要的旅游方式有以下几种：修学之旅，民国时期到欧美、日本修学旅行的每年都达数千人；会展之旅，每届世界博览会都有中国人专程参加，并借此机会游览世界；文化之旅，有变卖田产畅游欧洲的作家王统照，有到美国、苏联交流演出的梅兰芳等；环球之旅，朱成厚借助轮船、火车等近代交通工具游遍世界，潘德明奉行"旅行就是生活"的理念，骑自行车环游全球，在中国旅游史上写下了浓重的一笔。这一时期的国内旅游也带有时代的特色。上海开发了坐汽轮游览黄浦江的旅游项目，利用周末休假乘坐火车到邻近城市的景区旅游，更是成为普遍现象。

中华人民共和国成立初期，政府在全国各地建立的工人文化宫和工人俱乐部，一般都设有图书室、棋牌室、小剧场等文化娱乐设施，是人们主要的休闲娱乐场所。由于当时全社会过于强调劳动的价值，所以这一时期大众的休闲生活比较单一，阅读、棋牌、逛公园、体育运动成为这一时期主要的休闲方式。

改革开放后，人们的休闲活动随着社会的正常化迅速呈现出丰富多彩的态势。游乐场、音乐酒吧、艺术中心、休闲会所、主题公园、歌舞厅、健身俱乐部、步行商业街，以及城市中大片的草坪绿地、众多的市民广场、江河沿岸的风光带等都成为丰富城市居民的新的休闲场所与空间。受西方休闲方式的影响，20 世纪 80 年代卡拉 OK、迪斯科、交谊舞、健身、泡吧等广泛流行。1987 年，上海大世界恢复营业，内有演出剧场、音乐厅、电影厅、游艺厅、魔奇世界、舞厅、溜冰场等，还有特色餐厅、小吃廊、精品商场等，是当代大型城市娱乐中心的代表。

2000 年后，看电视曾是中国社会最主要的家庭休闲方式，电视剧、综艺节目丰富多彩。2005 年湖南卫视的“超级女声”栏目，在全国引起广泛的轰动，创造了几乎难以再超越的收视率，是那一时期全民休闲的标志。当前中国进入了全民休闲时代，棋牌、散步、垂钓、书法、饮茶、喝咖啡、看电影、球类运动、文物收藏等传统的休闲活动依然流行；同时，轮滑、蹦极攀岩、冲浪、骑行、露营、温泉浴、高尔夫等成为人们新的时尚休闲。旅游休闲也出现了很多新的变化。乡村游、自驾游、亲子游、出境游成为最常见的旅游方式。

随现代科技发展，近些年视屏阅读、电子游戏、网络聊天等新型闲暇活动在我国迅速流传，由于移动手机与无线网络的出现，使得休闲几乎不再受空间的限制，手机网络休闲成为人们最普遍的日常休闲方式。就在科技推动新的休闲方式不断产生的同时，广场舞开始风靡中国。无论夏春秋冬、严寒酷暑，每当夜色降临，都会有一群群中老年妇女，伴着激情的音乐，在各个城市大大小小的广场翩翩起舞，蔚为壮观，成为中国式日常休闲的一大特色。

《中国旅游报》2014 年公布了中国大众排名前 10 位的休闲方式，包括上网、看电视、看电影、阅读、观光游览、追街购物、社交聚会、度假休闲打游戏、球类运动。它们的排序与被调查者进行此种休闲方式的百分比如下：①上网 69.1%；②看电视 56.0%；③看电影 50.9%：④阅读 46.5%；⑤观光游览 46.3%；⑥逛街购物 45.7%；⑦参加各种社交聚会 44.3%；⑧度假休闲 43.1%；⑨打游戏 40.4%；⑩球类运动 38.6%。

这个调查证明，近年中国大众最普遍的休闲活动，既有阅读、购物、社交聚会等以前就深受欢迎的休闲方式；也有 21 世纪才开始流行的上网、打游戏等新兴休闲方式，尤其是上网排在了首位，表明大众喜爱的休闲方式是随社会的发展而不断变化的。

三、休闲的空间演变

从上面休闲活动的内容演变，已经基本窥探我国古代休闲的空间演变状况。大致上，古人的休闲空间是以其居住地为圆心、以相对稳定的休闲半径形成的空间范围，这个空间在一定的时期内保持相对稳定，但并非一直不变，而是随着社会经济、文化、科学技术等的发展而变化的。总体上，这个空间呈现出不断扩大的趋势，而且各个社会阶层的休闲空间差异也较大，下面主要针对普通百姓阶层和中上阶层休闲空间演变进行分析。为较为直观地显示古代休闲空间的演变趋势，对空间范围进行了一定的划分说明（见表 3–4）。

表3–4 古代空间范围说明

空间	说 明
家庭	家庭空间是以房屋为中心的私人所有的空间范围
聚落	聚落空间是以多个家庭组合起来的有较深社会联系的地域范围， 主要是以血脉为纽带的村落
市井	市井空间由城市中的市、坊、相关街道、街心广场以及各类营业机构组成
郊区	郊区是指在城市及聚落外围的地理空间
异地	异地是指相对于某一城市在地域上没有联系的地方

普通百姓的休闲空间的演变。我国的古代包括了两种不同社会制度时期。奴隶社会时期普通百姓阶层是平民阶层；封建社会时期的普通百姓则包括了两

个主要阶层，一是农民阶层，二是工商阶层。

夏、商和西周时期是我国的奴隶社会时期，这个时期的普通百姓即平民阶层，这个阶层百姓虽然拥有人身自由，但占有的生产资料十分有限，加上交通不便，这一时期普通百姓的休闲空间大多局限于家庭和以血缘为纽带形成的聚落里面，偶尔有机会到市井和郊区休闲，但活动内容相对单调。春秋战国时期，这个时期城市的发展使得人们的城市休闲空间得到了扩展。首先，这个时期许多奴隶获得了平民身份，拥有人身自由及自己的空闲时间；其次，劳动积极性和生产力的上升使得他们可以拥有较多的经济资源；最后，城市的经济发展活跃了城市的“市井”，并促使其成为普通百姓的重要休闲场所。另外，社会的人口流动加快，使得人们偶尔还能进行相对较近的异地休闲。秦汉时期，市井发展成为完善的“市”和“坊”，这不仅促进了商业贸易的繁荣，同时发展了人们的市井休闲生活，“市坊”中的酒肆、妓院、赌场甚至“市坊”的街道都成了人们的休闲空间。城郊休闲有了一定的发展，但还不成规模。异地休闲也开始成了一部分百姓偶尔可以享受得到的休闲。隋唐时期，尤其是唐代，国家的繁荣发展使得普通百姓同样获得了较好的生活水平，人们对于市郊的休闲需求增加，春季的踏青就是这个时期开始发展繁荣起来的。并且唐代社会风气的开放，让人们对于远距离的出游有了较高的兴致，异地休闲虽然没能成为百姓普遍休闲方式，但在普通百姓中已有了较大的发展。宋代开始，城市中“市”和“坊”的限制被打破，城市的大众娱乐功能得到了较大的发展[①]。酒楼、旅馆、妓院以及各种小贩和从事服务业的人员等较前代有了明显的增加，并出现档次区分，人们城市休闲的内容更为丰富。明清时期，我国城市出现了资本主义萌芽，商业较宋代又有了明显的发展，且由于休闲文化的转变和水陆交通的畅通，人们的休闲空间进一步扩展，异地旅游甚至成了一部分百姓的休闲方式。但要注意的是这种异地休闲大部分是被动的，其休闲主体以行走于各地的商人为主，休闲方式亦受到经济条件、行走路线和商务等的影响，是为排解旅途的寂寞和劳累而进行的休闲。另外，由于古代的重农抑商政策，即使在宋代以后工商阶层有一定程度的壮大，但大部分百姓仍被绑在土地上，能够异地休闲的群体占的比例很小。

① 吴刚．中国古代的城市生活［M］．北京：商务印书馆国际有限公司，1997：34.

从上面普通百姓的休闲空间演变情况来看，可以总结出这样一条规律：中国古代百姓的休闲空间是在逐渐扩大的，而且在扩大过程中出现了一定的分化，如农民与商人的休闲空间就有很大的不同。形成这一演变现象的原因，主要有以下几点。第一，身份上，无论是奴隶社会时期还是封建社会时期，普通百姓都处于社会的较底层，尽管他们比失去人身自由的奴隶和家丁等的阶层地位要高些，但总体上他们是属于受剥削的阶层，许多地方也将他们排除在接待之外，或对他们有着空间上的限制，如皇城便不是百姓能去的地方，而作为百姓的重要休闲空间——“市坊”，在宋之前，却是不在夜间为百姓开放的。第二，经济上，古代的普通百姓身上一般背负着沉重的徭役和赋税，他们大部分的劳动成果最终都到了地主和官府手中，剩余的除维持日常生活外，已经没有足够的经济条件来为自身提供较高的休闲条件，因此，古代的普通百姓的休闲活动一般都在其居住地的周边范围内进行，很少能进行异地休闲。而即使有能力进行异地休闲的工商阶层，很大一部分也是被动的，是商务原因，从而决定其休闲于异地。第三，政策上，古代的政府实行了休闲抑制政策，这使得古代普通百姓的休闲扩展大多都不是由休闲本身发展而引起的，而是由于交通、科技、经济等的发展而缓慢扩大的。

中上阶层的休闲空间的演变。与普通百姓相比，处于统治阶级的贵族和官僚们，以及有较好经济基础的文人墨客们，休闲空间则要更广阔更灵活。其中，奴隶社会时期，贵族即是社会的奴隶主阶层；而官僚阶层则是随着封建官僚制度的建立而出现的。文人墨客则是一个与统治阶层交往比较密切的群体。奴隶社会时期，作为奴隶主的贵族们，他们无须进行任何劳动，且拥有较好的经济条件和许多特权，让他们可以比较随心所欲地选择休闲的方式和休闲的地点。不过那个时期重农抑商的思想已经形成，以经济功能为主的“市井”被贵族们认为是有辱自身身份的地方，且发展还十分薄弱，因此贵族们一般不会随意进入市井，更不要说在市井休闲。此外这个时期的道路交通还很落后，因此郊区休闲和异地休闲相对来说还是比较少的。封建社会时期，贵族们同样有着良好的经济条件，且有许多特权，因此，他们休闲活动非常丰富，休闲空间也很广阔。官僚们的休闲空间则与他们自身的官职和官职的调动有关。这两类群体之间的交流十分频繁，他们的休闲空间亦有很大的重叠。宋代之前，贵族和官员们是不可以进入“市坊”的。他们的城市休闲主要在皇城以内或其他官方休闲场所；宋代开始，“市坊”“瓦子”的高档酒楼和妓院等消费场所同样成了他们的休闲去处。另外，由于这些人一般没太大的经济压力，因此郊区休闲、异地休闲则要比普通百姓更体现出自主选择的倾向，不过有一点相同的是，道路交通依然是贵族官僚们进行异地的重要阻力。

文人墨客的休闲空间的演变。贵族官僚拥有较为丰富的教育资源，因此其中有不少也是文人，但为了有所区别，本书中的文人墨客是指除贵族官僚之外的文人阶层。夏、商、西周时代，教育是贵族官僚的特权，因此并没有本书所指的文人墨客阶层。春秋战国开始，“有教无类”思想的兴起，使得教育资源不再被贵族独占，文人阶层也是在这一时期逐渐形成的。总体来说，文人墨客是一个与贵族和官僚有密切交集的群体，这个群体大致上属于封建社会的“中产阶级”，他们的经济比较宽裕，且受教育程度比较高，他们的休闲空间也与贵族官员有很大交集，但更体现出文化性。与贵族官僚不同的一点是，市井一直都是文人阶层热爱的休闲场所，尤其是市井中的妓院和酒楼。另外，郊区休闲和异地休闲也一直流行于文人之间。其中，异地休闲的兴盛主要是源于东晋时代山水游在文人间的兴起，随后的时代，山水游乐一直都受到文人的追捧。当然，道路交通依然是这一阶层人们的重要休闲空间阻碍，虽然从家庭到异地都是他们的休闲空间，但明显到达异地的休闲频率要低很多。

综合以上对贵族官僚和文人墨客的休闲空间演变的分析，研究认为形成这一变化趋势的原因可归纳为以下几点。第一，身份上，无论是贵族、官宦，还是文人，他们都属于社会的中上阶层，拥有许多休闲特权，并可以利用这些特权为自己创造广阔的休闲空间。其中，以贵族拥有的特权是最多的，并且他们经常会利用手中的特权占有最好的休闲资源；官宦的休闲特权则多表现为休闲福利，如休假制度等，但他们的休闲空间则会在比较大的程度上受到官职调动的影响，一般来说，官宦并不能随意离开自己的辖域进行休闲；文人虽然没有明确的特权，但他们有着晋升社会统治管理阶层的机会，且一般与贵族官宦有着较深的交往，所以在中国的人情社会里，他们往往也会享受到一些贵族或官宦的休闲特权，他们的休闲空间十分自由，基本上在自身经济条件允许的情况下，各类休闲场所都可以到达。第二，经济上，贵族官僚与文人墨客们一般都有着较好的经济条件，因此他们的休闲空间不会像普通百姓一样严重受到经济条件的限制。第三，政策上，我国古代虽然整体上实行抑制休闲的政策，但在中国的人治社会里，这些政策对政策的制定者——贵族与官僚们却没有十分强烈的限制作用，相反，在古代甚至有不少鼓励中上阶层休闲发展的政策，如备受推崇的六艺中，“射”“御”“乐”就属于休闲活动。对于这些休闲活动的倡导，促进了相应休闲空间的建设和扩展。第四，文化上，古代中上阶层普遍都有较高的文化素养，且“朝圣访古”常常被认为是一件时尚的文化休闲方式，因此，古迹、寺庙、风景名胜区常常是贵族官僚和文人墨客们热爱的休闲场合。

中国古代的休闲活动演变基本上可以概括为：随着“人—时—空”这一三维变化而变化。究其原因，主要是各时期各阶层身份、经济、文化、政策等不同，其中，人是根本的演变因素，而时间是客观存在的参照物，空间则是由人和时间的变化而引起的休闲空间变化以至于内容的变化。主要特点如下：第一，从休闲阶层上：奴隶社会时期，休闲是奴隶主的特权，奴隶没有任何休闲生活可言。而封建社会时期，几乎每个阶层的人们都具有了一定的休闲权利，尽管底层和上层在休闲权利和休闲资源的分配上是完全不平等的，在某种程度上也显示一种社会进步。第二，休闲的内容上：古代中国的休闲活动经历了许多变化，其中最明显的变化便是休闲内容上的变化。大致上，休闲的内容和形式越来越丰富，且娱乐性越来越强，同时体现阶层差异性。第三，从休闲空间上：休闲空间因为阶层的区别而有着较大的差异，但大致上仍然呈现出逐渐扩大的趋势。其中，上层社会的人们休闲空间扩展比较快，尤其是远距离的休闲更呈现出上升的趋势。而一般民众休闲空间虽然也在扩展，但速度较慢，而且远距离休闲中有不少比例仍属于被动休闲。在中国古代社会，尽管休闲活动多种多样，但这些丰富多彩的活动却几乎没能发展成为现代形式的大众休闲方式。相反，在漫长的中国古代历史中，尽管古代的休闲活动发生了许多变化，但阶层差异巨大这一现象却从没变过。现今，休闲已逐步实现了大众化，已经没有了古代的阶级区分，有的只是因性别、年龄、生活环境、经济条件等的不同，而呈现出一定的群体区别，各个群体的人们都拥有从家庭到异地的休闲空间，人们的休闲生活也将更为丰富，休闲也将真正地促进人们自我发展，休闲产业已发展成为国民经济的重要支柱之一[①]。

① 吴志才. 中国古代休闲活动发展演变规律探析［J］. 人文地理，2012，27（4）：147-152+136.

第三节　中国的传统节日和各民族节庆活动的演变

节庆活动反映了各民族的传统习惯、道德风尚和宗教观念，寄托着整个民族的憧憬，是千百年来一代代岁月长河中欢乐的盛会。节庆的形成过程，是一个民族或国家的历史文化长期积淀凝聚的过程，从这些流传至今的节日风俗里，还可以清晰地看到古代人们社会生活的精彩画面。节日的起源和发展是一个逐渐形成、潜移默化的完善，慢慢渗入社会生活的过程。本节将梳理传统节日和各民族节庆活动，探究在此演变过程中所形成的文化特征。

一、中国传统节日演变

（一）中国传统节日的起源

古老传统节日的起源和传承发展，是人类社会“逐渐形成、逐渐完善的文化过程”，是人类文明进化发展的产物。现代人类学、考古学的研究成果表明，人类最原始的两种信仰：一是天地信仰；二是祖先信仰。天地信仰和祖先信仰产生于人类初期对自然界以及祖先的崇拜，由此产生了各种祭祀活动。祭祀，是一种信仰活动，源于天地和谐共生的信仰信念。古老节日是人们基于原始信仰以及为了适应生活需要而创造的民俗文化，古时一些流传的节俗活动，清晰地记录着古人丰富多彩的社会生活内容，也积淀着博大精深的中国历史文化内涵。古代农耕社会的人们在安居乐业之余择日拜神祭祖便有了各种定期节日，拜神祭祖丰盛祭贡品发展出节日宴饮活动，也渐渐形成一些约定俗成的庆祝方式，即所谓节庆民俗。早期的节日文化，反映的是古人自然崇拜、天人合一、慎终追远、固本思源的人文精神；一系列的祭祀活动，则蕴含着祇敬感德、礼乐文明的深邃文化内涵。中华民族的传统节日形式多样，内容丰富，是中华民族悠久历史文化的一个重要组成部分，是构成文明国家的基本框架。

大部分节日习俗在上古时代，就已初露端倪，但是其中风俗内容的丰富与流行，经过了一个漫长的发展过程。民俗节日来自人文与自然文化，最早的风俗活动和原始崇拜、祭祀文化有关。每个传统节日有每个节日的活动载体，诸如灯会、划龙舟、拜神祭祖等。大部分传统节日形成于上古时代，先秦时期由于南北风俗各异，南北各地的风俗尚未融合普及，很多古已有之的节俗活动在中原文献中鲜有记载。汉代是中国统一后第一个大发展时期，南北的经济文化交流使风俗习惯也互相融合，这为节日习俗的传播普及提供了良好的社会条件。汉后南北文化上的交流使节俗融合传播，主要的传统节日都已经普及到全国各地。节日发展到唐代，已经从原始祭拜严肃的气氛中转为娱乐礼仪型，从此节日变得丰富多彩，许多体育、享乐的活动内容出现，并很快成为一种时尚流行开来，这些风俗一直延续发展，经久不衰。唐代是传统节日习俗糅合定型的重要时期，其主体内容得到部分传承。在历史演变中，由于朝代更迭、历法变动，有些节日在日期上古今不同。

传统节日的产生体现了中华民族对自然的认识和尊重，蕴含着厚重的历史与人文情怀，拥有丰富的文化内涵和精神核心。通过多种多样的形式，中华民族在节日中表达出中华民族的价值和思想、道德和伦理、行为与规范、审美与情趣，也凝聚着千百年来人们对幸福生活的积极向往和执着追求。在漫长的历史长河中，历代的文人雅士、诗人墨客，为一个个节日谱写了许多千古名篇，这些诗文脍炙人口，被广为传诵，使中国的传统节日渗透出深厚的文化底蕴，精彩浪漫。在历史发展演变中，也有一些传统节日被附会上“避瘟”“避恶”等沉重色彩的故事、传说。作为节日的“起源”，经实际考察，这些故事传说远远晚于节日的诞生，是后世建构出来的。附会的这些“避瘟避恶”故事与节日内涵冲突，无助于优秀传统文化的彰显以及传统节日的传承与弘扬。中国的节日有很强的内聚力和广泛的包容性，一到过节，举国同庆，这与我们民族源远流长的悠久历史一脉相承，是一份宝贵的精神文化遗产。节日文化是中华民族的生活文化精粹的集中展示，传统节日是中国极其多样的习俗的代表，凝聚着中华文明的思想精华①。

传统节日的形成过程，是一个民族或国家的历史文化长期积淀凝聚的过程。中华传统节日是从远古先民时期发展而来的，从这些传承至今的世俗民风

① 中国传统节日［EB/OL］. https://baike.baidu.com/item/ 中国传统节日 /396100.

节日里，清晰地记录着中华民族丰富多彩的社会生活文化内容。中国的传统节日主要有春节、元宵节、龙抬头、社日节、上巳节、寒食节、清明节、端午节、七夕节、中元节、中秋节、重阳节、下元节、冬至节、除夕等。另外，二十四节气当中，也有个别既是自然节气也是传统节日，如清明、冬至等，这些节日兼具自然与人文两大内涵，它们既是自然节气点，也是传统节日。

中华民族的古老传统节日，涵盖了原始信仰、祭祀文化、天文历法、易理术数等人文与自然文化内容，蕴含着深邃丰厚的文化内涵。

（二）中国传统节日习俗的文化特质

特定的自然环境，造就了一个民族独特的生存方式，以及在此过程中演变而来的民族精神与传统文化。这样的一种精神与文化，被一些学者称为“精神植被”。相对于自然界中的自然植被覆盖度而言，一个民族的“精神植被”覆盖度，是常常被忽视于无形的一个议题，本书拟对此做出一定的描述与分析。

1. 节日内涵：以天人合一为“精神植被”

中国，作为一个数千年来追求与自然植被和谐共存的民族，有着发达而悠久的农耕文明。在这种农耕文明中，一方面，强调人与自然的和谐共存，以二十四节气为依据来安排农事生产与生活，以自然时序的节奏作为传统节日的周而复始的节奏，形成一种天地与万物、与人的生理状态上的天人合一；另一方面，强调岁时节令中人与人之间的和谐共存，以传统节日期间一系列的礼乐规范与庆典仪式来调整自身与他人、与社会的关系，通过将尊尊与亲亲联系在一起，使整个社会实现了“修身、齐家、治国、平天下”的同构格局，这是一种天地与万物、与人的社会结构上的天人合一。

天人合一是中国传统文化的基本精神，也是中国传统节日的“精神植被”，是作为精神依托的基本信念。就具体表现而言，天人合一在中国传统节日习俗中的表现可以分为两个维度，即自然文化维度与人伦价值维度。在自然文化维度上，中国传统节日的次第来临，宛如一幅自然节气变化图表在徐徐展开。春节迎新、清明踏青、端午赛船、七夕观星、中秋赏月、重阳登高……这些让自身行为与自然节律相一致的尊重自然、亲近自然的表现，是一种自然文化维度上的天人合一追求。在人伦价值维度上，中国传统节日的意义追随，宛如生命长河里一朵人伦和睦之花在生生不息地绽放——除夕团聚的天伦乐融、清明扫墓的尊亲敬祖、端午纪念屈原的忠孝节义……这种通过一系列庄重的节日庆典和仪式等活动，来赋予特定时空里的生命以终极意义的表现，是一种人伦价值维度上的天人合一追求。

来自农耕文明、又反馈给农耕文明的中国传统节日，是本民族岁时节令文化的活字典。由春节、元宵节、清明节、端午节、七夕节、中秋节、重阳节等组成的完整而和谐的中国传统节日体系，错落有致地分布于一年四季，把一份独有而连贯的民族感情于潜移默化之间铭刻在人们的心底。这种自史前人类社会组织就很珍重的集体无意识，赋予人们历史感、归属感、追随感，令深承民族之荫的每一个子民，面对过去、现在和未来，能够努力于一种充满醒目意义的人生，并世代绵延不已，使之不堕。

2. 节日形式：基于农历的“可视化”社会生活节奏

基于农历而来的中国传统节日，从节日日期的确立到节日形式的多样化呈现，一方面与春种、夏锄、秋收、冬藏的生产性节律相呼应，另一方面与春祈、秋报、夏伏、冬腊的岁时性生活节律相呼应。就节日日期而言，从春节、清明、端午到中秋……所有节日都井然有序地分布在一年四季，赋予人们的社会生活一种张弛有度的自然节奏。就节日形式而言，春节迎新、清明踏青、端午赛船、七夕观星、中秋赏月、重阳登高……所有节日都被赋予了驱邪祈福、尊亲敬祖、慎终追远、忠孝节义、天伦乐融这样的一种或者多种意义色彩，通过有别于日常生活的节日饮食、服饰、礼仪、娱乐等程式化的习俗表达，将人们带入一个不同于日常世俗时空的神圣历史时空之中，赋予人们的社会生活一种民族集体记忆的人文节奏。

自汉代以迄清朝2000年的漫漫历史长河中，每到立春、除夕、元旦、人日、元宵、上巳、寒食、清明、浴佛、端午、七夕、中元、中秋、重阳、春秋社日、腊日、冬至等这些重要的节日来临，从官方到民间，从城市到乡村，人们总是全身心地投入节日庆典活动之中①，然而面对一年四季错落有致的节日，历朝历代的官员并不能像农民那样自主安排以庆贺之。汉代时，冬至、夏至这两个节日是必须放假的。唐代时，清明和冬至各放假1~3天，回家祭祀

① 刘魁立，萧放，张勃，等. 传统节日与当代社会［J］. 民间文化论坛，2005（3）.

祖宗，称之为“至日”。宋代时，元旦、寒食、冬至各放假7天；上元、中元、夏至各放假3天；立春、清明各放假1天。过年放假1个月。明代时，元旦、元宵、中元、冬至等节日共可放假18天。清代时，基本上沿袭明代节假制度[①]。

在色彩纷呈的节日庆典活动中，无论是官方还是民间，基本上都是通过两种主要方式来进行节日的参与体验和生命价值、民族身份的确认：一种是追随自然的方式，比如清明折柳，端午采艾叶、菖蒲，重阳遍插茱萸……另一种是追随人文的方式，比如春节贴春联、元宵节赏花灯、端午节佩香囊……这两种节日庆典方式分别赋予社会生活的自然节奏与人文节奏，是可视化的，鲜明醒目，周而复始。历经2000年的积淀之后，绵延不断的岁时节日礼俗，终于超越了它生发的传统农业社会而成为民族的象征、集体记忆的载体。

3. 节日活动：民间“瓦肆”里的“活态文化”

两宋时期应运而生的“瓦肆”，作为市民阶层娱乐消遣、休闲健身的场所，可以提供多样化的服务，有技艺表演，有各种健身的体育运动，有专职的棋艺人员陪游客对弈，有水的地方有游船供出租……[②]市井之地有“来时瓦合，去时瓦解”的游乐商业集散场所“瓦肆”，乡土之地自然也有“来时瓦合，去时瓦解”的游乐商业集散场所，不妨也名之为“瓦肆”。市井“瓦肆”和乡土“瓦肆”，对于中国传统节日而言，都是至为重要的节日活动场地，同时也是具有象征性的文化空间。在这种文化空间里，多姿多彩的民间工艺品、节日小吃，以及杂耍、戏曲、绝技等，都得以传承，成为深深嵌入人们日常生活与精神世界的“活态文化”。

“生活中不可无节日”，节日是人们社会生活和自身调节的一种节奏；“节日里不可无活动”，活动尤其是节日体育活动，是节日期间最激动人心的“点睛之笔”。说及节日体育活动的源起，可以追溯至上古祭祀。作为人们调节、联系、沟通人与神秘自然的重要形式，定期的祭祀活动逐渐演变为原始的节日体育活动。为了纪念某些历史人物、事件和传说，人们通过在相关的节日里举行一系列的体育活动来表达敬神畏鬼、惩恶扬善和追求真善美的思想。就其性质而言，传统节日体育活动是中国传统节日期间以娱乐为主要目的的一种民间

---

① 周英才．古今休假制度［N］．人民日报海外版，2004-03-23（2）．

② 薛玉蛟．宋朝的“休闲健身乐园”瓦肆［J］．兰台世界：上半月，2010（8）：40.

体育活动。它萌芽于先秦，成长于秦汉魏晋南北朝，定型于隋唐两宋，鼎盛于元明清[①]。

在错落有致分布于一年之中的传统节日依次来临期间，各节日里独具特色的节日体育活动也热火朝天地轮番上演。春节期间的社火表演（大鼓、唢呐、高台、高跷、舞狮舞龙、推小车、拉犟驴、旱船、秧歌等），元宵节期间的张灯、观灯、闹花灯、猜灯谜、放烟火、送花灯等，清明节期间的放风筝、打秋千、蹴鞠、射柳等，端午节期间的赛龙舟、斗百草、刺五毒、沐兰汤等，重阳节期间的登高山、登高塔、插茱萸、赏菊等，所有这些色彩斑斓、形式多样的传统节日体育活动，其特有的娱神和娱人功能，长期在中国民间社会生活中发挥着传承文化、整合社会的巨大作用。也正是这些引人入胜的节日体育活动，使得中国传统节日成为民间“瓦肆”里的“活态文化”[②]。

（三）中国传统节日习俗的现代传承

1. 节日内涵上，对原生态意义系统进行朝花夕拾，令其成为民族的“精神安全阀”

工业社会的大机器生产方式、后工业社会的数字化生产方式，对农业社会的农耕与手工业生产方式的根本性取代，使得2000年来深深根植于农业社会土壤的中国传统节日，失去了赖以为生的生态环境。但这并不意味着它不能在现代社会里涅槃重生。

历经千年涤荡，能够流传下来成为传统节日成为民族集体记忆的意义系统，拥有着如同人体基因一样强大的内在稳定性，也拥有适应性进化而融入现实的强大能力。春节、清明节、端午节、中秋节……能够穿越千年的制度更迭而不堕，是因为节日各自的主题，如驱邪祈福、尊亲敬祖、忠孝节义等，和节日共同的基本内涵“天人合一”，适应了人性的需要，而与生产方式的变化没有必然对应的关系。

今时今日，国人需要对传统节日的原生态意义系统进行一系列朝花夕拾的工作，需要适当传承与升华对自然与祖先敬畏的信仰，强调亲近自然、和睦家

---

① 张秋君．论我国传统节日体育的文化内涵与发展机遇［J］．搏击·武术科学，2010（8）．

② 于会歌．中国传统节日习俗的现代传承［J］．沈阳师范大学学报（社会科学版），2012，36（4）：88–92.

庭的节日主题，这样将使人们在参与传统节日时体验到一种绵延不绝的神圣感与归属感，而这种不同于日常时空的情感体验，将是对国人日常生活奔波状态的一种精神慰藉，是整个民族的精神安全阀。

2. 节日形式上，重启农历的“文化记忆”功能，形成新的民族生活节奏

目前，国人依凭着商家的节日造势来认知传统（农历）节日的临近；消费着商家提供的节日产品与服务来认知传统节日的味道“越来越淡”了。在此过程中，我们不仅失去了传统节日的自然节奏与人文节奏，而且疏离了跋涉千年而来的一个民族的灵魂，最后放逐了自己的精神飘荡至无根的境地。国人在历法的选择上首选公历（西历），而不是农历（阴历），这对于以农历为依托的传统节日而言，影响是很深远的，潜在的代价是不容小觑的。

虽然在现行的历书上，是农历与公历并存，公历附带星期，农历附带节气，但公历总是处于更醒目的位置，从机关学校到企事业单位等，几乎所有的正式场合，都是遵循公历计时。随着工业化和都市化进程的加快，农历正日渐淡出都市年轻人的视域。

作为中国传统历法的农历，时至今日仍是东亚地区的传统历法之一，也是全球华人庆贺民族节日时所遵循的历法。它是中华民族的历史记忆、文化记忆与情感记忆。今时今日，我们应该给予农历应得的位置，不仅是为了将传统节日发扬光大，还是为了民族生活重新拥有自然节奏与人文节奏，更是为了我们自己的生命可以感受到神圣与庄严的千古意义。

3. 节日活动上，推广民间传统节日体育活动，使其成为传统节日习俗的“活态文化环境”

中国传统节日体育活动，源起于祭祀活动中的休闲娱乐与岁时节令的变化，故而具有休闲性、娱乐性、节令性的特点。比如寒食蹴鞠、三月三放风筝、九月九登高等，这些运动的主要目的就是休闲和娱乐。在中国众多传统节日体育活动中，大多是与驱邪防病、祈求长寿、愉悦身心相联系，如踏青、赛龙舟、登高、舞龙和驱傩等具有代表性的民俗体育活动，娱乐是使传统节日习俗源远流长的主要形式；传统节日体育活动所代表的非功利性和娱乐性，符合人性的终极追求。“游戏的本质是自由，而传统节日体育活动就是非体育化的游戏，通过参与传统节日体育活动，可以满足人类追求自由、娱悦身心的最终目标。”①

若想使中国传统节日习俗成为当代的一种“活态文化”，就必须提供一种“活态的文化环境”。中国传统节日体育活动，因其具有节令性、民族性、仪式性、娱乐性等特征，而虽经千年朝代制度的更迭，却始终都是民众生活最富生命张力的重要组成部分。有鉴于此，于当代社会积极推广民间传统节日体育活动，就相当于为传统节日习俗的传承创造了珍贵的“活态文化环境”。

二、中国少数民族节庆活动演变

（一）中国少数民族节庆活动

我国的少数民族分布在东北、西北、西南、东南以及南方的广大边疆地区，由于我国的少数民族生活的地域不同，在风俗习惯、宗教信仰等诸方面也各有差别。因此，产生了许多丰富多彩的节庆活动。

祭祀性节庆活动。这类节日形成的时间较早，由于当时自然科学尚不发达，人们对一些自然现象还不能用科学道理加以深刻的解释，于是就通过舞蹈模仿自然界中动物的形态动作等来表达图腾，以示对祖先的崇拜，对万物之神的敬仰，以此来取悦神灵，祛除人世间的灾难，保佑人畜平安、五谷丰登。这种原始信仰的祭祀活动，逐渐演变为节日活动而固定下来，代代相传直到今天。例如，在贵州黔东南苗族侗族自治州等地的苗族群众中，每年有祈求风调雨顺、五谷丰登的“龙船节”；而“六月节”是哈尼族的传统节日，每年农历六月二十四日前后，哈尼人以秋千代“马”，迎神进寨，转起磨来驱害除邪；生活在台湾岛最南端屏江县等地的高山族排湾人，保持有最为隆重的“五年祭”节，每隔5年祭祀一次，感谢祖宗保佑丰收并求赐来年的收获和幸福；藏族则有以求得佛祖保佑的“朝山节”等宗教性质的节庆活动等。

纪念性质节庆活动。这类节庆活动大都是各民族为纪念本民族历史上的重大事件和缅怀本民族英雄人物而确立的，一般都有准确的日期。例如，锡伯族的“西迁节”，也叫“四一八节”，节日的由来是纪念历史上锡伯族的迁居活动；在云南的傈僳族，每年农历二月初八要举行“刀杆节”，为了纪念抗击侵

① 张秋君．论我国传统节日体育的文化内涵与发展机遇［J］．搏击·武术科学，2010（8）．

略的英烈；贵阳附近的苗族有纪念古代英雄“亚努”的传统节日“四月八节”；西藏拉萨，每年藏历四月十五日，都要在布达拉宫后面的龙王潭畔举行纪念释迦牟尼诞生、圆寂成佛和唐代文成公主进藏的纪念活动，称为“萨噶达瓦节”。

庆贺性质节庆活动。最典型的莫过于春节、藏历年、开斋节、傣族的泼水节、哈尼族的十月年节等。许多民族和汉族一样，以春节作为自己的主要节日，自然节日期间的民俗活动、体育活动多种形式并举，异彩纷呈，构成了节日活动中的喜庆氛围。“开斋节”是伊斯兰教的三大节日之一，我国的回族、维吾尔族、哈萨克族、柯尔克孜族、乌孜别克族、东乡族、保安族及撒拉族等民族均有欢度开斋节的习俗。哈尼族的“十月年”，又称“年收扎勒特”，节日中人们探亲访友、赶场聚会。傣族泼水节是庆祝傣历新年、节日的第一天，称“桑刊日”。这一天，在西双版纳，万人云集观看龙舟比赛是节日中的主要内容之一。此外，还有节令性的庆贺节庆活动，如四川马尔康地区的“赏花节”，每年七月的花开季节，人们带着青梨酒来到山花烂漫、禾苗青青的野外欢度“赏花节”。

社交娱乐性节庆活动。因为少数民族多居住在边远的山区，或者是莽莽的大草原上，由于居住分散、交通不便等原因，他们平时很少能够交往。所以，只有规定好日期和地点，才使大家能够有社交和经济、文化交流的机会。例如壮族的“三月三节”，每年农历三月三日，青年男女穿上节日盛装，云集在山头或草坡即兴对唱山歌、相互盘答；布依族每年正月初一到二十一要举行传统的“跳花会”，青年男女们和着雷鸣般的扣皮大鼓和铿锵悦耳的铙钹声载歌载舞[①]。

（二）中国少数民族节庆的文化特性

民族节庆承载着少数民族特有的文化内涵、文化符号和集体记忆，是少数民族生活路径的活态呈现。

民族节庆是少数民族文化原真内涵的集中表达。民族节庆是各少数民族在悠久的历史发展长河过程中逐步形成的，是民族文化的浓缩和精华。在节庆活动中，少数民族的服饰文化、语言、生活习惯、饮食文化、手工技艺、宗教信

① https://www.5068.com/jieri/673758.html.

仰、思想观念得到具体的、动态的、集中的表达和展示，具有较高的文化体验价值，其活动的场所也是最为真实的民族公共文化空间场域。因此，少数民族传统节庆承载着少数民族的文化记忆，凝聚着少数民族的传统文化内涵和表征，是集中展现民族整体文化概貌的重要平台。

民族节庆保持着少数民族传统文化保护的内源动力。少数民族文化传承的内源性动力是源于文化持有者群体的“文化自觉”。节庆活动不同于其他传统文化的传承，其认知和参与的主体广泛，且传播范围广。随着不同学者的探寻、旅游者的进入、媒体的宣传，少数民族地区被更多人所熟知，民族传统文化精髓也开始逐步展现在世人面前。而节庆活动所具有的娱乐性、体验性、群体性，激发了不同群体的参与和探究。少数民族群体作为文化持有者和民族节庆的活动主体，在民族节庆旅游的利益驱动下，他们与游客的接触交往越来越主动、频繁，民族意识、民族认同感、民族自信也逐步被强化。这种认同感使寨民的文化和资源保护意识萌生，成为民族文化延续的内生动力。

民族节庆是少数民族传统文化的活态延续。人类学认为，变迁是一切人类文化的基本属性和永恒现象。在现代化和全域旅游时代，对少数民族文化的保护，已经无法停留在“封闭式的原生态保护”思维上了，但可借助旅游开发的模式创造性转化和创新性传承。节庆活动以短期性、大众化、趣味性、娱乐性的特点而备受文化主体欢迎，使得这一传统文化在民族地区得到自然而然的延续。此外，游客在旅游活动中囿于时间精力的限制，对纯粹的物质文化遗产常常因为静态性的局限，会产生文化雷同和视觉审美疲劳，无法体会民族文化的真实精髓。而节庆旅游以生动、直观的方式展示和传播民族文化，更能让游客普遍认识和感受到少数民族传统文化的表征性和价值意义。民族节庆已经成为游客认知、体验少数民族传统文化的特殊符号印记，从而有利于民族传统文化的传承和发展[①]。

（三）旅游驱动下中国少数民族节庆变迁

节庆是一种兼具人文特色且富有内涵的文化形式，是民族地区世居先民精神文化的一种直观展现方式。通过在重要节庆活动上所呈现出的不同民族文化

① 谭燕瑜，康忠慧，钟泓.少数民族地区节庆旅游开发与传统文化保护的良性互动研究［J］.现代商业，2020（20）：43–44.

特色和节事习俗，更能够将民族自身独特的文化魅力展现出来，对于民族旅游经济的促进和旅游产业结构的调整来说，可谓是注入了内核旅游资源。随着时代发展和时代大同文化的思潮，民族节会也具有了适应外部变化而变化的特点，加上民族地区旅游产业的发展，很多民族旅游地区逐步驱动自身节庆文化的变迁，从而适应民族旅游发展，满足民族旅游市场的需求，以此形成了民族地区旅游带动地方经济发展，经济发展驱动旅游升级，旅游的升级驱动民族节庆文化变迁的需求链。

旅游驱动下民族节庆的变迁，本质上是民族节庆文化根据旅游发展需求而发生的文化变动。民族节庆的变迁，以节庆文化的保护、传承与开发为目标，以创新为手段，在坚持对民族节庆文化的保护与传承的基础上，对其进行文化旅游的开发创新，从而使其变为旅游产品或旅游服务，为旅游经济发展带来新动力。随着民族旅游的发展，民族节庆文化在旅游开发过程中得到应用，各种节庆活动可在日常旅游活动中呈现给旅游消费者，在节庆文化满足游客需求的前提下，通过游客不断增加带来了不错的经济效益，更是让当地居民看到了文化资源向经济效益的转变。

民族节庆文化的开发推动民族旅游业经济结构的多样化发展，满足游客对民族旅游区的多样化、高端化、个性化需求，从而带动民族旅游经济的发展，增加旅游营收；本着可持续发展和节庆文化传承保护的原则，通过多样化的方式来提高民族节庆文化保护传承的力度，让民族节庆文化在民族内部产生再生产的动力。例如，为民族传承者增加经济收入、颁发民族节庆文化传承名誉奖等诸多方式让更多的青少年看到民族节庆文化的物质和精神价值，开展各种民族节庆文化展示活动来提高当地居民对民族节庆文化的认知，优化民族节庆文化旅游产业结构为当地居民带来更多的经济效益等，通过各种方式让当地居民认识到民族节庆文化自身所代表的民族精神、内涵本质以及所能带来的经济效益等，推动民族节庆文化的自我发展。持续加大民族节庆在旅游需求下的再生产，通过开发创新旅游产品，让民族地区的旅游产业结构更加优化，民族旅游产品增加多样化，在旅游市场上更具吸引力和影响力，从而推动旅游经济更上一个新台阶[①]。

① 杨绿洲，王汝平．民族节庆的变迁机制与再生产路径［J］．社会科学家，2021（5）：51-56.

三、现代中国社会的节庆活动

民国时期，世界通用的公历体系作为现代性的重要象征被引进中国并沿用至今，主要用于宏观的社会政治、经济活动统筹层面；与此同时，地方性历法，如汉民族的农历、彝族的太阳历等，依然在社会文化与民俗生活层面发挥作用，因此中国社会目前的历法格局，呈现两种历法、两套节日系统并置的状态。

在中华民族多元一体格局下，汉族与各少数民族的节庆主体格局正在走向融通。目前中国的官方假日除了国际通行的周末双休制和元旦、“五一”国际劳动节还有中国传统节日春节、清明节、端午节、中秋节、国庆节；此外少数民族聚居的民族自治区域也根据其民俗传统制定地方性的节假日，同样具备合法性。中国的法定节假日体系的建构，是多重的文化、政治与经济力量合力作用的结果。

（一）节庆的革命叙事

由国家立法确定的节日，在众多节祭庆典活动中，体现了对时间节点强烈的主导性和权威性。

国庆节作为声张国家主权与革命胜利的纪念日，是中华人民共和国第一批确立的全民法定假日，在国家层面，阅兵活动成为国庆最重要的内容。1999年以后，阅兵仪式的时间固定为“五年一小庆，十年一大庆”，除常规的军事武装力量展演之外，民族团结也是国庆庆典的核心概念。

国际劳动节是国际最早的法定假日，可以追溯到1889年第二国际在巴黎通过的《劳工法案》和《“五一”节案》。在近代资本主义致力于对工人的劳动时间进行精确的控制与管理的历史背景下，劳动节作为假日的确立可被视为工人阶级与资产阶级围绕劳动时间的控制权而展开的社会抵抗与妥协的产物。民国时期，“五一”成为号召工人运动、举办游行与集会的重要时间；1949年中华人民共和国成立当年，在《全国年节及纪念日放假办法》中规定了国家统一的用以开展纪念、庆祝活动的时间，“五一”劳动节成为最早的全民法定假日；此后“五一”作为阶级抵抗运动的性质逐渐淡化，转而与“一切为了集体”的革命叙事挂钩，成为对具有集体主义精神的“劳动模范”进行表彰的节日；改革开放之后，国家的重心转向市场经济，“五一”的革命叙事意味有所改变，在一定程度上成为一个普通的消遣性假日。但在国家政务部门或大型国企中，“五一”依然具有强烈的象征意味，这既是对于集体主义精神的怀旧，也是对高度专注的职业精神的呼吁。对于传统节日，国家也曾试图通过行政命令进行主导或取舍，如把一些具有宗教意义的节日取消，把春节、清明、端午、中秋这类民俗节日给予法定化。

（二）传统节庆的制度化和合法化

改革开放之后，中国的节庆制度体系发生了两次由上至下的重大调整。第一次重大调整是在1999年，国务院修正《全国年节及纪念日放假办法》，将中华人民共和国成立50年来“五一”劳动节放假1天的旧例延长为放假3天，“十一”国庆节的2天假期亦延长为3天；3天假日与前后周末相连，组成7天“黄金周”，加上春节假期，一年有了三个“黄金周”；这次调整可被视为节假日从革命叙事功能转向休闲消费功能的转换。

第二次重大调整发生在2007年年底，国务院颁布《全国年节及纪念日放假办法》，“五一”长假由3天再次改为1天，三大黄金周减少至两个；同时新增3个法定节假日：清明、端午、中秋，各1天。自此清明、端午、中秋以及春节，4个传统岁时节日占据了中国节假日体系的半壁江山。这次调整不惜压缩“五一”黄金周的市场消费，也要将三个民间节日变成法定“节假日”，这是传统节庆所代表的文化象征与集体情感的社会影响力发挥作用的结果。

这一次调整虽然也是自上而下的，但在政治文件成型之前，传统岁时节日严整的分布体系、多样的符号象征与丰富的审美表达，已然经历了中国民俗学界的集体性反复理论论证，强调其社会性、政治性和文化性的时间表达功能理应被重新审视，呼吁传统岁时节日作为“重大的民族文化遗产”应该加以立法保护；也有学者注意到，传统节庆中的“传统文化因素在慢慢淡化甚至消亡”，节庆必备的各种仪式性活动，如祭典、庆丰、祈年、人伦、礼仪等内涵面临缺失的危险，因此，政治复兴后的传统岁时节日，不能只是成为普通的刺激民间消费的假日经济载体，还面临文化重构、礼仪重建的艰难挑战。

在官方节假日之外，更多的节日没有能够成为法定假日，如传统节庆中的元宵节、重阳节、腊八节等，以及舶来的“洋节日”，如圣诞节、情人节等，各种名目繁多的纪念性节日。这些节日有的具有传统型因素，有的具有现代因素，在消费经济的策动之下，受到越来越多的关注与认可，中国的主体节日框架面临传统性与现代性如何共生共融的重构问题。

(三) 地方性节庆的保护与改造

植根于各地少数民族文化语境的地方性节庆，目前正在被各级非物质文化遗产名录收录，并不同程度地接受地方政府的参与式改造，成为对外旅游推广的文化资本。这一改造通常将地方性节日与国内外现代节日附比、结合，如贵州黔东南“苗族姊妹节”被冠以“东方情人节”的称谓，在时间上与“五一”假期相结合，甚至将其内化为官方“文化艺术节”的组成部分。对地方节庆的改造，主要受到市场驱动。经历两次由上而下的大型节日调整之后，节假日旅游为了刺激城乡生活的流动，“五一”“十一”等重要节日都从政治性时间转换成为市场推动力；此后国家旅游部门迅速做出反应，刺激节假日旅游并做出系统化安排，包括高速公路优惠、旅游广告等，假日旅游成为新的集体狂欢。而经过大力改造的少数民族节庆活动，很大程度上满足了旅游者对于异民族文化的想象，一定程度上缓解了现代商品经济中民众的身份焦虑①。

第四节　中国的退休和工作时间制度的演变

本节将系统探索中国工作时间制度以及退休和休闲制度的演变。首先梳理现代工时制度与退休制度，分析中国古代休假制度的演变过程；其次梳理中国古代退休制度的发展；最后探索中国旅游休闲的演变。

一、古代休假制度演变

“十旬休假，胜友如云。”675年的九月初九，一帮文人墨客趁着十日休假的日子，从全国各地赶到江西南昌赣江滨，齐聚庆祝滕王阁新修成，这里面有文坛领袖“孟学士”，也有武界名流“王将军”。21岁的王勃正好去探望在交

① 谭佳英，邓启耀.时间、节庆与文化象征——中国多元民族节庆文化及其融合［J］.青海民族大学学报（社会科学版），2020，46（4）：109-116.

趾当县令的父亲，路过此处，挥笔写就清新流畅的《滕王阁序》。

在农业经济时代，农民或许是真的没有什么休假概念的。他们只需要根据节气安排生产，农忙的时候就忙，农闲的时候就闲，而不是像现在这样，进城打工，将自己的时间交给一个工地或者单位来管理。

搁在古代，要说最关心休假的群体可能非公职人员莫属。我们探寻古代休假制度的蛛丝马迹大部分来自官方志书或者史学传记的记载，其中涉及的多是公职人员如何休假。

关于汉代以前的公职人员如何休假，文献记载实在少得可怜。撰者不详的《穆天子传》中有这么两句，“庚寅，北风雨雪。天子以寒之故，命王属休”。因为天气寒冷，大领导让职员休假。这大概是最早的休假典故之一，被后来的诸多文献引用，譬如杜甫在他那篇《奉同郭给事汤东灵湫作》中便写有，“幽灵斯可怪，王命官属休”。

在《战国策》中学者发现了“告归”一词，“孝公已死，惠王代后，莅政有顷，商君告归”。虽然有人说，这是讲商鞅告老还乡，但假期研究派坚持认为，其实“告归”说的是商鞅休假回了趟家，然后又回来了。在后者眼里，这句话足以作为当时公职人员的请假记录，毕竟他们很少再发现其他的官方放假记录。

到了汉代，从文献中研究古人如何休假就不是那么困难了。唐朝的张守义在为司马迁的《史记》说文释义时就提到，“汉官五日一假洗浴也”。除了这关于休假的一点边角花絮之外，还有来自官方《汉律》的明确规定，“吏员五日一休沐”。到底是每工作四天在第五天时放假，还是每五个工作日放一天假，即使在假期研究派内部也说法不一，但不管怎样，可见当时公职人员休假已被列为典章制度。除了固定公休日，根据职位不同，当时的公职人员还能得到长短不一的不固定假期。三国曹魏人孟康在他的《汉书音义》中说，“汉律，吏二千石有予告、赐告。予告者，在官有功最，法所当得也。赐告者，病满三月当免”。这里的“告”，便是指不固定假期。

根据文献的记载，到了南北朝时期，五天一休改为十天一休，一直延续至唐朝。王勃的《滕王阁序》便记录了一个趁“十旬休假”而举行的聚会。

据了解，在唐朝，除了“旬休”这样的常规轮休，每年还有三个“黄金周”，每逢立春、冬至、清明各休 7 天，中秋、夏至则分别休 3 天小长假，假期1天的节日更是数不胜数，不仅元宵节、中元节、盂兰盆节、端午节、重阳节要休假，就连三伏这样的节气也要休假。

随后的宋代，假期有增无减，不但开创如“天祺节”这样的新节日，而且逢节必休。有好事者曾做统计，一年365天，宋代公职人员可休110天。据史学研究者介绍，宋代是中国历史上传统节日最为丰满的时期，元明清之后，公职人员休假就变得困难了。

元代，从北方草原南下的游牧民族没有宋代那么多讲究，每年只有16天节庆假日。明朝的大假期则只春节、冬至和皇帝的生辰，旬休也改成了月休3天。到了清代，西方思潮渐入，据了解，到了清朝末期，星期天已成为当时政府上层的公休日。

汉代休假的名义竟是“洗沐”，着实有些奇怪。但是想想当时的生活习惯，也就不足为怪了。古代公职人员衣着长袍，衣袖宽大，据说不易清洗且容易招虱子。而且，当时的公职人员并非像现在一样上班去单位，下班就回家，而是一进单位便不能轻易回去，直到工作日结束轮休时才能归家洗浴修正。有些家在外地的公职人员，上班时将马养在单位附近的朋友家，休息日时再骑马回家。

在传统的农耕社会，休假与当时的生产和礼制有关。尽管主事生产的是农民，但公职人员也在节气休假，以表对大自然和农事的尊重。沐浴一说则源自儒家思想，孔子曾赞赏过曾点的情趣，“暮春者，春服既成，冠者五六人，童子六七人，浴乎沂，风乎舞雩，咏而归”。依照儒家思想，洗沐不仅仅是清洁身体，更代表了一种思想的神圣和洁净。

在宋代，还有很多与礼制契合的假期，根据父母居住的远近设有时间长短不一的“定省假”，专门用来探亲。宋代尤其重视伦理宗法，并落实到了假期上，家里有儿子行冠礼，放3天假；家里儿女要成婚，放9天假。父母去世，官员则需“丁忧”3年。

当休假上升到礼制的高度，不休假的员工便不是好员工。《汉书·薛宣朱博传》中便有这样一个故事：到了冬至和夏至的时候，官员都休假了，但是负责治安的张扶却独独不肯休假，坚持在单位里处理工作。这个时候，地方大领导薛宣就出来委婉地教育这个勤恳的手下了，“盖礼贵和，人道尚通。日至，吏以令休，所繇来久。汝虽有公职事，家亦望私恩意。掾宜从众，归对妻子，设酒肴，请邻里，壹关相乐，斯亦可矣”！大意是说，礼制讲究以和为贵，要通情达理，该休假的时候就休假，虽然单位里还有工作，但家里也需要你。所以张扶你应该跟大家一样，回家看看妻儿，与邻居一块儿聚聚，这也是应该的。在礼制为上的社会里，不休假是不对的[①]。

二、古代退休制度的发展演变

退休，是指根据国家的有关规定，劳动者因年老或因工、因病致残，完全丧失劳动能力（或部分丧失劳动能力）而退出工作岗位。作为现代社会重要的制度之一，公务员到达一定年龄后就会退休，同时享受国家的财政供养。其实这种制度并非现代文化的产物，退休制在中国的周朝就已经产生，并且慢慢发展成为国家的定制。

（一）周朝奠定基础

“退休”一词，始见于唐宋文籍。唐代散文家韩愈《复志赋序》中有“退休于居，作《复志赋》”一句。《宋史·韩贽传》上曰：“退休十五年，谢绝人事，读书赋诗以自娱。”何谓退休？依古代而言，即是辞官于朝，赋闲于家，颐养晚年之意。需特别指出的是，中国古代的“退休”仅限于官吏，常见的称谓有“致仕、致事、致政”等。退休制度是中国古代官僚制度的一个重要组成部分。

退休起于何时尚难查考。但到周朝，随着奴隶制官僚制度的完善，与之配套的各级官吏的退休年龄和善后问题已纳入行政管理的范围。关于退休年龄，《礼记·曲礼》说：“大夫七十而致事。”又说：“五十而爵，六十不亲学，七十致政。”《尚书大传》也说：“大夫七十而致事，老于乡里。”为何规定退休年龄为70岁？一句话，人至70，老而衰，不便在官场趋走办事了。

关于官吏退休后的待遇。首先称谓有别。据《礼记》记载：卿大夫致仕曰“国老”，一般官吏致仕曰“庶老”。其次是待遇不同。周公致政成王后，成王使居洛邑，享受最高的礼遇。《周礼·王制》说：“周人养国老于东胶，养庶老于虞庠。”

---

① 古代休假制度演变［EB/OL］. http://blog.sina.com.cn/s/blog_c5a840f30101eqoh.html［2014-04-09］.

周代退休制度的建立，在一定程度上削除了官吏终身制，保持了统治政权的生气。官吏退休后，国家为保证其特权，令其按级领取俸禄，使退职者老有所养，老有所安，又使在职者无后顾之忧。它有利于缓和统治阶级内部的矛盾，维护统治阶级的统治。周代已开始奠定以后数千年退休制度的基础。周以后的封建王朝基本沿袭了周代的退休制度，不过在形式上各有差异。

（二）唐代制度完备

汉兴，官员欲致仕，需申请，说明缘由。致仕有两种：一为老；二为病。告老告病，皆卑称“乞骸骨”。但官员致仕会出现几种情况：第一，愤而致仕者。第二，退而复用者。第三，劝留。第四，致仕年龄无定制。以上几点，均以利于皇权为前提，反映了汉官致仕自愿但不自由的趋向。

到了唐朝，随着阶级基础的扩大，退休制度作为官僚制度的一部分，又有进一步的发展和完善。其特点是：致仕年龄较灵活，若精旺力盛，胜任职守，亦可缓退；致仕手续简便，只要造册上报即可；对致仕官员举行欢送仪式，敲锣打鼓，送归老家，很有人情味；致仕官享受优厚待遇。首先在政治上，三品以上官员致仕后，仍恩准在朝廷行走，参与国事决策。其次在经济上，五品官以上致仕者给半俸，功臣元勋受皇帝特恩，可全薪退休。六品以下，则赐口分田养老。另外，高官致仕，允留一子领薪侍养。总之，唐朝在退休制度上，其政策规定较汉要完备得多。

（三）宋代待遇优厚

两宋时期，退休制度又有新的规定。宋代文官年满 70 岁为致仕之期，武臣可延长 10 岁。若自愿亦可提前致仕。但少数元老大臣，不在此限。两宋对退休官员的安置和待遇，优厚备至，无以复加。宋神宗前，官员致仕皆解除原任官职，神宗以后，允许带职致仕。官员致仕后，仍可加衔晋级，参与朝政，实处“半退”状态；宋官致仕时，皆升一级；依据退休时的品级，其子孙可“荫补”一定的官职。但中级官员如荫补子弟，即不能升级，称“守本官致仕”。宋朝还开创了老子退休、儿子顶职的先河；从宋真宗起，职事官致仕后，食半俸，立有战功者，部分食全俸；有些官吏名义上退休，实际上又安排了其他名誉职务，令领职务俸禄（全俸）。此种“退居第二线”的官，称“祠禄官”。有些官吏告退后，安置于台阁，令写碑修书，撰国史，“卒老于文字之间”。有些官吏致仕后，因工作需要，朝廷又特命复出任职，时称“落致仕”。

（四）明清 60 岁退休相沿至今

明清之际，统治阶级对退休制度十分重视。关于退休年龄，洪武元年（1368 年）规定：“凡内外官员年七十者，听令致仕，其有特旨选用者，不拘此例。”洪武十三年（1380 年）正月，诏令“文武官年六十以上者听致仕，给以诰敕”。弘治四年（1491 年），又诏“自愿告退官员，不分年岁，俱令致仕”。清朝文官，六十岁令致仕。武官则不然，副将以下，年满六十，概予罢。低级武官，退休更早，参将五十四，游击五十一，都司守备四十八，千总、把总四十五。一句话，武官官职越低，退休越早。明清以后，破除古制，将退休年龄提前 10 年以上，且带有强制性，是明清两代高度集权政治所致，客观上也比较合乎实际。故 60 岁退休，相沿至今。

关于退休后的待遇，一是政治上，明初规定，三品以上官以本品致仕，四品以下，现职任满三年而无大过者，可升一等致仕。明中叶改为升一级或二级，而后致仕，若有过而不称职者，以原级致仕。致仕官在礼仪上受尊重，在宴会、祭祀等活动中，仍享有该品的礼遇。二是退休金，明初规定，致仕官食原俸。后又规定致仕官一般不领取俸禄，但享受本品豁免赋役的权利。若家贫不能自存者，“有司月给米二石，修（终）其身”。清朝，基本维系明制①。

三、现代工时制度与退休制度

（一）工时制度

工时制度即工作时间制度，据现有情况，我国有五种工作时间制度，即标准工时制、缩短工时制、延长工时制、综合计算工时制、不定时工时制。标准工时是我国运用最为广泛的一种工时制度。在标准工时制下，根据《劳动法》第三十六条、《国务院关于职工工作时间的规定》第三条的规定，工人每天工作的最长工时为 8 小时，周最长工时为 40 小时。并且根据《劳动法》第

① 中国古代退休制度的发展演变［EB/OL］. https://history.aomi365.com/a/1407.html［2018-10-05］.

三十八条、第四十一条的规定，标准工时制还有其余几点要求。

标准工时制度，也称为标准工作制度，是由立法确定一昼夜中工作时间长度，一周中工作日天数，并要求各用人单位和一般职工普遍实行的基本工时制度。标准工时制是标准和基础，是其他特殊工时制度的计算依据和参照标准。因此标准工时制具有至关重要的意义，也是各国劳动立法中的重要内容。标准工时制中的标准并不是一成不变的，随着社会的发展，标准也在不断发展和提高。根据《国务院关于职工工作时间的规定》，我国实行的是每日工作 8 小时、每周工作 40 小时的标准工时制。任何单位和个人都不得擅自延长职工的工作时间。这一制度与劳动法的规定有些不同。《中华人民共和国劳动法》第三十六条规定:“国家实行劳动者每日工作时间不超过 8 小时，平均每周工作时间不超过 44 小时的工时制度。”显然在这里每周工作时间的上限多了 4 小时。如何看待这多出来的 4 小时呢？根据劳动部《关于职工工作时间有关问题的复函》（劳部发〔1997〕271 号）的有关规定，如果用人单位安排的工作时间每周超出 40 小时但不足 44 小时，且不作为延长工作时间处理，劳动行政部门有权要求用人单位改正。因此，超出 40 小时但不足 44 小时，仍然是延长工作时间。

缩短工时制，又称缩短工作制，是指在特殊情况下劳动者实行的少于标准工作时间的长度的工时形式。国务院规定“在特殊条件下从事劳动和有特殊情况需要适当缩短工作时间的，按照国家有关规定实行”，劳动部规定“在特殊条件下从事劳动和有特殊情况，需要在每周工作 40 小时的基础再适当缩短工作时间的，应在保证完成生产和工作任务的前提下，根据《劳动法》第三十六条的规定，由企业根据实际情况决定”。

延长工时制，是指超过标准工时长度的工作时间制度，即超额工作时间制度。它适用于从事受自然条件和技术条件限制的突击性或季节性工作的职工，必须在一定时间内加紧工作，延长工作时间；而闲季工作时间可适当缩短。延长工作日是指超过标准工作日的时数的工作日。对于从事受自然和技术条件限制的季节性工作的职工，可适用于忙季工作时间得超过标准工作时间，而闲季工作时间可适当缩短，如地质、石油、制盐、糖业等。

综合计算工时工作制，是指单位以标准工作时间为基础，以一定的期限为周期，综合计算工作时间的工时制度。实行综合计算工时工作制的岗位，需企业报请当地区县劳动保障局批准，未经批准，不能任意扩大范围。对于实行不定时工作制和综合计算工时工作制等其他工作和休息办法的职工，企业应根据《中华人民共和国劳动法》第一章、第四章的有关规定，在保障职工身体健康并充分听取职工意见的基础上，采用集中工作、集中休息、轮休调休、弹性工作时间等适当方式，确保职工的休息休假权利和生产、工作任务的完成。

不定时工作制，是指因生产特点、工作特殊需要或职责范围，无法按标准工作时间衡量、需机动作业而采取不确定工作时间的一种工时制度。不定时工作制是指因生产特点、工作特殊需要或职责范围，无法按标准工作时间衡量、需机动作业而采取不确定工作时间的一种工时制度。

（二）退休制度

退休制度是指国家公务人员工作到达一定年限，按规定退出公职，享受一定待遇以终养余年的制度。包括退休原则、条件、待遇、审批手续、安置管理等规定。它是人事行政的一个重要组成部分，目的是避免公务人员因年老力衰而致工作效率退失，解除在职公务人员的后顾之忧，为公务人员的晚年生活提供保障。2021 年 3 月 12 日公布的“十四五”规划和 2035 年远景目标纲要明确提出，按照“小步调整、弹性实施、分类推进、统筹兼顾”等原则，逐步延迟法定退休年龄。包括：小步调整——每年延迟几个月或每几个月延迟 1 个月；弹性实施——个人会有自主选择提前退休的空间；分类推进——不同群体、不同性别将继续保持退休年龄差异；统筹兼顾——配套政策和保障措施需协同推进。

退休条件：年龄条件，即到达退休的最高年龄。凡未达到最高年龄自愿退休的称为“自愿退休”；凡已达最高年龄而必须退休的称为“强制退休”。各国规定的退休年龄一般为 60 ~ 65 岁，有的国家规定最高退休年龄不超过 70 岁。有些国家规定已达退休年龄，但因工作需要，可延迟退休。有些国家规定未达退休的最高年龄，但因工作长期无效果，可提前“命令退休”。工龄条件，即工作年数达到的年限。只有工作达到一定年限才能享有退休金。各国规定的工龄条件各不相同，如美国为 5 年、法国为 15 年。有些国家于工龄条件外又规定最低的投保年限。有些国家还把退休年龄和工龄相结合，将固定工龄和可变年龄相结合，也有的将可变工龄与不变年龄相结合，分别加发不同的退休金。

第四章

不同类型国民旅游休闲模式与案例

本章根据旅游休闲发展中呈现出的多种旅游休闲元素的时空聚集方式，对国民旅游休闲产业体系进行划分，包括旅游休闲公园、休闲博物馆、旅游休闲综合体、旅游休闲街区、体育休闲旅游、乡村休闲、休闲节庆活动、旅游休闲小镇、旅游休闲广场和云上休闲等模式。研究首先解析休闲业态概念和特点，然后全面解析国民旅游休闲各业态，通过典型案例分析，总结旅游休闲业态发展启示。

第一节　旅游休闲街区发展的模式与案例

当代旅游消费者越来越不满足于浅层普通的城市风光游览，而是更倾向于进行城市文化的深度体验，旅游休闲街区作为城市内生动展现城市文化风貌和生活方式的区域，已成为国民旅游休闲的重要空间，受到普遍关注。

一、旅游休闲街区总体概况

旅游休闲街区是能进行休闲活动的一片区域。它是有一定长度的街区，是网络状的步行休闲系统，是经济效益、社会效益、环境效益相统一的步行休闲系统。休闲街区包括：餐饮一条街、购物一条街（品牌店集中的街区）、娱乐一条街等形式。旅游休闲街区是挖掘街区所承载的历史影响力、文化特色等隐性因素，综合街区在城市功能中的作用，赋予它恰当的文化主题，并围绕文化内涵集中打造一系列商铺的街区。旅游文化街区在城市的功能布局中属于城市游憩商业区，但是旅游文化街区又与普通的城市商业街不同。文化街区不单具有商业功能，还具有文化旅游、游憩休闲、城市形象等功能。通过旅游文化街区集中展示城市风貌，它更加注重挖掘该城市的文化内涵，并通过建筑、装饰、业态分布等形式展示文化因子，丰富城市文化内涵。

在我国城市文化旅游的发展过程中，大量城市兴建文化休闲街区。北京南锣鼓巷、南京夫子庙等历史文化街区是城市古老文明的重要物质载体、当地传统民俗艺术的展示舞台，同时也是城市市民和旅游消费者沉浸体验城市本土风情的重要场所，以及深度融合城市文化生产与消费的城市文化空间。以北京南锣鼓巷为例，作为历经元、明、清三代的重要历史街区，南锣鼓巷保存了大量的古城民居，具有强烈的地域文化特色；在此基础上，文化创意产业、文化主题餐饮等现代创意元素的融入使得其文化休闲功能进一步彰显，成为展示京城胡同文化和创意产业的窗口。而以上海田子坊、武汉楚河汉街、成都远洋太古里为代表的城市文化休闲街区，作为城市重要的现代文化旅游和消费场所，则更加具有自由、时尚的城市文化特征。以成都远洋太古里为例，它利用低密度的开放式街区形态给予旅游者以亲切感，利用艺术作装置和简约的景观打造增强时尚现代感，利用文化、餐饮、娱乐、商业消费等多种业态提供都市街区体验，场所内的广场、街巷、庭院、店铺等一系列空间与场所内商户、居民、旅游消费者的活动共同建立了一个多元化的文化休闲街区。我国的旅游休闲街区呈现出以下几个特征。

（一）结构开放的空间特征，内部业态类型丰富，多以商业整合文化、休闲功能

城市休闲街区作为城市集购物、休闲、娱乐于一体的功能区，有着大量的城市开敞空间。城市休闲街区在具体形态上由街道、广场、公园、滨水空间等构成，也就是说城市休闲街区是一个大的“开敞空间”，具有开放性。很多城市为了休闲街区的发展，对休闲景点实行免费开放，以增加休闲街区的吸引力和开放性。例如，西安曲江遗址公园、大雁塔广场市民都可以免费出入。相较于城市的其他区域，文化休闲街区多布局餐厅、咖啡馆、书店等小型店铺，公共空间面积较大，尺度更加适宜步行，形态更加自由，目的在于营造具有宜人

尺度的、可以再现城市生活场景的、充满生机的城市文化空间，从而满足城市旅游者生活化的街区体验。

（二）具有独特的地域文化环境、浓郁的文化生活氛围

城市文化休闲街区的核心要素在于该区域宜人的物理空间设施、独特的地域文化环境、浓郁的文化生活氛围。物理空间设施是文化休闲街区的基础，小规模、多样化的文化娱乐设施，多功能的街区基础设施与公共休憩场所，可以构建具有生活、生产、消费、文化交流体验等多功能的综合性公共空间。在此基础上，街区的整体建筑风格、标志性景观、视觉标识、街道家具、特色活动等街区文化符号，可以形成独特的地域文化环境。在此基础上，街区商户、创意阶层以及游客消费者，在街区空间内进行面对面交流沟通，举行一系列文化创意活动，使休闲街区内的生活氛围和商业氛围交融，共同形成街区独有的文化情境。休闲街区的文化性主要体现在街道、广场、商业建筑、公共服务设施所表现出来的地域文化特色，不同地区的建筑式样不同，不同地区的街道、广场的设计也会有比较显著的差别。另外，同样是北方城市或者南方城市，不同的历史积淀也会有不同的文化体现，比如开封的城市格局和城市风貌就处处渗透着宋代的文化，而西安城市空间表现出来的就是显著的汉唐遗风。仅仅就名字来看，一些休闲街区中的空间形态就暗含了自己的文化特色，如南京的夫子庙，上海的豫园，杭州的河坊街，北京的王府井，开封的鼓楼广场、马道街、书店街等，每个名字的背后都有着独特的历史文化内涵。

（三）具有鲜明的特色

我国休闲街区数量众多，名气较大的均有独特的特色，有不可被复制的文化内涵。北京的什刹海、三里屯酒吧街，南京的夫子庙、1912，香港的兰桂坊、花园街都以其鲜明的特色被大家所熟知。商业街是推动城市经济发展的重要力量，必然聚集了众多的有创新能力的企业，不断推出新的企业形式、新的经营管理体制。同时，城市管理体制也要不断创新，创新功能是商业街发展的动力，使城市充满生机和活力，并以创新产生的示范效应和带动作用，促进周围地区及全国的经济发展。

二、旅游休闲街区模式特征

旅游休闲街区按照侧重和特色不同主要分为偏购物型休闲街区、偏餐饮型休闲街区、偏文化型休闲街区、偏体验型休闲街区。

（一）偏购物型休闲街区

偏购物型休闲街区包括综合购物休闲街区和特色休闲街区，如北京王府井、西安东大街。特色休闲街区如西安雁塔路电子产品街，服装一条街，汽车专卖街，茶叶、医药、建材专卖街等。

（二）偏餐饮型休闲街区

偏餐饮型休闲街区包括以吃为主的休闲街，如西安回民街，以及以饮为主如的西安德福巷咖啡茶语。小吃街、咖啡厅、茶艺吧、酒吧均属于餐饮休闲街区。

（三）偏文化型休闲街区

偏文化型休闲街区突出文化特色，如南京夫子庙，西安大唐不夜城、书院门书画一条街等。

（四）偏体验型休闲街区

随着经济的发展，体验经济时代的到来，单纯的观看欣赏已经不能满足人们的休闲需求，人们更希望能参与其中，体验休闲，因为体验的感觉是独一无二的。欢乐谷这样能让游客直接体验的休闲项目满足了人们的这种需求。健身房、游泳馆既满足人们锻炼身体的需求又实现了人们的体验需求，因此广受城市人们的喜爱。

三、典型案例

（一）北京王府井步行街

王府井步行街，位于北京市东城区内，南起东单三条，北至灯市口大街，占王府井大街四段道路的中间两段，全长 892 米，宽约 40 米，改造于 1999 年 9 月 11 日。王府井步行街，主街宽敞平坦，地面由红色的花岗岩铺成，电线全部转入地下，街上有独立的座椅，每隔 40 米有一个垃圾桶。王府井步行街定性为“北京商业第一街”，商业王府井大街风格以“现代”“新潮”为主，整治改造后的王府井步行街，从金鱼胡同到东单三条，道路略呈波浪形，两侧分布着若干大型商场：王府井步行街西有王府井百货，王府井步行街东有北京 apm。这条街上还集中了中华人民共和国成立后陆续修建的许多大型专业商店，工艺美术商店、新华书店、外文书店等，这里还汇集了全聚德、五芳斋、全素斋、浦五房、东来顺、盛锡福、同升和、四联美发、吴裕泰、中国照相馆等老字号。

王府井步行街是具有数百年悠久历史的著名商业步行街，在北京享有“金街”的美誉。2019 年，商务部印发《关于开展步行街改造提升试点工作的通知》，决定在王府井步行街开展步行街改造提升试点工作。

（二）上海南京路步行街

上海市的南京路是上海市开埠后最早建立的一条商业街。它东起外滩、西迄延安西路，横跨静安、黄浦两区，全长 5.5 千米，以西藏中路为界分为东西两段。1945 年，国民政府从列强手上回收所有租界后将南京路改名南京东路，静安寺路改名南京西路。故广义的南京路包括上海十大商业中心中的两个：南京东路与南京西路——南京东路（包括南京路步行街）主要是平价商业区和旅游区；而南京西路（包括静安寺地区）则是中国商铺租金最高也是全上海最奢华的时尚商业街区，以奢侈品和高端个性消费为主。狭义的南京路即 1945 年以前的南京路则专指今天的南京东路。

南京西路则是和今天淮海中路并肩齐名的上海顶级商业街区。老上海南京路的四大百货公司创亚洲百货业无数先河：最早在百货公司使用自动扶梯；最早在百货公司使用空调系统；最早开具收据；最早让服务人员着统一制服；最早将百货公司与餐饮、影院、杂耍场等业态融为一体等。传统与现代的交织为这条百年老街增添了别样的魅力。这里是万商云集的宝地，是上海对外开放的窗口也是国内外购物者的天堂。两侧商厦鳞次栉比，繁华异常。中华人民共和国成立后南京路发生了巨大的变化，新增的老介福商厦、华联商厦、广电大厦、轻工大厦、上海商城、锦沧文华大酒店等现代化的大型、高层建筑使南京路更加绮丽繁华。《霓虹灯下的哨兵》——“南京路上好八连”更是一道亮丽的风景线。

（三）上海新天地

上海新天地是一个具有上海历史文化风貌，中西融合的都市旅游景点。上海新天地以上海近代建筑的标志——石库门建筑旧区为基础，首次改变了石库门原有的居住功能，创新地赋予其商业经营功能，把这片反映了上海历史和文化的老房子改造成具有餐饮、购物、演艺等功能的时尚、休闲文化娱乐中心。漫步新天地，仿佛时光倒流，有如置身于20世纪20~30年代的上海，但一跨进每个建筑内部，则非常现代和时尚，亲身体会新天地独特的理念，这有机的组合与错落有致的巧妙安排形成了一首上海昨天、明天、今天的交响乐，让海内外游客品味独特的文化。2020年1月6日，上海新天地入选“2019上海新十大地标建筑”。

（四）西安回民街

西安回民街是西安著名的美食文化街区，是西安特色小吃最集中的街区。街区内随处可见具有中国传统建筑风格和伊斯兰建筑风格相融合的经营小店，文化底蕴深厚。

西安回民街的餐饮在很大程度上反映了当地的文化特色，游客在这里感受到的是一种色、香、味俱全的文化。夜晚时分，整条街都被浓厚、真实、亲切的市井气息笼罩，熙熙攘攘的人群都是边逛边吃，街区内民族服饰、工艺品、清真副食、餐饮店和回民小吃店应有尽有。近几年西安市政府致力于街区保护，在完善硬件设施条件的同时，对街区居民主要是少数民族居民开展了多种形式的思想教育和传统教育，形成了少数民族社区的管理经验，也为回民街休闲街区一定程度上创造了良好的社区环境。

（五）北京什刹海

什刹海，是北京市历史文化旅游风景区、北京市历史文化保护区，位于西城区，毗邻北京城中轴线。什刹海水域面积33.6万平方米，与中南海水域一脉相连，是北京内城一处具有开阔水面的开放型景区，也是北京城内面积最大、风貌保存最完整的一片历史街区，在北京城规划建设史上占有独特的地位。在2000年批准的“北京25片历史文化保护区”中，什刹海地区面积是最大的。

什刹海包括前海、后海和西海（又称积水潭）三个水域及临近地区，与“前三海”相呼应，俗称“后三海”。什刹海也写作“十刹海”，四周原有十座佛寺，故有此称。清代起就成为游乐消夏之所，为燕京胜景之一。什刹海景区的不少古建筑在北京城市建设发展史上及政治文化史上占有重要地位，主要代表有恭王府及花园、宋庆龄故居及醇王府、郭沫若纪念馆、钟鼓楼、德胜门箭楼、广化寺、汇通祠、会贤堂。

（六）成都锦里商业休闲街

成都锦里民俗休闲步行商业街区，与武侯祠现存的清代建筑融为一体，是一条以传统川西古镇为建筑风格的旅游休闲步行商业街区，是成都餐饮、娱乐文化集中之地，是巴蜀民风民俗和三国蜀汉文化的民俗风情街，被誉为“成都版清明上河图”。锦里以三国文化为灵魂，以明清建筑风格为外貌，以原汁原味的川西民风民俗为内容，成为成都市乃至四川省的一个具有浓郁巴蜀文化特色的知名文化品牌。

锦里文化休闲商业街把文化与商业巧妙地融合起来，使顾客在体验文化的同时休闲消费，主推三国蜀汉文化、川西民族文化等，结合地域特征，将文化作为卖点吸引消费者。街区三段式过渡呈现中国古代街巷的空间韵律，在三个主题区域坚持了主题和特色业态，再分别辅以其他业态，避免了相同业态过于集中，带来消费疲劳，细节空间的处理让人行进其中并不感觉单调。街区表现出的体验式、互动式、特色化的格局设计及功能配套，充分满足了消费者的休闲需求。

（七）成都宽窄巷子

宽窄巷子位于成都一环以内，临近天府广场。清朝初期，满族士兵在成都驻防，重建并定居于少城，宽窄巷子便是少城的遗留部分。并因此形成了鱼脊式的北方胡同街巷格局和建筑风貌。宽窄巷子的组成部分有宽窄井巷子三条老街。其改造工程在保护的基础上进行改造和拆迁重建。保留建筑为明清时代的多属合院式体现了北方满蒙文化和南方川西文化。新建建筑总体上呼应原有老建筑的特色，部分店铺设置了落地玻璃窗并以钢结构支撑，具有现代感。

宽窄巷子商业定位为新会馆休闲经济院落，是根据宽窄巷子院落构成的特殊因素而设计的，一种以移民文化为背景和地方情结为特征的，以餐饮、休闲、娱乐、客栈、私人会所等为组合的独有的商业运营模式。

宽窄巷子商业功能与街区原有功能结合，带来经济活力；伴随旅游开发的商业化改造经济回报率高、见效快，是街区寻求收支平衡的一种经济保护方式。改造后的街区成为商业娱乐中心，游客量也比以往增加很多，给街区的保护提供了资金的支持，给城市带来了收益，增加了城市公共活动场所，为公众提供丰富的活动交往空间并能为附近居民提供一定的生活服务保障①。

（八）青岛八大关

“八大关”是中国著名的风景疗养区，人称“万国建筑博物馆”，是中国重要的疗养区之一，被梁思成誉为“青岛最美的地区”，是中国最美的五大城区之一，首届“中国十大历史街区”。“八大关”是首批中国历史文化名街，也是青岛的主要名胜之一，此处与通常的中国城市风貌大异其趣，是最能感受红瓦绿树、碧海蓝天美丽景色的地方。

改革开放以来，青岛对八大关建筑及环境风貌坚持整体性保护，打造成为一个“没有围墙的博物馆”，并结合文化旅游的发展需要，通过功能提升、文化整合、环境整治、市政配套、交通优化等措施，完善八大关街区的旅游功能与服务设施，为主题街区注入新的活力。“八大关”尽量保留区域内的丘壑、水系，草木原貌，依据该区域的地理环境特征展开道路体系的规划建设，同时兼顾合理的园林布局，顺应太平山山体和森林延伸，构筑了一个丛林掩映的大园林环境。在整体绿化景观构建中，关注特色变化，各个街道各有不同，路路之间，顺应地势，开辟了大大小小数十处公共园林，形成一种自由的环境空间。“八大关”现已成为本地居民休闲放松的最佳选择之一，也是来青岛游客必去地之一。

（九）福州三坊七巷

三坊七巷位于福州中心城区，占地约 40 万平方米，由三个坊、七条巷和

---

① 黄麟涵.历史街区商业化发展研究——以成都宽窄巷子为例［J］.智能城市，2016，2(11)：218. DOI：10.19301/j.cnki.zncs.2016.11.189.

一条中轴街肆组成，自古就被称为“三坊七巷”。坊巷内保存有200余座古建筑，其中以沈葆桢故居、林觉民故居、严复故居等9处典型建筑为代表的古建筑群被列为全国重点文物保护单位。三坊七巷是我国十大历史文化街区之一，国家5A级旅游景区，被誉为一座不可多得的“明清建筑博物馆”。

三坊七巷自晋、唐形成起，便是贵族和士大夫的聚居地，至明清鼎盛，古老的坊巷格局至今基本保留完整，是中国都市仅存的一块“里坊制度活化石”。在这个街区内，坊巷纵横、石板铺地、白墙瓦屋、曲线山墙，不少还缀以亭、台、楼、阁、花草、假山，融人文、自然景观于一体。

三坊七巷是福州老城区经历了中华人民共和国成立后的拆迁建设后仅存下来的一部分，是福州的地标性路段。近年来，三坊七巷致力于进一步突出休闲坊巷街区特色，根据规划未来将在坊巷内引进不同主题的客栈，如体现陶艺、漆器、油纸伞等主题客栈，游客入住不同客栈，可以自己动手体验手工工艺，也将更好地凸显街区的休闲特色。

（十）嘉兴月河步行街区

月河历史街区集中展现了江南特有的水乡古城风貌，是嘉兴市区现有保存风貌最为完整、规模最大、最能反映江南水乡城市居住特色和文化特色的区域。作为江南水乡的历史文化古城，嘉兴具有深厚的历史积淀和文化底蕴。与一般休闲街区不同，形成月河街特色的要素之一是运河，更显水乡韵味。

月河步行商业街区的建筑是清末民初的建筑风格，其间的民居整治修缮坚持原真性、可识别性、可逆性和修旧如故的原则，街区内的旧石板路，马头墙、灰瓦白墙和木板门有着浓郁而又质朴的气息，呈鱼骨状的江南水乡居住区特有的道路交通格局，都体现出历史街区的古风古貌。主支弄、合院空间、河道、外廊、石桥几个空间构成要素将月河桥在商业氛围中又赋有浓厚的人文色彩。此外，嘉兴市政府还将进一步挖掘这一街区的文化内涵，使月河街区成为江南传统民居博览园，如佛学家范古农、历史学家唐兰的故居均将得到修缮和恢复。为凸显江南水乡的灵秀气质，月河街区做足做好水文章，新开环通的河流，造型古朴的石桥更添水乡韵味，水的灵气和“老房子”的厚重在这里得到完美结合。

第二节　城市休闲公园发展的模式与案例

城市公园作为城市生态系统、城市景观的重要组成部分，是满足城市居民的休闲需要，提供休息、游览、锻炼、交往，以及举办各种集体文化活动的场所。

一、城市休闲公园总体概况

20 世纪 80 年代后，随着我国的改革开放和旅游业发展，城市公园建设进入大发展的时期，公园建设不仅在数量上猛增，而且出现了滨水公园、主题公园、专类园、农业观光园、废弃地遗址公园等新的公园形式。城市公园的概念除了承担着居民休闲游憩活动需求的主要职能外，也扩展到科研教育、美化环境、维持生态以及防震减灾等社会功能领域。孟刚、李岚等人在《城市公园设计》一书中认为，城市公园是一种为城市居民提供的、有一定使用功能的自然化的游憩生活境域，是城市的基础设施，它作为城市主要的公共开放空间，不仅是城市居民的主要休闲游憩活动场所，也是市民文化的传播场所。李敏在《中国现代公园——发展与评价》中认为，城市公园的主要功能在于为广大市民的游憩生活提供清新、优美、舒适的环境空间，并通过园林的艺术形式和各种活动来陶冶市民热爱自然、热爱生活，繁荣美好情操，促进身心健康，提高社会精神文明水平的作用，同时在调节城市生态系统的动态平衡，提高城市景观的审美价值，以及防灾避难等方面也具有重要价值。

综上所述，城市公园是随着近代城市的发展而兴起的一种城市公共绿地形式。它主要面向城市公众开放，并以满足市民休闲游憩和改善城市生态环境为主要目的，同时兼有美化环境、文化教育、防震减灾等多项综合功能。它是城市建设用地、城市绿地系统和城市市政公用设施的重要组成部分，是衡量城市建设水平和居民生活质量的一项重要指标。

城市公园作为城市发展中不可缺少的重要组成部分，在一定程度上反映了城市某一时期的社会历史变迁，城市公园中特定的场所和活动都曾承载不同主体对其时代生活特有的感受和回忆，经过时间的沉淀，这些感受和回忆带来的独特精神体验和强烈的归属感，城市居民在城市公园休闲娱乐的同时，也激发他们对其城市历史记忆的追寻和对文化景观的感知与解读①。

二、城市休闲公园模式特征

在我国城市化进程步伐的不断加快及城市居民精神文化生活需求的逐渐提高的背景下，城市公园在城市休闲中的地位与作用日益凸显，城市公园由封闭式向开放式转变，成为满足城市居民休闲需要必然的选择。随着时代的进步，城市公园风格和形式也逐渐变得丰富起来，出现了各式各样的公园，包括休闲公园、口袋公园、主题公园等。在此背景下，公园从起初简单的休闲场所的概念逐步转变并被强化为承载城市休闲、娱乐、旅游、展览等多种功能的特殊功能区。城市公园不断提升休闲功能，不仅丰富市民生活内容，吸引游客游览体验。一座公园，改变一座城市的生活方式，也成了城市格局的休闲坐标。

（一）休闲公园

城市公园由传统封闭式向开放式转变是城市化进程的必然结果，开放式城市休闲公园的建设，不仅体现着以人为本的城市和谐，更承载着城市居民对生活质量的美好追求。我们期待着，随着建设的不断建设与发展，城市休闲公园真正成为城市居民城市休闲场所，承载着城市休闲的各种功能。城市市民生活型休闲公园，突出体现广场的生活休闲功能，依托建筑景观、度假区等景观建立广场。生态观赏型休闲公园，突出体现公园的生态休闲功能，依托森林、江、海、湖、农业资源等生态景观建立公园。

（二）口袋公园

口袋公园也称袖珍公园，指规模很小的城市开放空间，常呈斑块状散落或隐藏在城市结构中，为当地居民服务。口袋公园是对较小地块进行绿化种植，再配置座椅等便民服务设施。城市中的各种小型绿地、小公园、街心花园、社区小型运动场所等都是身边常见的口袋公园。口袋公园具有选址灵活、面积

① 城市公园建设在城市休闲背景下的发展研究——开放式公园前景分析［EB/OL］. https://www.sohu.com/a/32075591_115559［2015-09-16］.

小、离散性分布的特点，它们能见缝插针地大量出现在城市中，这对于高楼云集的城市而言犹如沙漠中的绿洲，能够在很大程度上改善城市环境，同时部分解决高密度城市中心区人们对公园的需求。

（三）主题公园

主题公园，是指以营利为目的兴建的，占地、投资达到一定规模，实行封闭管理，具有一个或多个特定文化旅游主题，为游客有偿提供休闲体验、文化娱乐产品或服务的园区。主要包括以大型游乐设施为主体的游乐园，大型微缩景观公园，以及提供情景模拟、环境体验为主要内容的各类影视城、动漫城等园区。有着“中国主题公园之父”美誉之称的马志民先生认为，主题公园是作为某些地域旅游相对贫乏，同时也是为了适应旅客多种需要与选择的一种补充。这个观点说明了“主题公园”的一个基本特征——相对性，即相对于旅游者的选择而言的，与旅游资源概念紧密联系在一起的特性。“主题公园”在我国的产生和发展，始终有旅游业这只“看得见的手”发挥着极其重要的作用。马志民先生的观点应该是对“主题公园”认识的一种升华，更加明确地说明了“主题公园”的本源含义——旅游者的一种需求形态和选择方向。

三、典型案例

（一）北京北海公园

北海公园是中国保留最完整、历史最悠久的皇家园林，全国重点文物保护单位。它以丰富的四季主题特色活动吸引游客前来：包括春季赏花踏青系列活动、夏季荷花节活动、秋季菊展、冬季祈福文化节，活动精彩纷呈，互动性强。

北海公园近年来先后制定了《北海公园大树日常养护规程》《北海公园无公害防治管理办法》《北海公园园容卫生管理规范》《北海公园地上文物管理规定》等一系列管理规范，使得园区各项工作管理始终井然有序、科学规范。

北海公园提出以人为本，注重细节服务。例如，在门票设计制作上突出古典皇家园林文化气质，突出北海景点标志；公园提示、科普等多形式标识牌更新，注重美观环保；公园各门区设置导游器出租点，方便游客借还[①]。

（二）南京玄武湖公园

南京玄武湖公园是国家重点公园，是中国仅存的江南皇家园林和江南地区最大的城内公园。南京市玄武湖自2010年10月1日起永久性开放，市民及游客可以自由地进出，尽情享受一年四季玄武湖美丽的风光，公园变门票经济为综合经济，游客量及公园收入增幅明显。

在“人文、生态、亲水、休闲”的整治思路指导下，按照“先基础设施后经营配套”的总体要求，政府先后实施了几轮玄武湖环境综合整治和园景园容提升工程，完成了景区五洲和68公里环湖路的环境综合整治工程。

免费开放后，景区除了保留原有的百花闹春、夏季赏荷、秋季菊展、郁金香节等品牌活动以外，还举办了中国杜鹃花展、免费开放周年庆、玄武湖之夏等丰富多彩的园事花事活动。特别是景区的品牌活动“百花闹春游园会”在2012年荣获全国公园优秀文化活动。

（三）云浮市体育公园

云浮市体育公园位于云浮市教育园区内，依傍在大金山下，依地形而建，水景河道贯穿其中，生态环境优美，区位交通便利。体育公园总面积约22.64万平方米，建有标准的体育场，设有2000个座席的观众看台、400米标准环形跑道，场中央的11人制标准足球场，天然草坪，是驰骋绿茵、点燃激情的最佳选择。3900米环形健身步道将生态景观、体育运动、国防教育串联起来。配备了网球场、门球场、曲棍球场、篮球场、羽毛球场、轮滑场、乒乓球台，而且绿植错落有致、景观优美，是市民运动休闲的必选之地。根据市体育公园总体规划布局蓝图，接下来，公园还将建设全民健身中心、游泳池、体育馆等。[②]

---

① 优秀的城市公园经典案例赏析［EB/OL］. http://www.360doc.com/content/21/0122/09/32552465_958277136.shtml［2021-01-22］.

② 云浮市体育公园成为全国全民健身典型案例！［EB/OL］. https://m.thepaper.cn/baijiahao_15239921［2021-11-05］.

（四）广州东山少爷南广场社区公园

东山少爷南广场社区公园利用场地本来的基因，添加多元属性，置入时间变量，让这里成为附近居民的第二个“客厅”，也展示着广州东山地域文化。

依托着树木的位置，公园里增加了很多趣味的曲线，空间的流动感增强，整体视觉效果大大提升。这种曲线同时也对人际关系有影响，既可以相依而坐，也可以保持一定距离。

茂密的树冠是这座小公园天生的优势，光线穿透树叶之间，留下时刻不同的风景。与别的设计不同，这里的草坪被抬高，被捧到人们眼前，让平时容易被忽略的植物终于和人类有了眼神交流。

（五）上海新华路口袋公园

口袋公园并不一定在刻意规划出的某块土地上，上海新华路的口袋公园前身是一个违建被拆的小面馆，这个长 22 米，宽仅仅 4 米左右的狭长空间被改造成一个充满了无限可能的花园、展廊。口袋公园所处的新华路上，梧桐树和洋房是主角，操刀的水石设计为公园打造了一个稍显低调，具有互动性的入口，让公园有了一些神秘感①。

进入口袋公园内，曲径通幽，改造前杂草长到 1 米高，现在鼠尾草、满天星、矮蒲苇、粉黛乱子草等鲜花绿植也已齐腰。

弯弯曲曲的小路似乎没有尽头，在这里，两侧的镜面是主角，无限反射让花园变大，也时刻记录着植物的变化。据设计公司介绍，在城市里设置镜面反射还可以起到警示作用，减少犯罪行为产生。部分镜面则可以翻转，用作信息、视觉艺术展示，让整个口袋公园摇身一变成为展览空间。

（六）上海昌里园

昌里园所在的周家渡街道也是大型聚居区，社区围墙依着马路呈半弧形状，有着独特的风格，但之前处于荒废状态。为了重塑城市边界，一场更新开始。改造后的社区围墙从苏州园林的起伏、灵动里寻找灵感，变身为富有生活

① 8个口袋公园，把城市边角料变成最近的远方［EB/OL］. https://baijiahao.baidu.com/s?id=1701052864449208532&wfr=spider&for=pc［2021-05-29］.

气息的线形园林。折线形的游廊富有园林意趣，也区分开各种区域，放学的孩子、等车的上班族、买菜途中休息的老人都能在这里找到一席之地。曾经边缘化的社区围墙，也因此成了最热门的昌里园。

（七）上海永嘉路口袋广场

在老住宅密集的永嘉路，有上海风味的生活氛围十分浓郁，但可以休闲玩耍的公共空间却很欠缺。在拆除部分违章建筑后，一小块 18 米 ×40 米的空地被规划成小广场形式的口袋公园。整个广场稍稍抬高 0.5 米，增强它的存在感。鲜艳的绿色钢柱、原木色的座椅组成长方形的敞廊，方便人们乘凉、就座。敞廊围出的空地是孩子们活动的天堂，几个旱式喷泉为空地增添了丰富性。由于离马路的距离不远，且是开放式的布局，永嘉路口袋广场也很适合作为小市集的举办场地。口袋公园虽然是面积很小的公园，但潜力却是无限大的。

（八）深圳南头古城植物楼

和其他口袋公园相比，南头古城植物楼更像是一个拥有迷你口袋公园的住宅楼。这栋建于 20 世纪 80 年代的城中村建筑因为露台上的绿植而在一众居民楼里最为醒目，也让当时由混凝土组成的一片灰色里跳跃出生机。在南头古城的大规模改造中，这栋楼变得更现代化，也同时将植物灵魂保存下来。弧形玻璃将面向道路的一层空间包裹起来，通透的同时又增添了互动性，室内与室外的距离大大缩短。二楼、三楼则没有被改造，人类“无设计”，全交给植物去设计。两层楼都被植物覆盖，成为空中的森林秘境。

（九）深圳深湾街心公园

深湾街心公园是一个以健康为主题的公园，同时又有不少与水相关的趣味装置。虽然处在密集的城市中心，但尽力地激发起人们对自然的关注，它是“自然语言在高密度都市核心区的表达”。公园内有一套雨水生态循环装置，标志性的风车可以把风能转换为动力，让蓄积的雨水从 10 米高处飞流直下，景象壮观，也吸引小朋友来玩耍。就连公园里路灯投影的灯光都是水波纹状，让草坪也流淌。为防止小朋友受伤，整个区域的边边角角都精心打磨过。对于爱运动的大朋友们，深湾街心公园也提供了很多场地。清水混凝土的滑板场既方便运动，也给散步带来不同的体验。在这里即使什么都不做，只是坐着也很惬意。

（十）深圳水滴花园

同样以水为题的还有一处位于屋顶的水滴花园，“水滴”既“有形”又“无形”的特性是这处花园的设计灵感，整个空间聚与散的界限很是巧妙。可以喷洒水雾的水滴装置是花园内的视觉焦点，它的互动性让小孩子乐此不疲，也戳中年轻人的浪漫点。在夜晚，水雾缭绕就显得更加迷人。水滴装置将人们聚拢，四周的榻榻米座椅区承载着人们开心后的疲倦。在设计师们的考量里，加长的坐凳提供了更舒适的社交距离。

（十一）上海迪士尼乐园

上海迪士尼乐园主题概念鲜明，推出以童话故事、科学幻想为主题和背景的卡通形象。从最初的米老鼠和唐老鸭到后来的加勒比海盗系列，这些卡通形象拥有自己鲜明的性格特征、自己的故事，主题乐园通过主题形象加工设计，将其展现在游客的眼前，使卡通形象深入人心，吸引了大量游客。

迪士尼乐园的产品开发与运营，实质上是产业链组合的过程。在这个组合中，景区门票仅是迪士尼旅游收入的一小部分，以“休闲度假”为中心，将其他相关产业如娱乐、住宿、餐饮等设施相结合，让游客体验游乐度假功能，是迪士尼乐园盈利的主要途径。为了延长游客在迪士尼娱乐的时间，迪士尼在核心景区周边设计了度假村酒店、生态型房地产和互动娱乐休闲中心，并配备了儿童娱乐设施、成人水疗美容中心及健身中心等休闲服务设施，丰富了迪士尼乐园的外围文化，构建集旅游、娱乐、商业、居住于一体的综合性旅游休闲度假中心。迪士尼乐园还通过出售主题旅游纪念品，使游客进行二次消费，扩大品牌的影响力，增加顾客的重游率。为了防止旅游纪念品被复制，还申请了知识产权保护。

（十二）东部华侨城

近年来，华侨城从单一以游乐为主模式，向设施配套、功能齐全、内涵丰富的“度假综合体”模式转型。东部华侨城共开发了 6 种旅游业态，分别是演绎梦幻秀场、主题酒店、特色小镇、主题街区、生态公园、体育公园。致力于打造高品质的休闲旅游综合体，给游客提供高品质旅游度假体验。华侨城在呈现多样化的特点，满足不同旅游细分市场的需求，主要类型有欢乐谷、水公园、生态度假、文化旅游、儿童体验、休闲农业等类型[①]。

华侨城景区创造性地提出“文化＋旅游＋城镇化”“旅游＋互联网＋金融”的发展模式，秉承“创造游客价值，度假改变生活”的品牌理念，积极创新与打造多元文旅度假产品，在山海间为现代都市人打造一个多元、复合、立体的休闲度假梦想乐园。

（十三）深圳华侨城

以开创中国主题公园之先河著称的深圳华侨城集团，在发展过程中，始终将优秀的中外文化成果与现代旅游产品相结合。通过不断挖掘各景区的文化内涵来开发不同特色的文化旅游产品。在缺乏自然和历史文化资源的深圳，树起了一个个展示中国文化和世界文明的窗口。据统计华侨城旅游景区已累计接待游客 6000 多万人次，其中海外游客 1200 万人次，营业收入 44.2 亿元，利润累计 13.4 亿元，目前华侨城已经形成了一个以主题公园为主体、设施配套齐全的旅游度假胜地。三座景区建成后，深圳市旅游行业规模及主要旅游发展指标连续排名全国四大旅游城市之列。2001 年“五一”黄金周期间，深圳世界之窗的接待人数和旅游收入，位居全国第一。该集团还依托资本市场和房地产市场的创新发展方式，在北京朝阳区京沈路起点处投资 20 亿元规模的主题园房产项目，提高景区开发的边际效益和滚动开发能力。

（十四）杭州宋城

1996 年 5 月 18 日开园的宋城是以《清明上河图》为基础蓝本，同时充分体现了游园景观与文娱展演相结合的全新模式，设立九龙广场、城楼广场和艺术广场，满足了现代旅游在观光需求中的文化和娱乐需求，铸铁、陶艺、酒肆、染织、刺绣以及王员外家彩楼抛绣球、汴河大战等项目都被游客津津乐道，成为一座寓教于乐的历史之城。城中从购物到餐饮设施的建筑形式，甚至

① 黎枫．华侨城：引领主题公园新模式［J］．企业管理，2019（4）：86-88.

垃圾桶等的形式、配置都颇具匠心，注意与公园整体环境、氛围的协调。经典口号“给我一天，还你千年”在宋城得到了充分体现。杭州作为著名的历史文化名城，宋城的出现自然是毁誉参半，但无疑给平静的杭州旅游业带来了强大的震动。宋城开园三年就收回了全部投资，现在已经成为首批国家4A级旅游景区，并获得“潜江十佳美景”“杭州十大新景观”的称号。宋城已经累计接待游客近千万人次，每年的增幅都在10%以上。宋城的开园对杭城旅游业的意义主要体现在以下几方面。

第一，在杭州引入主题公园概念。结束了浙江没有主题公园的历史，打破了杭州几十年一贯的静态观光旅游开发模式、动静结合，完善杭州旅游格局。

第二，开发现代旅游产业。跳出了西湖的“紧箍咒”，拓展旅游开发空间，为杭州开发大旅游奠定了基础。

第三，打破了单一的旅游投资主体。民营经济首次介入了旅游开发，开创了多元化旅游投资的新局面，引入竞争机制，打破了公有独尊的僵死局面，增加活力。

第四，创造了以市场运作为核心的全新经营理念。在市场推广、品质塑造、景区艺术表演方面做出了积极探索。

第三节 广场舞和广场文化发展的模式与案例

一、广场舞

广场舞是一种不受场地、舞种、音乐等限制的舞蹈形式，多是群众自发组织，以娱乐性、健身性、集体性为特征的群体性的舞蹈。随着《全民健身条例（2009）》《全民健身计划（2011~2015）》的实施，广场舞以独特的健身方式在我国迅速发展起来了，它已成为我国民众健身锻炼的主要途径之一。

广场舞是舞蹈艺术中最大的一个子系统，但近年来已经成为大众健身的一种有效手段，深受广大群众的喜爱。我国地大物博，人口众多，民族种类繁多，每一个民族都有与众不同的、独特的广场舞形式。另外，地域的不同，民族之间的互相交融使得广场舞的种类、形式呈现多样化。广场舞融自娱性与表演性为一体，以集体舞为主要表演形式，以健身为主要目的。包括佳木斯舞步、坝坝舞、水兵舞等。广场舞是居民自发地以健身为目的在广场、院坝等敞开空间内进行的富有韵律的舞蹈，通常有高分贝、节奏感强的音乐伴奏。广场舞在公共场所由群众自发组织，参与者多为中老年人，其中又以大妈居多。广场舞是非专业舞者创造的舞蹈，是专属于普通大众的舞蹈，因为民族的不同、地域的不同、群体的不同，所以广场舞的舞蹈形式也不同。

广场舞之所以可以促进社区体育的发展，逐渐成为休闲体育的骨干力量，是由于广场舞对场地要求不高，其自身属于一种低碳健身方式，不需要过多的设施和装备，只需要 U 盘和外音喇叭，人们根据音乐的节奏将舞蹈和音乐进行完美的结合，在跳舞的同时达到健身和舒心的目的。广场舞参与者由一到百，可多可少，没有任何限制和约束，可以使众多社区居民都参与进来，有力地促进了社区精神文明健身和社区文化建设。也有人说广场舞就是健身舞蹈，具有健身的功效，但又有略微的不同，比如健身舞蹈操化类的动作比较多，讲究的是左右平衡、力量强劲，而广场舞融入了很多舞种的元素，可以有赋予力量的简单健美操，也可以有较为抒情的民族民间舞蹈，还可以含有热情的拉丁风味，可以说是一个杂烩小铺。就音乐而言，广场舞也只是舞蹈的一种，舞蹈的音乐讲究的是柔美与情节的讲述，而广场舞则是欢快简单的音乐与动作组合而成，没有情节，也无法讲述故事，更多的是具有健身的功能。

广场舞具有以下几点特性。第一，具有群众性及灵活性，广场舞的场地可大可小，音乐可长可短，人数可多可少。在公园、在广场或者小区楼下，一个简单的音响，几首简单欢快的音乐，少则十几人，多则上百人，进行活动，场面热闹红火。第二，形式多样性，广场舞的内容丰富多样，多有欢快热情的音乐相伴，包含民间舞、古典舞、拉丁舞、健美操等舞种动作，形式多样。这种表演形式也决定了广场舞不可能表现悲悲切切的内容，或者有意境的作品，这是由它的特殊表演环境来决定的。第三，具有开放性和直接性，广场舞的表演不拘于形式，观众可随时加入锻炼的行列当中，跟随音乐模仿表演者的动作，也可以在中间休息时与表演者交流学习，指导动作，寻找音乐节奏。广场舞是在观众中表演，演员和观众可以直接交流，观众可以作为演员，演员也可以作为观众，舞台与观众一体，观众与演员一片，融为一体。

广场健身舞就其表演形式来讲，可以分为三类：原生态的广场健身舞、经过加工的广场健身舞、新创作的广场健身舞。这三类广场健身舞都以健身、健心、美体为核心，都具有表演的直接性、情绪的欢快性、参与的集体性、内容的简单性、自我娱乐性等特征。

二、典型案例

（一）哈尔滨索菲亚广场

索菲亚广场位于黑龙江省哈尔滨市美丽的松花江南岸，地处哈尔滨市中心繁华区域，国家4A级旅游景区，以其独特的建筑景观、欧域风情闻名于海内外。

广场内的圣·索菲亚教堂是哈尔滨市著名的标志性建筑，是中国保存最完整的典型拜占庭式建筑，具有较高的历史文化价值和建筑艺术观赏价值，整个广场凝聚着音乐的优美旋律与建筑的智慧之光。

1997年，哈尔滨市政府对圣·索菲亚教堂建筑及周边环境进行了保护修缮和综合整治，重现了其昔日风采。同年9月，经哈尔滨市政府批准，将其命名为哈尔滨市建筑艺术馆，作为宣传和展示哈尔滨历史文化和建筑艺术的重要窗口。馆内现陈列有《哈尔滨老照片展》，用大量的珍贵历史图片、影像和实物，生动展现了哈尔滨从一个小渔村成为具有“东方莫斯科”“东方小巴黎”美誉的国际大都市的发展过程。人们在这里可以得到许多哈尔滨的陈年旧影，感受这座城市遥远的历史。广场上陶吧、影吧及旱冰场等娱乐场所，啤酒广场、冷饮广场等休闲娱乐项目和服务配套设施齐全，于此定期举办歌舞晚会等文化活动，索菲亚广场每年吸引数百万中外游客来此休闲娱乐、观光旅游。

（二）大连金石滩心悦岛文化休闲公园

心悦岛文化休闲公园坐落于大连市金石滩旅游度假区，既可游赏一般海洋公园多见的沙滩、海水、礁石等，也可于此体味民俗文化、高尔夫文化等多样文化，成为大连又一极具特色的观光休闲度假去处。

心悦岛文化主题休闲公园拥有天然的细沙滩、清澈的海水、鬼斧神工的礁石，让人流连忘返。这里处处散发着浓郁的文化气息，其规划建设多考虑文化因素，凸显文化内涵。园区地面、路灯、石头都被精心绘画，多处景观用金石滩传统民宿原材料海蛎子壳和当地风化石作为建筑的主基调，展示并传承了当地民俗文化。其建成运营将与金石滩旅游度假区相得益彰，更好地满足各个年龄阶段游客的休闲需求。

（三）天津民园广场

民园广场整体风格与五大道的对接融合，业态错落配置，成为天津市重要的文化旅游品牌，五大道唯一综合休闲广场。

改建后的民园广场定位为“中西合璧的城市客厅”，是集中外游客集散中心、特色文化博览中心、休闲体育体验中心和异国风味美食中心为一体的、中西文化交融的、独具特色的城市休闲广场。

民园体育场保护利用提升改造工程是天津市政府为合理保护利用五大道地区历史风貌资源、提升五大道历史街区价值、打造“近代中国看天津”文化旅游品牌、发展现代服务业、推动区域经济发展做出的一项重大举措。民园在改造提升过程中，承袭民园的体育文化传统，筹建了天津市体育博物馆，引入新型体育体验设施、体育休闲设施等。同时，民园在改造设计中充分运用科技打造文化新体验，广场游客服务中心也从传统的咨询服务转变为全方位文化体验服务。在保留了原民园体育场的体育健身功能外，新民园广场整体上增加了旅游休闲、文博展示、特色餐饮等功能，并以此为核心与周边的庆王府、先农商旅区、民园西里文化创意街区共同成为五大道文化旅游区的核心景区和集散中心。

（四）北京奥林匹克公园

北京奥林匹克公园位于北京市朝阳区，是包含体育赛事、会展中心、科教文化、休闲购物等多种功能在内的综合性市民公共休闲活动中心。

奥林匹克公园着眼于城市的长远发展和市民物质文化生活的需要，依托奥运会场馆和各项配套设施，集体育竞赛、会议展览、文化娱乐和休闲购物于一体，空间开敞、绿地环绕、环境优美，是融合了多种功能的新型城市休闲区域。

2008 年北京奥运会结束后，北京奥林匹克公园园区的体育、文化、旅游、会展、商业五大产业齐头并进、融合发展，成为奥运场馆赛后利用的成功典范，先后举办各种大型赛事、演出及高端会议、展览 8000 余场次，其中包括 APEC 领导人非正式会议、世界田径锦标赛、“一带一路”国际合作高峰论坛等国际性活动超过 1000 场次，国际化占比达到 13%。2013 年北京奥林匹克公园获批成为全国首个“国家体育产业示范基地”，更好地发挥其国民休闲、体育健身方面的功能作用。

（五）成都花舞人间景区

花舞人间农业主题公园位于成都南郊新津县，是赏花、玩水，体验低碳休闲度假的国家级旅游景区，被誉为“西南赏花首选地”。景区拥有郁金香节、杜鹃花节、鲁冰花节、向日葵节、百合花节、野菊花节、花粉节、兰花红叶节等多个主题花节庆，缔造盛世花宴。

花舞人间既是以低碳与花卉为主题的都市农业主题公园，也是集科普教育、观光旅游、休闲娱乐、生态环保等功能于一体的休闲度假旅游景区。景区秉承了“道法自然”的理念，在设计上“顺山、顺水、顺势”，在保护自然资源的前提下进行开发，引领了低碳旅游的风尚，2011 年，在联合国“第六届全球人居论坛”上获得“全球低碳景区最佳范例”称号。这里不仅是花舞人间，更是很好地配合利用水资源，开创刺激的森林漂流，还有妙趣横生的击鼓喷泉、珍珠滩等都使景区乔灌相拥、流水不断、四季花开、湖水荡漾，呈现出如诗如画、山水交融、情景合一、动静相宜之妙。

（六）上海外滩广场

上海外滩位于上海市黄浦区的黄浦江畔，是上海独一无二的城市风景线，也是游客到上海观光休闲必到之地，一直以来被视为上海的标志性建筑和城市历史的象征，成为上海历史的一个缩影。

外滩的江面、长堤、绿化带及美轮美奂的建筑群所构成的街景，是最具特征的上海景观，素有“外滩万国建筑博览群”之称，是中国近现代重要史迹及代表性建筑，上海重要的地标之一。

中华人民共和国成立后上海市政府对外滩进行了大规格的绿化及改造。20

世纪90年代，又完成了防汛墙外移和交通综合改造，滨江绿地、陈毅塑像、电子瀑布钟、大型艺术壁雕、浦江游览广场等新景点使新外滩显得更加雄伟壮观，加之这里交通发达，购物方便，旅游设施完备，使人们流连忘返。由于外滩历史建筑过多，出于历史保护原因不能过度开发，上海市政府规划北外滩地区与老外滩、陆家嘴三足鼎立，共同建筑黄金三角。到2020年，北外滩地区将新增商务商业面积190万平方米，高端金融、航运发展将取得进一步突破，公共服务环境更加完善。未来北外滩将打造立体步行公共空间，建设空中、地面、地下三层步行系统，构建串联重要商务商业地块的空中绿街，以及覆盖全域的慢行交通系统，提升地区的活力和休闲旅游价值。

第四节　旅游休闲综合体发展的模式与案例

旅游综合体，以旅游休闲功能为主导，基于泛旅游产业综合发展的构架，集功能复合、空间聚集、品质服务为一体，很好地满足了现代旅游的发展需求，是国民旅游休闲的重要内容。

一、旅游休闲综合体总体概况

“旅游综合体”的概念，实际上来自我们所熟悉的“城市综合体”。城市综合体是以建筑群为基础，融合商业零售、商务办公、酒店餐饮、公寓住宅、综合娱乐五大核心功能于一体的“城中之城”（功能聚合、土地集约的城市经济聚集体）。而“旅游综合体”有时也被称为“休闲综合体”或“度假综合体”，是指基于一定的旅游资源与土地基础，以旅游休闲为导向进行土地综合开发而形成的，以互动发展的度假酒店集群、综合休闲项目、休闲地产社区为核心功能构架，整体服务品质较高的旅游休闲聚集区。本书中探讨的旅游休闲综合体，既包括城市综合体，也包含休闲综合体和度假综合体。作为聚集综合旅游功能的特定空间，旅游综合体是一个泛旅游产业聚集区，也是一个旅游经济系统，并有可能成为一个旅游休闲目的地。现代化城市为休闲综合体提供了良好的城市环境和基础条件。明确主题取向，突出娱乐性、参与性与互动性的休闲旅游综合体，集聚复合了多种功能产品，能够高效地满足人们的食、住、行、游、购、娱，乃至商务、会议、体育活动等多种需求，改善人居，提升都市生活品位。

二、旅游休闲综合体模式特征

休闲综合体的最大特点在于其具有综合性。通过强调复合型资源、综合性利用，实现土地的综合开发和利用；实现产业的综合发展，实现包括地产、商业、会展、创意、体育、文化等产业的综合发展；实现功能的综合配置，既突出某项功能，又能够一站式满足游客全方位的旅游体验需求。此外，休闲综合体还具有中心性。休闲综合体往往具备核心资源、核心产品或核心功能，以核心资源作为核心吸引物，配套出一系列的休闲产品和休闲设施，形成庞大的休闲系统。国民旅游休闲综合体模式可分为旅游度假型休闲综合体模式、生活方式型休闲综合体模式和特色创意型休闲综合体模式。

城市综合体。城市综合体包括文化创意型、休闲旅游型、交通物流型、科教研发型、体育运动型、健康医疗型及其他类型。其中，交通物流型城市综合体与上述主流城市综合体重叠之处最多，这是由城市综合体的交通功能特性所决定的。但是，根据其形成机制又可区分为核心商圈所形成的城市综合体，以及外围交通枢纽产生的城市综合体，前者如香港太古广场，后者则如上海虹桥枢纽。

旅游度假型休闲综合体。旅游度假综合体以度假为核心，多位于城市周边，生态环境优良，兼具多种休闲功能，服务设施一流，是都市人的度假胜地。例如，具有主题休闲酒店集聚特色的杭州西溪天堂国际旅游综合体、结合威尼斯水乡与中国特色的澳门威尼斯人度假村、结合温泉文化旅游休闲的珠海海泉湾度假村等。

生活方式型休闲综合体。生活方式型休闲综合体模式是以生活为中心，追求生活环境的营造、生活方式的创新，功能多样，满足消费需求，多与社区相衔接，融入当地居民的生活环境当中，是都市人的生活社区。

特色创意型休闲综合体。特色创意休闲综合体模式是指在具有休闲综合体模式所要求具备的基本设施的前提下，融入创新的理念，开创新型发展模式，为游客提供耳目一新、别具一格的独特旅游感受的休闲综合体模式。

三、典型案例

（一）万达综合体

大连万达集团成立于1988年，已发展成为以商业地产、高级酒店、文化产业、连锁百货为四大支柱产业的大型企业集团，资产亿元，年销售额亿元，年纳税亿元。万达集团在全国多个城市投资项目，已在全国开业多个万达广场，多家五星级酒店。万千百货是万达集团的新兴支柱产业之一，专营中高档时尚百货。文化产业是朝阳产业，也是万达集团的支柱产业之一。以中华传统文化为根基，整合创新，为企业团队、企业品牌、产品品牌注入灵魂、塑造个性和形象，是形成万达独特竞争力魅力的源泉。弘扬中华传统文化之精髓，包括易经风水文化，传承中国城市地域文化挖掘、演绎并升华丰富多样的中国地域文化，体现企业的历史使命感和社会责任心。万达集团连续多年成为在全国文化产业领域投资最多的企业，形成了包括影视基地、影视制作、电影院线在内的完整影视文化产业链。

（二）杭州西溪天堂国际旅游综合体

西溪天堂国际旅游综合体位于杭州市西溪湿地公园，建设性地提出“酒店集群”概念，随之演变成现在以国际酒店集群为核心，融合中国湿地博物馆、国际俱乐部、精品商业街、酒店式公寓、产权式酒店、旅游公共服务设施为一体的国际旅游综合体。

西溪天堂是杭州特色的国际旅游综合体，以国际酒店集群为核心，融合中国湿地博物馆、精品商业街、酒店式公寓、产权式酒店、国际俱乐部、旅游公共服务设施为一体，创造了一个国际共享的休闲、度假天堂。西溪天堂通过文化艺术俱乐部的形式，吸引名人名家在这里的创作，借助西溪天堂国际旅游综合体的资源广泛传播开去，不仅有利于促进文化艺术的交流与碰撞，同时也给西溪注入更多的文化内涵，直接带动和加快杭州的文化事业建设，以“文化+旅游”的模式而备受关注。

（三）莫干山国际旅游度假区

莫干山度假区历史文化底蕴深厚，自然生态资源优越，南北朝文学家沈约、庾信等历史文化名人都与莫干山有不解之缘。莫干山早在民国时期就是蜚声中外的度假胜地，现留存有200多幢近现代建筑，被誉为“万国建筑博物馆”，是全国重点文保单位。度假区深入践行“绿水青山就是金山银山”的重要思想，推动生态度假旅游全域发展，培育形成了以“洋家乐”为代表的高端度假产业，是全国民宿发展的标杆地，是集民宿餐饮、户外休闲、农业观光、文化创意等于一体的山地生态型度假区，曾入选《纽约时报》“全球最值得去的45个地方”，是中国国际乡村度假旅游目的地①。

（四）秦皇岛阿那亚黄金海岸社区

阿那亚黄金海岸社区，坐落于河北秦皇岛昌黎县黄金海岸中区，是北中国一线亲海的全资源玩家胜地。

阿那亚被评为“北中国海最美滨海度假社区”，被誉为“大海与沙漠的吻痕”。从热忱的迎接，到完美的食宿，从丰富多彩的活动体验，到远离尘嚣的安逸舒适，全天候的高品质社区服务，配合洁净优美的环境，让人们每一次的休闲体验都值得期待。

阿那亚的目标是要打造一个有情感、有温度的社区，拥有一支“Dream Organizer”团队作为梦想组织者，带领业主和宾客在阿那亚找回久违的自由与梦想，看到生活一点一滴地在改变。“三位一体”的独特模式吸引核是阿那亚的成功之道。阿那亚策划先行，将品牌价值率先做到第一位，并与国际化的地中海俱乐部合作。阿那亚不仅诠释了生活居住之道，更是实现个人精神梦想的地方，缔造了一个真正的海边度假休闲地。

（五）北京三里屯太古里

三里屯太古里位于北京市朝阳区三里屯路，为太古地产首个在国内落成启用的商业综合体。以大胆的用色及不规则的立体几何造型、极强的视觉吸引力成为京城地标。开放式的庭院式整体布局，灵感来源于北京的四合院，加上点缀其中的花园、庭院，以及四通八达的胡同，整体呈现出开放包容的大都会气质，成为京城独具艺术气质的休闲购物综合区。

三里屯太古里无疑是北京兼具个性与魅力的风尚地标，也是倍具活力与人

① 于曰美．佘山国家旅游度假区集聚型旅游业态发展研究［D］．上海师范大学，2010：27.

气的休闲领地。这里代表着国际化的休闲理念、引领着潮流的生活方式，以艺术化的环境营造、周到的品质服务，为每位来宾带来与众不同的休闲购物体验，是北京具有代表性的休闲购物、醉享美食、自在玩乐的都会中心。在符合时尚潮流定位的前提下，太古里坚持品位，选择品牌注重独特性。同时太古里持续在市场推广上进行创新，各种主题节庆活动、品牌合作推广不断，把三里屯打造成了一个潮流时尚中心，一个街拍胜地。

（六）珠海海泉湾度假区

海泉湾度假区由罕有的海洋剧院、设备一流的星级健康体检中心、健康运动俱乐部、拓展训练营、高档休闲运动项目——定点高尔夫球场等十大产品组成，是中国目前综合配套完善的大型旅游休闲度假胜地。

海泉湾度假区融合了各类元素，在将温泉文化展现得淋漓尽致的同时，也提供其他休闲活动，打造了一个真正的温泉文化休闲综合体。

海泉湾度假区以罕有的海洋温泉为核心，是中国目前功能最齐全、综合配套最完善的超大型旅游休闲度假胜地和国际会议中心。海泉湾度假区突出了自己的特色，利用珠海地热城的优势并且依托独特的地理位置优势——毗邻香港、澳门、广州等发达城市，结合当下流行的休闲度假文化，打造了一个真正的度假区，对其他地区发展类似的度假区有极大的借鉴意义。

（七）安徽恩龙世界木屋村

恩龙世界木屋村位于安徽省东南部的宁国市，是一处集观光旅游、休闲度假、商务洽谈为一体的生态旅游度假区。恩龙世界木屋村借助生态科技示范园渐渐扩展，并且以“以生态为本，以木为魂”为口号发展了民族村以及风情园等，从生态旅游的角度出发宣传木屋村。通过打造生态旅游休闲综合体，将民族特色旅游和商务会谈等当下流行业态纳入生态旅游的范围，开创了新的发展模式，增加了大众的休闲模式的选择。并把具备多元化体验方式的世界风情木屋集群作为载体，以体验休闲、游乐运动和生态人居和会议度假为核心功能，以资源整合为手法，打造一批精品木屋休闲度假项目，形成以“原生、本色、舒适、健康、生态、时尚”等元素为支撑的“木文化”特征，营造一种以木文化为主线、追求回归自然和生态休闲的生活方式。还通过环境优化、产品整合、管理提升、模式创新、细节把控和营销突破，将世界木屋村打造成为具备世界影响力的木屋休闲旅游品牌。

（八）深圳欢乐海岸

欢乐海岸坐落于深圳湾畔，是一个以海洋文化为主体，以生态环保为理念，以创新性商业为主体，以创造国际都市滨海生活方式为愿景，并融主题商业、时尚娱乐、生态旅游、商务度假等多元业态于一体的城市文化综合体。

欢乐海岸汇开创性地将主题商业与滨海旅游、休闲娱乐和文化创意融为一体，整合零售、餐饮、娱乐、办公、公寓、酒店、湿地公园等多元业态，形成独一无二的“商业＋娱乐＋文化＋旅游＋生态”的全新商业模式，真正实现主题商业、时尚娱乐、健康生活三位一体的价值组合。

在寸土寸金的深圳湾滨海湿地带，欢乐海岸低密度商业构想颠覆了人们对以往商业综合体的想象。2012 年，深圳“欢乐海岸”正式开放，形成华侨城集团第四代“商业＋娱乐＋文化＋旅游＋生态”的全新主题商业模式，由“旅游＋地产”向现代服务业综合运营转变。欢乐海岸在定位之初，把旅游、艺术、生态、商业等多业态融合，奠定了欢乐海岸独特的文化气质。“文化为骨、创想为魂”，使文化与商业共荣共生，成为深圳欢乐海岸秉承创想基因与摸索商业发展新思路的成果。如今的欢乐海岸已经成为深圳的“美学坐标”，把优质生活的创想带入滨海城市生活。

第五节　休闲博物馆发展的模式与案例

博物馆本身凝聚并集中反映了当地的历史文化与风俗，具有较高的科学研究价值，同时发挥了传承文化的作用，是外地旅游者了解当地文化与风土人情的重要窗口。博物馆休闲旅游的发展，能充分实现博物馆的文化传承功能，是国民休闲旅游的重要组成部分。

一、休闲博物馆总体概况

根据国际博物馆协会 1989 年对于博物馆的定义，博物馆是指出于教育、研究、观赏等目的收集、保护、展览并推广人类和人类生活环境的物证，并面向社会服务、面向大众开放的永久性机构——这是第一次在对博物馆的界定加入了游览和观赏的功能。而在博物馆的运营过程中，博物馆也逐渐从原来以教育为首要职能的角色逐渐被赋予“休闲场所”的标签，其职能由“教育”逐渐走向“教育 + 休闲”。在此背景下，博物馆的运营也越来越关注提升观众的整体体验，满足观众日趋增长的休闲需求，博物馆也从文物陈列机构开始转变为民众参观游览休闲的场所，博物馆休闲随之产生。

改革开放以来，我国博物馆数量增多，质量提高，博物馆各方面功能不断完善，在事业和社会发展中发挥了应有的作用。目前，我国已形成以中央地方共建国家级博物馆为龙头，国家一、二、三级博物馆和重点行业博物馆为骨干，国有博物馆为主体，民办博物馆为补充的博物馆体系，构建辐射全国、面向世界的博物馆资源共享平台。截至 2019 年年底，全国已备案博物馆达 5535 家，比 2018 年增加 181 家。2018 年 3 月，国务院办公厅发布《关于促进全域旅游发展的指导意见》，明确要求推动文化旅游融合发展，推动在博物馆等文化场所开展文化、文物展览活动。博物馆正在成为城市旅游业发展的重要文化资源和旅游休闲空间。

休闲博物馆是征集、典藏、陈列和研究某类或一系列物品的场所，具有学习、教育、娱乐、休闲的目的。博物馆旅游中的博物馆范围不仅包括传统意义上的博物馆，而且包括各种文化馆、展览馆等其他群众文化机构类型。一方面，陈列与观赏价值是休闲博物馆的基本价值。任何类型的博物馆都是为了对某类或一系列物品进行陈列、研究，让观众进行欣赏，因此，观赏价值是休闲博物馆的首要价值。另一方面，休闲博物馆具有体验性。在普通博物馆的基础上，休闲博物馆要实现休闲和审美价值，需要具备更高的体验性。一个好的博物馆旅游是否能给观众留下最为深刻的印象，关键在于博物馆空间的营造、展品的陈列、技术的应用、互动游戏的参与等方面，要让休闲博物馆具备可观赏性、体验性与互动性。

博物馆休闲是指博物馆发挥其休闲的职能，博物馆的休闲属性是建立在博物馆的教育属性上满足观众的休闲需求。随着知识经济时代和大众化休闲时代的到来，文化休闲也成为休闲活动的重要内容，因而博物馆也日益成为普通大众开展休闲活动的重要方式，融入大众的文化生活中。目前，博物馆休闲是一种新型休闲生活方式，在实现大众休闲娱乐目的的同时，又能够满足其在知识教育、审美、自身修养等方面的需求。基于博物馆休闲的概念，可以总结出博物馆休闲主要有以下三大作用。第一，博物馆是国家和城市文化的重要窗口，博物馆休闲活动是大众了解一个国家、一座城市的文化历史和形象的重要方式。特别是历史类博物馆的休闲活动，历史博物馆能够展示国家或地区历史、文化历史，并通过博物馆休闲活动向市民、旅游者输出国家或地区的文化与形象。第二，博物馆休闲发挥了知识教育和传播的功能，艺术类博物馆休闲活动能够通过绘画、雕刻实用艺术、装饰艺术等艺术的展示陶冶观众的艺术情操；科学类博物馆能够通过动植物、自然科学、天体、现代技术等的展示传播科学知识，通过区别于传统学校教育传授的方式开展科学教育。第三，博物馆休闲也是城市公众游览休憩的重要方式，博物馆为城市市民提供了高素质的休闲环境，城市居民通过博物馆游览可以达到休闲娱乐和知识教育的目的。

二、休闲博物馆模式特征

世界各国对于博物馆的分类方法不尽相同，《简明不列颠百科全书》认为按照博物馆功能，大致归纳为三类，即历史类博物馆、科学类博物馆、艺术类博物馆。我国从不同的目的和需要出发，也有多种分类方法。例如，按藏品和资金来源分为国有博物馆和非国有博物馆。按隶属关系与主管部门分为文物系统博物馆、科技系统博物馆、教育系统博物馆、军事系统博物馆等。在《中国大百科全书（文物·博物馆）》卷博物馆类型一条中，根据中国的实际情况将中国的博物馆划分为四种类型，分别为科学与技术类博物馆、艺术类博物馆、历史类博物馆和综合类博物馆。这种分类是按藏品的性质和展示内容为主划分的，也得到较多博物馆学专家的认可。本书采取的是最新的《博物馆建筑设计规范》（修订版）中的分类。

（一）综合类博物馆

综合类博物馆收藏和展示、研究某地区、某民族的社会历史、文化艺术、自然环境、综合社会科学和自然科学。例如，南通博物苑、首都博物馆、南京博物院、广东省博物馆、湖南省博物馆、柳州市博物馆。

（二）历史类博物馆

历史类博物馆是以历史的观点展示藏品，常按编年次序为重要的历史事件、人物、遗址、史迹提供文献资料。例如，中国国家博物馆、上海鲁迅纪念馆、南京市博物馆、洛阳古墓博物馆、中国人民抗日战争纪念馆、卢沟桥资料陈列馆。

（三）艺术类博物馆

艺术类博物馆主要展示其藏品的艺术和美学价值。藏品可以包括绘画、雕塑、装饰艺术、工业艺术、电影、音乐，也可以包括古物、民俗和原始艺术等。例如，故宫博物院、上海博物馆、中国美术馆、广东美术馆、山东石刻艺术博物馆、南阳汉画馆、林散之艺术馆、邓散木艺术陈列馆。

（四）自然博物馆

自然博物馆主要收藏、展示自然环境、自然物质及其变化，展示人类认识、保护、改造自然的过程及前景。例如，天津自然博物馆、上海自然博物馆、吉林省自然博物馆、南京地质陈列馆、兰州地震博物馆、北京天文馆。

（五）产业博物馆

产业博物馆收藏和展示人类所创造的科学、技术和产业成果。例如，中国航空博物馆、铁道博物馆、邮电博物馆、上海航海博物馆。

（六）科技馆

科技馆是以提高公众科技文化素质为目的的，而向公众开展科普展览、科技培训等科普教育活动的宣传教育机构。例如，中国科学技术馆、上海科技馆、中国航空博物馆、香港太空馆。

三、典型案例

（一）南通博物苑

南通博物苑的诞生，为中国创造了第一座民族的、科学的、大众的博物馆，开辟了博物馆中国化的道路。南通博物苑是中国人独立创办的第一座公共博物馆，首批国家一级博物馆，国家4A级旅游景区，1988年南通博物苑被国务院公布为全国重点文物保护单位。南通海博物苑位于风光秀美的江苏省南通市濠河之滨，由中国早期现代化的先驱、晚清状元张謇于1905年创办。建苑初期，博物苑藏品分天产、历史、美术、教育四部分，主要陈列于南馆内和北馆内，而大型文物标本则展示于室外。南通博物苑先后获得“全国科普教育基地”“江苏省学校德育基地”“江苏省爱国主义教育基地”“江苏省生态文明教育基地”“江苏省科普教育示范基地”“江苏省国防教育基地”等称号。2011年荣膺“全国文明单位”荣誉称号。

南通博物苑为中国创造了第一位博物馆大师，开辟了博物馆特殊的成才之路。张謇在1904年筹建南通博物苑时，不胜感慨地说，“过去十年中国社会的变化超过以往的百年”。他多年来奔走呼号，唤醒国人抢救国家的文化遗产，他建博物苑的目的之一就在于抢救和保护文物，更可贵的是他独具慧眼地关注到流失海外的文物。南通博物苑藏品集天产、历史、美术三类于一馆，分类难度更大。他制定的分类法不仅科学有序而且留有发展余地，我们只要阅读《南通博物苑品目》就可以感知其分类方法的高超。张謇的道路就是胸怀大志、脚踏实地地做起，一点一滴地把博物苑的功能释放出来，贡献给社会。张謇的博物苑道路至今仍然是我们博物馆人求真务实的典范。

（二）中国国家博物馆

中国国家博物馆简称国博，位于北京市中心天安门广场东侧，东长安街南侧，与人民大会堂东西相对称，国家博物馆是集收藏、展览、研究、考古、公共教育、文化交流于一体的综合性博物馆。国博追求历史与艺术并重，是世界上单体建筑面积最大的博物馆，是中华文物收藏量丰富的博物馆，也是受全世界游客欢迎的博物馆。

国博成立于民国时期，于1926年正式开馆，那时的名称叫作“国立历史博物馆”。中华人民共和国成立以后，改名为国立北京历史博物馆，又在1960年更名为“中国历史博物馆”。2003年，中国历史博物馆和中国革命博物馆合并组建成为中国国家博物馆；2011年3月新馆建成开放。新馆建筑保留了原有老建筑西、北、南建筑立面，总用地面积7万平方米，建筑高度42.5米，地上5层，地下2层，展厅48个，建筑面积近20万平方米，是世界上单体建筑面积最大的博物馆。中国国家博物馆现有藏品数量140万余件，涵盖古代文物、近现代文物、图书古籍善本、艺术品等多种门类。其中，古代文物藏品81.5万件（套），近现代文物藏品34万件（套），图书古籍善本24万余件（册），共有一级文物近6000件（套）。2012年11月1日，中国国家博物馆被国家文物局评为“国家一级博物馆”；2014年6月16日，数据调查显示，全球参观人数最多的20家博物馆中，中国有四家，中国国家博物馆排名第三，拥有750万名游客，在前20名中增长最快；2020年10月30日，中国国家博物馆被文化和旅游部确定为“第六批全国古籍重点保护单位”。

（三）故宫博物院

北京故宫博物院是一座中国综合性博物馆，建立于1925年10月10日，位于北京故宫紫禁城内，收藏品包括但不限于明朝、清朝两代皇宫的收藏。北京故宫博物院是中国最大的古代文化艺术博物馆，是第一批全国爱国主义教育示范基地，世界三大宫殿之一。北京故宫是第一批全国重点文物保护单位、第一批国家5A级旅游景区、全国未成年人思想道德建设工作先进单位，1987年入选《世界遗产名录》。2018年10月，故宫博物院发布首款主题功能游戏和首张古画主题音乐专辑，拉开“智慧故宫”序幕。2019年10月，故宫博物院推出剧集《故宫如梦》，以创新形式讲述年轻工匠蒯祥参与营建紫禁城的过程。2019年10月，故宫博物院与中国中医科学院签署战略合作协议，双方将共同开展清代宫廷中医药文物的科学研究，揭示其文化内涵，挖掘其科学价值。2019年10月19日，故宫博物院的“V故宫”获VR/AR创新金奖。2020年3月24日，第十一届中国最佳文化旅游大奖榜单发布，北京故宫博物院荣获“年度最佳文化旅游大奖”。

故宫博物院早在2000年就开始进行高科技手段活化文物，为博物馆带来了全新的展示与传播形态。“数字故宫”借助交互的传播主体、多元的传播文本和精湛的传播策略展现出了超越传统博物馆文化传播的非凡魅力和感染力。政府组织、运营者与参观者共同构筑了多样化的传播主体；同时，透过“可感”“可视”“可触”的文物载体，器物文化与精神文化、故宫文化与大众文化、传统文化与现代文化、中华文化与世界文化均被呈现出来。此外，依托线上的多渠道传播平台、线下的数字化展览和文创产品的全新表达方式，满足了受众的休闲娱乐需求、知识文化诉求和互动参与追求，同时产生了塑造民众意识、凝聚社会民心以及传承文化价值观等效应。

（四）宁波天一阁博物馆

天一阁博物馆以其悠久精深的藏书文化、宛如天造的园林艺术、古朴典雅的古建风格以及便捷优越的地理位置，每年吸引着世界各地的游客前来观光休闲。藏书文化区以闻名中外的天一阁藏书楼为核心，包括东明草堂、范氏故居、尊经阁、明州碑林、千晋斋和新建的书库。陈列展览区包括秦氏支祠、芙蓉洲及新建的书画馆。园林休闲区内修建有明池、假山、长廊、碑林、百鹅亭、凝晖堂等一系列的旅游景点。博物馆内碧水叠石、修竹樟木、亭台楼阁、书香园雅相得益彰。游客来此观光休闲，于繁华现代的都市生活之外，体会读书万卷、藏身佳园的乐趣。

天一阁博物馆不仅有收藏展览文物古籍的功能，同时还引进文物展览，提供文化旅游等开放服务，开展对外文化交流等。天一阁博物馆在注重藏书文化历史价值的同时，在设计时充分考虑了人们的休闲体验需求。为了适应旅游事业的发展，近几年来，宁波市政府在天一阁附近的东园进行了改造扩建，扩为博物馆的园林休闲区，内设一系列旅游景点，与天一阁博物馆相互呼应，为人们提供了一个休闲和观赏江南园林景色的场所。

（五）京杭大运河博物馆

京杭大运河博物馆建筑风格总体定位：“传统而不复古。”建筑环运河文化广场呈扇形状矗立，造型平坡结合，立面细部上提取中国古代传统建筑符号，经提炼简化，通过独特的开放式格局，将室内外景观融为一体，将运河、桥、船、埠巧借为活的展示物。

中国大运河博物馆不是一座单纯的、普通意义上的博物馆。它一方面是一个全方位、多角度反映和展现运河自然特性、人文精华等各个方面的大型博物馆；另一方面又是运河文物、文献资料等的征集、收藏中心和运河文化的研究和展示中心，同时结合运河文化广场功能又是运河旅游的中心枢纽和游客综合服务中心，综合休闲功能十分突出，是一座具有多样功能和多种特性的综合性运河文化中心。

（六）广东虎门海战博物馆

海战博物馆位于广东省东莞市虎门海口东岸的威远炮台旧址附近，是一座专题性与遗址性相结合的博物馆。博物馆以鸦片战争古战场——全国重点文物保护单位虎门炮台旧址为依托，利用文物史料，向人们展示当年中国人民抗击英国侵略者史实。博物馆占地面积 20.4 万平方米，建筑面积约 1 万平方米，由陈列大楼、宣誓广场、观海长堤等组成纪念群体，是一座难得的专题性与遗址性相结合的博物馆。

博物馆内部为环绕结构，既美观大气，又便于人们参观。馆内《鸦片战争海战陈列》《虎门海战》半景画是该馆的基本陈列，前者形象地表现了鸦片战争时期中英军事力量的对比，及中国军队英勇抗击英国侵略者的故事；后者以写实的绘画、逼真的地面塑形，与现代声、光巧妙结合，生动地再现 1841 年虎门海战的悲壮场面。海战陈列在形式设计上注重营造海战氛围，如英军舰造型与清炮台造型对垒，其间用虎门海口的沙盘相连接，海战特色跃然凸显，具有真实强烈的感染力。馆舍面对珠江入海口，大门外是空旷的宣誓广场，几百米处便是威远古炮台群，长虹卧波的虎门大桥清晰可见，它是我国自行设计建造的大型公路悬索桥。大桥、博物馆、古炮台群交相辉映，历史、现实与未来在这里形成纵深和交接。这种景观绝无仅有，这种气魄足以震撼心灵。

（七）武汉黎黄陂路街头博物馆

黎黄陂路位于湖北省武汉市汉口，全长 604 米，东南到沿江大道，西北到中山大道，中途与洞庭街、鄱阳街、胜利街等街道相交会。街道初建于光绪二十六年（1900 年），为黄陂人所建，故名黄陂路，其前身是俄租界时的夷玛街。因两任民国大总统黎元洪是黄陂人，人称黎黄陂，此路于 1946 年改称黎黄陂路。1997 年武汉市江岸区政府将其辟作街头博物馆加以保护，供后人瞻仰。之所以称它为街头博物馆，是因为当时租界区内的许多具有历史和异国风格的建筑被当作陈列品展示于街头。如今黎黄陂路街头博物馆包括 17 处古建筑，均为哥特式和洛可可式为主要风格的欧陆建筑，并在街头与街尾都立有碑牌标示，成为历史的缩影。

1861年汉口开埠后，列强纷纷涌入。在黎黄陂路周边2.46平方公里的区域内，划分了英、法、俄、德、日五国租界，建立了12个外国领事馆、近30家外资金融机构和100多家洋行，汉口呈现了一派带有殖民色彩的畸形繁荣，成为殖民者们乐而忘返的“东方芝加哥”。而位于租界中心的黎黄陂路，则是这段历史的缩影。街道内有华俄道胜银行旧址、俄国巡捕房旧址、中华基督教信义大楼旧址、美国海军青年会旧址、裕兴洋行旧址、基督教青年会汉口会所旧址、顺丰洋行旧址、邦可花园旧址、巴公房子旧址等均属于馆藏文物，这些老建筑有着重要的历史意义，也成为汉口独特的一道风景线。漫步在黎黄陂路，可以感受到悠闲文艺的气息，一条绿荫小道，两旁种满香樟和梧桐，错落有致的异国风情建筑，一些休闲吧零星分布着，安静又闲适，让人们流连驻足。

武汉江岸区人民政府将俄租界之黎黄陂路整修后设立“街头博物馆”，其意为城市发展及人文景观乃至革命传统教育提供切实的、有深度的历史借鉴，使之发挥“存史、资治、教化”的功效。将具有特殊历史和异国风格的建筑当作陈列品展示于街头，街口赫然矗立“街头博物馆”的碑样标示。这里展示的除了鳞次栉比的建筑文物，还有这里的生活情调。短短600米的黎黄陂路上，坐落有不少具有特色的咖啡馆、酒吧、甜点屋，从外部装饰到内部装潢都用尽心思，与周边建筑的风格、年代尽可能保持一致，让人信步于此丝毫没有不和谐之感。

（八）重庆白鹤梁水下博物馆

白鹤梁题刻水下博物馆位于重庆市涪陵城北长江水下40米处，是世界唯一的水下博物馆。白鹤梁原是一块长约1600米，宽16米的天然巨型石梁，于造山运动时天然形成，形似卧伏长江的巨鳄，因自唐代至近现代在石梁上留下了历史水文记录题刻和历代名人的书法题记而被称为“保存完好的世界唯一古代水文站”“世界水文资料宝库”“水下碑林”。由于三峡工程的兴建，白鹤梁题刻要永沉江底。为了让后人能观赏这一文物，国家投资2亿元建设了白鹤梁水下博物馆，即在白鹤梁原址上修建一个保护壳体，游客可下到带参观窗的水下通道，透过玻璃舷窗欣赏白鹤梁题刻。2014年2月，白鹤梁水下博物馆正式被国家旅游局批准为国家4A级旅游景区。2015年12月，白鹤梁水下博物馆入选“长江三峡 30 个最佳旅游新景观”。

白鹤梁水下博物馆整个保护工程，由“水下博物馆”“连接交通廊道”“水中防撞墩”和“岸上陈列馆”四部分组成。水下博物馆保护体内安装各种光源，犹如一个璀璨的水晶宫。在石梁 5000 多平方米的岩面上，现存题刻 163 幅，题刻中以宋代居多，其次为元、明、清三代和近现代。其中与水文科学有关的题刻 108 幅，记录了自唐以来 1200 多年间长江中上游 72 个年份的枯水水文资料，为长江水利工程规划建设提供了可靠的历史依据，具有很高的科学价值。白鹤梁题刻是世界上已知时间最早、延续时间最长、数量最多的水文题刻。除水文记载外，历代文人墨客都喜欢在白鹤梁上题刻，300 多名文人墨客以楷、行、草、隶、篆等诸字体题记白鹤梁上，不少刻工精湛、书艺佳妙，其中更有黄庭坚、朱熹等名家手笔，具有较高书法和文学艺术价值。此外还有石鱼 14 尾，其中作水文标志者 3 尾。白鹤梁水下博物馆展厅内有一尾长 3.1 米、宽 1 米、重 3.5 吨，雕刻精细的石鱼刻于清嘉庆十八年（1813 年），是白鹤梁水下博物馆的“镇馆之宝”。

水下博物馆在水下 40 米处，环境极为特殊。要进入水下博物馆，必须要经过一个和乘飞机类似的安检程序。参观走廊上的一侧有 23 个 0.5 米大小的水下视窗，从视窗望去，石鱼、书刻等都展现在面前，最近的题刻只有 1 米远，最远的也不过 8 米。水下题刻周围安装了 6 排共 1 万多盏节能灯，可以保证游客清晰地看到题刻。在视窗之外的水中还安装了 28 个可旋转摄像机，游客通过触摸屏调节可以欣赏到题刻的细致部位，还能通过电脑数据库调阅与眼前景观相关的录像资料等。倘若参观者是潜水爱好者，还能到水中和题刻做“亲密接触”。意犹未尽的参观者还可以到岸上博物馆参观从白鹤梁转移上来的题刻。得益于水下博物馆优良的安全措施，水下博物馆参观丝毫不会受到往来船只的影响，同时自身安全也可以得到保障。

第六节　体育休闲旅游发展的模式与案例

体育旅游种类繁多，内容丰富且有特色。随着体育旅游的不断发展，人们对体育旅游的需求形式或方式方法也不尽相同，再加上体育旅游市场的快速发展，这就对体育旅游市场的细分起到了积极的促进作用，在这样的形势下，体育休闲旅游开始出现。

一、体育休闲旅游总体概况

结合国内外相关学者的观点，可以将体育休闲旅游的概念定为：以旅游资源为依托，以体育休闲为主要目的，以旅游设施为条件，以特定的体育文化景观和体育服务项目为内容，离开常居地而到异地逗留一定时期的体育游览观光、体育休闲娱乐、体育竞赛观摩和休息的活动。

随着“健康中国”战略持续推进，体育与旅游融合发展已经成为新趋势，体育旅游成为我国旅游业高质量发展新的战略支撑点。数据显示，体育旅游市场正在逐步扩大，2021 上半年“体育旅游”搜索热度较上年同期增长 115%，华南区域和华东区域体育旅游热度增长较高，分别为 36% 和 25%。在华南地区中，海南省和广东省体育消费热情较高。“新冠”疫情让人们意识到了健康的宝贵，让更多的国人愿意迈出家门参与体育锻炼，体育旅游消费得到了推动[①]。

休闲体育在体育产业中具有十分重要的地位，根据发达国家的数据和经验，休闲体育服务业的产值占体育产业总规模的 60%~70%。从我国 2018 年的数据看，我国居民人均健身休闲消费支出增长率异军突起，为我国体育产业规模的发展起到十分重要的作用。我国休闲体育发展迅猛，呈现出以下特点。第一，体育休闲旅游的主要内容是休闲体育，旅游者从事休闲体育活动的主要动机是参与和观赏。第二，体育休闲旅游能够使旅游者身心愉悦，使其身体与精神的需求得到满足，这主要是因为旅游者在旅游过程中对异地的旅游资源及文化资源等会产生深刻的感受与体验。第三，体育休闲旅游是休闲旅游和体育旅游的重要组成部分，这一旅游形式在调节身心、娱悦身心、满足身心需求等方面发挥着重要的作用，旅游者在旅游过程中的身心活动基本都是积极的。

二、体育休闲旅游模式特征

体育休闲旅游有不同的类型，不同类型的体育休闲旅游的旅游内容与资源是不同的，依据旅游资源和内容的特征，可以将其划分为以下两种类型：第一

① 中国旅游研究院和马蜂窝旅游联合发布《中国体育旅游消费大数据报告（2021）》[EB/OL]. http://www.ctaweb.org.cn/cta/ztyj/202107/648dc09d1ff84677b31902eecca72f76.shtml [2021-07-16].

种是以与自然资源结合的户外身体活动为内容的体育休闲旅游；第二种是以室内身体活动为内容的体育休闲旅游。第三种是运动休闲小镇。运动休闲小镇是以运动和旅游休闲为特点建设的，具有体育内核的全民健身平台，也是集体育赛事、休闲娱乐、陶冶文化、旅游观光、教育培训等功能于一体的体育产业基地。在国家发展和改革委员会、住房和城乡建设部、体育总局多重政策背景的推动和扶持之下，运动休闲特色小镇异军突起，已然成为体育学术界关注的热点话题。一个运动休闲小镇的建设需要优越的自然条件和良好的文化环境，还需要现代化的硬件设施和政策支持，从而能够集聚资金、人才和技术，形成产业链条和可持续发展的动力。可以说，休闲小镇的发展是城市化的产物。

三、典型案例

（一）德清莫干山“裸心”体育小镇

目前德清本地有体育产业企业 70 多家，均以体育健身休闲、场馆服务及体育用品的销售和制造为主，实现体育产业销售收入过百亿元，体育产业集群效应明显。

小镇以打造“裸心体育”为主题，规划“一心一带两翼多区”，全力打造体育特色小镇。将体育、健康、文化、旅游等有机结合，以探索运动、户外休闲、骑行文化等为特色，带动生产、生活、生态融合发展。建设部分重点项目：Discovery 探索极限基地、久祺国际骑行营、莫干山山地车速降赛道、“象月湖”户外休闲体验基地。

依靠体育产业传统优势，活化“体育 + 旅游”产品。体育小镇长期将打造辐射长三角地区的户外休闲运动品牌，将体育产业、文化、旅游三元素有机结合，打造成为具有山水特色的户外运动赛事集散地、山地训练理想地、体育文化展示地、体育用品研发地、旅游休闲必经地和富裕民众宜居地[①]。

（二）绍兴柯桥酷玩小镇

酷玩小镇坐落在绍兴市柯桥区柯岩街道，小镇建设面积 3.7 平方千米，总

① 体育休闲特色小镇经典案例分析［EB/OL］. https://www.sohu.com/a/367613827_505583［2020-01-18］.

投资110亿元，核心项目东方山水乐园投资80亿元，计划打造旅游小镇、运动小镇、产业小镇。小镇区域内有国家4A级旅游景区柯岩—鉴湖—鲁镇景区、乔波滑雪馆、鉴湖高尔夫球场等旅游休闲资源，还有在建和在规划中的天马赛车场、若航直升机场、毅腾足球训练基地、酷玩城市体育综合体、鉴湖水上运动基地等项目。

小镇聚焦在体育设施方面，柯岩“酷玩小镇”包括八大体育休闲类项目，乔波滑雪馆、若航直升机场、天马赛车场，另外还将新建环鉴湖慢行道、鉴湖码头、酷玩乐园、综合体育场等，可满足大众康体休闲和专业高端运动的需要。

（三）北京丰台足球小镇

足球小镇占地147万平方米，建设50片5人制足球场、10片7人制足球场和5片11人制足球场，足球小镇将囊括足球大厦、足球会议中心、足球风情街、足球博物馆、足球嘉年华、足球狂欢广场、足球奥特莱斯、北京第一座专业足球场等设施。

小镇将着重发展足球产业，在建设中引入竞技体育和群众体育高度结合的智能场地技术，引入同步数据分析系统，开发专门的App，实现在线预订场地、约赛，打造京城最大的足球社区，最终建成融合足球竞技、足球文化、足球科技等概念和要素、城市发展和足球发展对接的创新发展平台，形成足球产业集群和足球产业链，打造中国第一个将城市发展和足球发展对接的创新发展平台。突出优势体育赛事，形成足球产业聚群和产业生态链。

（四）嵩皇体育小镇

嵩皇体育小镇位于河南登封，坐落于风景秀美的嵩山三皇寨风景区，由河南嵩皇体育产业有限公司和河南省锦绣智达置业有限公司联手打造，规划占地31平方千米，小镇距离登封各景点都不远。

小镇联合体育、航空、户外、旅游的企业共同打造大众化、多元化、体验式的体育旅游小镇。聚焦赛车、航空体育运动、登山、乒乓球、拓展等多种运动训练项目为一体，是融合观光、餐饮、住宿、会务、婚礼、养生等多种元素的户外体育运动主题公园。

借助著名风景区，探索体育项目集聚。河南登封被誉为“功夫之都”“武术之乡”，体育小镇借助于少林寺的影响力和武术产业基地，兴起马拉松、汽车拉力赛、登山等其他运动项目，逐渐向多元化旅游产业方向发展。

第七节　乡村休闲旅游发展的模式与案例

中国是农耕文明悠久的农业大国，拥有世界上最多的农村人口、最丰富的乡土资源、最悠久的农耕文明，形成世界规模最大、业态类型最丰富、发展速度最快、创新最活跃的乡村旅游与休闲农业体系，走出了一条具有中国特色的乡村休闲旅游发展模式。

一、乡村休闲旅游总体概况

乡村是中国人的精神家园，陶渊明写下的“采菊东篱下，悠然见南山”便是中国人理想的乡村休闲生活，休闲型乡村的美源于乡村的居民、生态环境与文化资源。

首先，实现休闲乡村发展首先要保障当地人的日常需求，并给予他们享受休闲生活的机会。习近平总书记于 2017 年 10 月 18 日在党的十九大报告中提出乡村振兴战略，指出农业农村农民问题是关系国计民生的根本性问题，必须始终把解决好“三农”问题作为全党工作的重中之重，实施乡村振兴战略。因此，保障乡村居民的基本生活与休闲需求的满足，是实现休闲乡村发展的前提。

其次，休闲乡村的美源于当地的生态环境。休闲乡村的美不同于城市，有着稻田、花海、溪流、牛羊，且各地各有特色，如婺源的油菜花、成都的花海、内蒙古的草原等。实现休闲乡村模式，则是要在对当地生态环境进行充分保护的同时，对当地最具特色的自然景观给予保护和延续，为当地人创造收入的同时，为游客提供优美的自然景观。实现生态型休闲乡村模式，需要因地制宜，在保护环境的基础上优化环境，建设美丽田园，提供更加高质量的乡村休闲生活。

最后，休闲乡村的美源于当地文化。具备建设文化型休闲乡村的地点往往具有千百年的文化传承，或是具有在新时代形成的新文化，或是实现了传统文化与现代文化的结合，从而形成休闲型乡村。文化型休闲乡村模式的打造既是为了传承和发展民族民俗文化，也是帮助当地文化在新时代获得新的生命力，更是对新时代新文化进行传播，实现多种文化的交融与发展。

传承农耕文明、展示民俗文化、保护传统民居、建设美丽田园是发展休闲农业的着力点和落脚点。通过创意、创新、创造让人们品味农业情调、享受田园生活、体验农耕文化。休闲农业、乡村旅游是当今旅游发展的方向之一，其是带动农村一二三产业联动发展的新型农业产业形态和新型消费业态，具有强大的生机和广阔的前景。

二、乡村休闲旅游模式特征

国民旅游乡村模式可分为文化体验型乡村模式和生态休闲型乡村模式。文化体验型休闲乡村模式主要突出乡村的文化体验功能，以各具特色的乡村文化，举办独特主题活动。生态休闲型乡村模式突出乡村的生态休闲功能，以优美的自然环境营造生活化的乡村休闲氛围。

三、典型案例

（一）北京市延庆区井庄镇柳沟村

从单一的乡村观光园、采摘园，到注重挖掘本地民俗及餐饮特色资源，开发“火盆锅·豆腐宴”特色餐饮，柳沟村在京郊树立了自己独特的品牌形象，走出了一条乡村休闲旅游发展的新路子。

作为延庆区火盆锅的发祥地，柳沟村结合古城资源与特色餐饮资源，开发推出豆腐宴，并在此基础上推陈出新，不断改进丰富，创出“凤凰城—火盆锅—农家三色豆腐宴”特色品牌。

柳沟村通过发展乡村旅游发展成为市民及周边人们理想的京郊休闲目的地。其发展得益于全村发展旅游的思路一致、目标一致。特色突出是基础，保证了火盆锅·豆腐宴和历史文化景观的唯一性。同时注重环境建设，加强村庄基础设施和生态环境建设。培养农民集体意识，规范产业整体发展。不断宣传推广，充分利用媒体传播效应，提升知名度和美誉度。保护和传承传统文化，构建村域文化体系，利用当地特色，打造知名休闲品牌。

（二）陕西省咸阳市礼泉县袁家村

袁家村位于陕西关中平原腹地，以呈现特色鲜明的文化主题——“活着的关中民俗文化”为切入点，开创了乡村都市同步体验袁家村风情、乡村旅游产业链相互延伸的全新发展模式。

袁家村集中展示关中生活文化，营造关中风情的“体验”氛围，清幽的环境、淳朴的民风、厚重的文化资源、丰富的民间原生态文化，都让袁家村从众多乡村旅游发展中脱颖而出。

20 世纪 70 年代以前的袁家村，是当地出了名的贫困村。在改革开放初期，由郭裕禄带领全村村民，大力发展集体经济和村办工业，当时在全国很出名。借着旅游发展的大好时机，袁家村着力发展乡村旅游，推动特色创新，“乡村旅游 + 原住民 + 新住民”，咸阳的乡村旅游在全国都很有典型性。从关中民俗旅游，到发展乡村度假游，再到现在发展农副产品产业链，袁家村不只关中民宿和美食荟萃，而着手于开发更多的文创 IP，吸引了很多有创意的文艺青年和人士来建设各种有特色的客栈。如今袁家村朝着环保、生态、绿色的发展观念转变，带领全体村民大力发展旅游业，创建民俗、民风体验一条街，集中展示关中农村自明清以来农村生活的演变。

（三）安徽西递、宏村

西递、宏村位于安徽省黄山市黟县，始建于宋朝年间，是安徽南部民居中最具代表性的两座古村落，以世外桃源般的田园风光、保存完好的村落形态、工艺精湛的徽派民居和丰富多彩的历史文化内涵而闻名天下，被誉为“画中的村庄”，被列入《世界遗产名录》。

西递、宏村这两个传统的古村落在很大程度上仍然保持着在 20 世纪已经消失或改变了的乡村的面貌，在世界文化遗产的保护方面进行了积极探索。当地以立法促保护，提高全民保护文化遗产意识。黟县及时成立了世界文化遗产保护管理领导组，综合协调、指导世界文化遗产的保护管理工作，其街道的风格、古建筑和装饰物，以及供水系统完备的民居都是非常独特的文化遗存。通过积极争取国家、省政府专项保护资金，县政府每年从旅游门票收入中征收

20%的文物保护资金。为全面推进古村落整体保护，自2001年以来，西递、宏村共整治改造建筑152处，拆除无法改造的新建筑12处，并按照“修旧如旧”的原则，修缮了古建筑83幢。在这样独特的传统乡村中，可以体会到文化与休闲的双重魅力。

（四）广西恭城瑶族自治县莲花镇竹山村

竹山村位于广西桂林恭城瑶族自治县莲花镇南面，先后荣获了“全国农业旅游示范点”“全国十大魅力乡村”“广西生态旅游村”等多个荣誉称号，成为桂北大地的一颗璀璨夺目的生态休闲旅游明珠。

竹山村风景如诗如画，环境自然和谐，民族风情引人入胜。过去，竹山村是一个典型的“吃粮靠返销、花钱靠贷款、生产靠救济”的贫困村，20世纪90年代以来，在县委、县政府的正确指导下，竹山村坚定不移地发展“三位一体”的生态农业，如今以红岩新村为代表的竹山村休闲乡村特色旅游红红火火，无论是经济效益还是社会效益，都有明显提高，成为开展乡村旅游致富的典范。立足村情，做活休闲农业与乡村旅游特色文章。竹山村根据实际，重点突出“柿”“瑶”特色，形成了别具一格的休闲旅游氛围。全村依照统一规划，对全村旅游开发及管理的总体布局、项目策划、旅游资源开发与自然生态环境保护进行了合理规划，规范发展休闲农业与乡村旅游。竹山村不盲目发展，而是根据市场的趋势和需求，设计和打造高起点、高水准、高品位的旅游产品，注意开发与旅游相关的农业产品，月柿系列加工产品、恭城油茶远近闻名。同时，坚持回归自然的乡村休闲观光旅游定位，加强基础设施建设和村庄治理，不断完善生态农业观光的旅游功能。利用自然资源，举办农业旅游节庆活动，以节为媒，树立品牌，强化宣传，提高知名度，树立生态农业旅游的品牌。

（五）浙江嵊泗县五龙乡田岙村

田岙村位于浙江省舟山市六横岛东南部，吸引游客前来体验渔家的农村休闲生活。

田岙休闲渔家乐，是中国国内渔家乐特色旅游项目的较早兴起地之一，也是县内唯一的省级休闲渔业示范基地。

田岙村渔业生产历史较长。近年来，按照上级党委政府的部署和要求，村党支部和村委会因地制宜、合理规划、科学整治，充分利用当地资源，大力发展旅游经济，积极引导群众发展“渔家乐”相配套的产业，走强村富民之路；通过对建筑外立面进行具有海岛特色的渔民绘画和平改坡等工程，对全村进行整体设计和改造，注重规划先行，逐步建成人与自然和谐统一的民居群落。

（六）天津市蓟州区毛家峪

毛家峪通过大力发展山区原生态乡村旅游，经营农家乐旅游，一跃而成为有名的旅游特色村，成为华北地区目前唯一的以“长寿”为主题的旅游休闲度假村。毛家峪村拥有以森林生态为基础、自然资源和人文景点相结合的旅游风景线，成为城市居民休闲度假的好去处。

毛家峪实行“公司＋农户”的管理模式，村民与企业合资成立了毛家峪旅游发展有限公司，全村各户都是公司股东，参与公司经营管理，利润共享、风险共担，极大地提高了群众参与旅游发展、参与旅游管理的热情和积极性。在乡村旅游接待体系方面，推进客源统一治理、统一管理调配，设立毛家峪长寿村旅游服务中心，变家庭自主揽客为景区治理中心集中登记，对农家院实行统一管理，统一制定服务质量标准，统一分配客源，既避免因争客产生纠纷，又大大提高了入住率。毛家峪组建专职保洁队、保安队，负责全村的卫生清扫和保卫工作，构建了良好的乡村休闲旅游环境。

（七）江西婺源

婺源位于江西东北部，历史悠久，素有“书乡”“茶乡”之称。婺源自古文人辈出，历代文人留下的3100多部著作中，有172部被选入《四库全书》。婺源民间文化丰富，“京剧之祖”徽剧、“舞蹈活化石”傩舞、抬阁、茶道、板龙灯、灯彩、地戏等传统文化传承至今。婺源物产丰富，绿色婺绿茶、红色荷包红鲤鱼、黑色龙尾砚、黄色油菜花和白色江湾雪梨被称为“婺源五绝”。

婺源江湾，既是一座千年古镇，又是一个活着的民俗博物馆。博物馆是典藏和陈列文化遗产实物的场所，古镇则是有着悠久历史并供人们集中居住的建筑群。江湾古镇至今保存了丰富的古建筑，祠堂、牌坊、古戏台、古民居、水口、园林等静态载体，构成了一个徽派建筑的大观园，它们记载了一个家族近千年的繁衍史；古镇的民风民俗和历史传承是徽文化的一个典型缩影，是徽文化的集中大展览。民俗是生活文化，来自民间，传承于民间，又深藏于群众生活的行为和语言中，豆腐架、抬阁、板龙灯、茶艺、农耕等婺源“民俗魂”在江湾被陈列、被平常的生活传承。

（八）河南栾川县

栾川县凭借发展全域旅游、无景点度假，打造“全景栾川、美丽乡村”，被世界旅游组织、亚太旅游协会评选为“世界十大乡村度假胜地”，栾川县的国际特色被定位为“乡村休闲”，成为我国中部地区唯一获此殊荣的地方。

充分利用生态资源，以旅游带动经济的思路，栾川依托核心景区，乡村旅游迅速崛起，逐渐形成“一区带一村、一区带一沟”的乡村旅游格局，由一个名不见经传的山区小县迅速走向全国，致力打造有国际影响力的“中国国际乡村休闲旅游目的地”。

“栾川模式”是一条贫困山区县依靠旅游发展带动农村脱贫致富和县域经济可持续发展的成功之路。2000 年，栾川定下充分利用生态资源，以旅游带动经济的思路，由政府主导对国有林场进行产权改革，先后培育出 14 个核心景区。然后依托核心景区，乡村旅游迅速崛起，逐渐形成“一区带一村、一区带一沟”的乡村旅游格局，许多村庄迅速脱贫。在 2015 年举办的全国乡村旅游提升与旅游扶贫推进会议上，国家旅游局和国务院扶贫办重磅推出中国乡村旅游“千千万万”品牌，即“1000 个中国乡村旅游模范村”“1000 家中国乡村旅游模范户”“10000 家金牌农家乐”和“10000 名乡村旅游致富带头人”，这四项荣誉栾川县均有斩获。得益于发展旅游，栾川成为全省第一个全国卫生县城，全省第一个全国文明县城和全省唯一的中国旅游强县，栾川由一个名不见经传的山区小县迅速走向全国，知名度不断提升，大步走向国际舞台。

（九）四川成都锦江区“五朵金花”

度假地以“花”为媒介吸引游客，以“花”为主题拓展市场，三圣乡创新思维，充分利用地缘优势，因地制宜，创造性地打造了城郊特色休闲乡村。

成都“五朵金花”乡村休闲旅游地突出不同的鲜花主题，大力发展花卉文化休闲产业。

三圣乡“五朵金花”是全国首批农业生态示范旅游区、国家4A级旅游景区，开创了以花卉业和新型农业休闲度假业为特色的新农村建设模式，成功探索出了一条农民就地市民化、城乡发展一体化的新途径。在注重景观打造的同时，“五朵金花”注重突出蜀文化民居风格，将文化品位融入发展观光休闲农业之中，诸如“花香农居”的休闲餐饮文化，“幸福梅林”的传统花卉文化，“荷塘月色”的音乐、绘画艺术文化，“江家菜地”的农耕文化，“东篱菊园”的环境人文文化，无一不是锦江人精心挖掘打造的符合当地民俗风情的杰作珍品。“五朵金花”成为成都城乡一体化进程中绽放的一朵奇葩，更是全国新农村建设的典范。

（十）山东沂南竹泉村

竹泉村位于山东省临沂市沂南县北部，旧村改造工程获评“中国人居环境范例奖”，为逍遥游示范点、自驾游示范点、国家4A级旅游景区。

竹泉村是一处以生态观光、休闲度假、商务会议为核心，集观光、休闲、住宿、餐饮、会议、度假、娱乐、拓展于一体的综合性旅游度假区。

竹泉村在旅游扶贫开发过程中探索出一系“政府引导、市场运作、整体搬迁、多方受益”的新路子，成为山东省第一个逍遥游示范点、第一个系统开发的古村落、搬迁安置速度最快的景区，被山东省旅游局誉为“竹泉开发模式”。开发中主要是在规划、资本投入、村庄建设上实现了大的突破，打造构架了一处古村落生态观光、休闲度假、康体养生、民俗体验等各种相关产品的互联体系，将竹泉景观、沂蒙民俗与自然生态有机融合起来，开创了旅游休闲的一种全新模式。

第八节　休闲节庆活动发展的模式与案例

我国城市节事活动的形成和发展，与各个城市的自然资源历史文化、经济水平有着密切的关系。因此我国城市的节事活动旅游模式发展至今已形成类型多样、形式丰富的格局。

一、休闲节庆活动总体概况

休闲节庆活动是在不同民族、不同区域的长期生产活动实践中产生的一种特定的社会现象，是在特定时期举办的、具有鲜明地方特色和群众基础的大型文化活动，有着丰富的历史、经济和文化内涵。

休闲节庆活动中往往包含了丰富的文化内涵，民族性和宗教性。休闲节庆活动体现了不同民族的文化，比如傣族的泼水节，维吾尔族和回族的古尔邦节、蒙古族的那达慕大会以及龙舟节、各种庙会和其他祭祀活动等。民俗性的节庆活动传承了中华民族和当地的特色文化，依附于当地文化传统而存在，比如歌会、灯会、锣鼓节、唢呐节、年画节、杂技节、武术节、书法节、电影节、戏剧节、木偶节等。不管是传统休闲节庆活动还是现代休闲节庆活动，其中都包含着文化内涵，举办节庆活动的过程，既为当地人提供了文化展示、延续和传承的机会，也为游客提供了了解、学习、传播节庆活动的机会，实现了文化交流。

二、休闲节庆活动模式特征

我国休闲节庆种类很多，包括各类民俗节庆、民族节庆、特色主题节庆、纪念性节庆、时尚节庆等，可将节庆活动分为传统节庆和现代节庆。

传统休闲节庆模式。节日文化通常是一个民族的生活文化精粹的集中展示，民族传统节日是中国极其多样的习俗的代表，凝聚着中华文明的思想精华。传统节庆设置所依据的是中国文化特色的阴阳合历，体现了对太阳与月亮、人类与自然关系的尊重，表达了阴阳平衡、天人合一、顺应自然的哲学思想，具有很高的美学和科学价值，承载着中华民族在长期历史中的凝聚力和自信心。目前，我国传统休闲节庆模式主要为传统民族、民俗节庆活动，如国际龙舟节、那达慕大会、傣族泼水节等。

现代休闲节庆模式。现代休闲节庆模式主要为当今经常举办的休闲节庆活动，如哈尔滨国际冰雪节、青岛国际啤酒节、北京国际电影节、大连国际服装节、泰山国际登山节等。举办现代节庆活动的目的不仅在于吸引参与者，而且在于节庆活动的多种拉动效应。表现为现代休闲节庆活动的举办能给地方带来巨大的投资效益和商业消费，并为节庆活动举办地提供了潜在的经济发展机遇。总之，节庆活动不仅具有轰动的即时效应，而且带来了持久的经济效益，从而达到投资与消费的双赢目的。

三、典型案例

（一）民俗节庆——国际龙舟节

每年农历五月初五，岳阳以龙舟竞渡纪念屈原，赛龙舟的习俗一直延续至今，现已先后成功举办了十几届国际龙舟节（赛）活动，被旅游主管部门确定为中国面向境外市场的重要节庆活动之一。龙舟节表达对屈原的怀念，极具观赏性，成为一项世界性的文化旅游活动和现代体育活动。

龙舟节是汨罗的金牌文化资源，成为展示汨罗形象、提升知名度的最大窗口和最具潜力的品牌。这是一项国际赛事活动，也是极具中国传统文化特色的节庆活动，依托龙舟节更多展示了汨罗的文化底蕴，让世界各地更多地认识汨罗，整合资源助推汨罗发展。国际龙舟节在赛事、接待、程序设计等一系列因素方面都注重规范，符合国际标准，让国际友人感到这是世界上最值得称颂的国际龙舟节。龙舟节的逐年举办，一年比一年更热闹、更严谨、更新颖、更圆满，承办水平不断提高。在整个节会中，将汨罗特色、汨罗文化，以及汨罗元素，汨罗的历史、风土、人情展示得淋漓尽致，更突出展现了汨罗的接待水平、安保水平、城市管理水平，真正展现汨罗作为“端午源头、龙舟故里”的独特地位。

（二）民族节庆——傣族泼水节

傣族泼水节又名“浴佛节”，是傣族最隆重的传统节日，被列入《第一批国家级非物质文化遗产名录》。

泼水节是全面展现傣族水文化、音乐舞蹈文化、饮食文化、服饰文化和民间崇尚等传统文化的综合舞台，给当地少数民族、当地居民和外地游客带来了毕生难忘的节庆体验。

泼水节是研究傣族历史的重要窗口，代表着傣族人民的民族性、文化性、宗教性，展示着民族特色语言文化和传统的体育活动。每年到泼水节，当地政府一般以政府名义进行召集和对外宣传，在泼水节期间一般放假 2 天，充分调动社会各方面广泛参与。泼水节是全州各族人民大团结的重要纽带，对加强与东南亚各国友好合作交流、促进全世界社会经济文化的发展起到了积极作用。

（三）体育节庆——那达慕大会

“那达慕”是蒙语的译音，意为“娱乐、游戏”，是蒙古族人民在长期的游牧生活中，创造和流传下来的具有独特民族色彩的游艺、体育竞技项目，被列入《第一批国家级非物质文化遗产名录》。

“那达慕”与内蒙古优质的草原资源、冰雪资源、蒙古族民族风情相结合，打造出了独特魅力的旅游吸引力。

内蒙古那达慕大会是中国草原旅游差异化探索和开发的典范。这一民族习俗节庆已成为内蒙古吸引游客前来的民众性重大节庆活动。那达慕大会是内蒙古草原旅游极具特色的创新，是蒙古族的思想、习俗和文化的重要载体，有着独特的文化内涵，是重要的国家非物质文化遗产。那达慕大会内容丰富，异常精彩，可欣赏、体验的活动项目众多，每个游客都可以参与其中，感受节庆魅力。如今更具人气的“冰雪那达慕”主要由一系列节庆活动组成，包括那达慕开幕式、中国冷极节、草原祭火文化节、中俄蒙冰雪节、国际滑雪赛、国际选美大赛、国际画展、国际摄影节等。那达慕大会将内蒙古优质的草原资源与蒙古族民族风情相结合，打造出了独特魅力的旅游吸引力。

（四）特色节庆——洛阳牡丹文化节

洛阳牡丹节以牡丹文化为基调主题，成为一个融赏花观灯、旅游观光、经贸合作与交流为一体的大型综合性经济文化活动，并入选《国家非物质文化遗产名录》。

洛阳牡丹文化节是展示当代中国人精神风貌的平台、中国与世界进行文化交流的平台，成为国内最具持续影响力的文化品牌，也是具有国际影响力的盛大文化节庆活动。

洛阳依托本身的优势，整合本市的资源，将牡丹文化节发展成一个综合性的节庆活动。30 多年来，洛阳市委、市政府坚持贯彻“以花为媒，广交朋友，宣传洛阳，扩大开放”的指导思想，遵循“洛阳搭台，全省唱戏”的大局原则，将这一大型综合性经济文化活动办出了国际声誉和国际影响，更是成为国内游客和本地居民体会牡丹文化、洛阳文化、中原文化的重要休闲文化活动。其已成为洛阳人民不可或缺的盛大节日，既是展示洛阳城市形象的窗口，走向世界的桥梁和名片，同时也是企业展示实力、自我营销的舞台，并成为推动发展洛阳经济的极佳平台。

（五）特色节庆——潍坊风筝节

潍坊风筝节（会）是我国最早冠以“国际”之名并被国际社会承认的大型地方节会。潍坊成为世界风筝文化交流的中心，被世界各国人民称为“风筝的故乡”。

潍坊风筝节创立的“风筝牵线、文体搭台、经贸唱戏”的模式，被全国各地广为借鉴。

潍坊风筝节以其独特的风筝制作工艺技术闻名，并且积极和国际合作，成为国际知名的风筝制作地。然而潍坊并没有止步于风筝工艺品的制作，还积极地组织经贸活动，成功地进行了市场化运作的尝试，所谓市场化运作，就是在政府主导下，大胆引入市场手段，充分运用价值规律，把节会作为一种品牌来经营，既解决了办会资金，又推介企业，并培植新的经济增长点，同时使更多人参与和风筝相关的休闲活动，并赋予其独特的文化内涵，让大众在参与的同时感受到潍坊独特的风筝文化并更加积极参与文化休闲活动。

（六）主题节庆——青岛国际啤酒节

青岛啤酒节是国内规模最大的酒类狂欢活动，在国内外具有较广泛的知名度和影响力，被誉为亚洲最大的啤酒盛会。

青岛啤酒节以鲜明的主题诉求、浓郁的国际色彩和特有的狂欢气质，成为国内现代节庆活动的典范。

青岛国际啤酒节的成功首先要归功于青岛市政府多年来坚持不懈的精心培育和努力经营。青岛市、崂山区两级政府对每届啤酒节都高度重视，从组织领导体系上保证了啤酒节的成功。在节庆活动过程中，全市号召全体工作人员及全体市民全员树立“形象意识”，城市居民既是节庆活动的支撑者，也是活动的参与者，从我做起，从细微处做起，让城市精神处处得到体现。节庆期间各界嘉宾、游客和本市市民热情参与，渲染了节庆气氛，建立了友好广泛的联系，同时借此宣传推介之机以及国内外众多媒体对节庆活动的全方位报道，极大地提高了青岛的知名度，提升了城市形象，向世人展示了青岛城市的独特魅力。

（七）电影节庆——北京国际电影节

北京国际电影节已成为亚洲最大的国际电影交易市场，超过了亚洲仅有的三个国际A类电影节——东京国际电影节、印度国际电影节和上海国际电影节，交易额紧追欧洲最大的戛纳电影节电影交易市场。

北京国际电影节着眼于国际一流电影节定位，拥有创新的内容与形式，成为一种新的休闲节庆活动，有利于将北京国际电影节打造成具有“国际水平、中国特色、北京风格”的著名文化休闲品牌。

北京国际电影节把中央和北京市的电影优势资源进行了深度整合，是北京乃至中国电影产业走向世界和与国际合作交流交易的重要平台，对推动北京休闲文化创意产业发展有着重要作用。北京国际电影节由于邀请了众多知名导演、演员，吸引了大众来参与这种休闲节庆活动，北京国际电影节不仅是众多明星和导演等娱乐圈的活动，它同时致力于将大众融入电影休闲活动中，积极参与投票和加油助威，为大众的休闲生活增添了一份别样的体验。

（八）特色节庆——哈尔滨国际冰雪节

哈尔滨国际冰雪节是我国历史上第一个以冰雪活动为内容的国际性节日，与日本札幌雪节、加拿大魁北克冬季狂欢节和挪威奥斯陆滑雪节并称“世界四大冰雪节”。

哈尔滨国际冰雪节包括在松花江上修建的冰雪迪士尼乐园——哈尔滨冰雪大世界，街道广场张灯结彩，冰雪艺术、冰雪体育、冰雪饮食、冰雪经贸、冰雪旅游、冰雪会展等各项活动异彩纷呈。

哈尔滨是中国发展冰雪旅游的成功典范。20世纪初，哈尔滨市还是松花江畔的一个小渔村，1985年借助以冰雪艺术、冰雪体育、冰雪娱乐、冰雪旅游、冰雪文艺等内容为主的第一届冰雪节举办为发展契机，依托特色资源，借助节庆平台，大力发展冰雪特色旅游。目前，哈尔滨已发展成为国际化冰雪文化名城，哈尔滨国际冰雪节被评为世界四大冰雪节之一，成为这个城市传达文化和城市特色的重要表现形式。哈尔滨通过中俄旅游区建设，扩大与俄罗斯的旅游合作范围，针对俄罗斯客源市场的特点，对旅游产品进行重点布局和策划，形成“温泉+疗养+主题乐园+购物”的发展格局，成功打造对俄旅游品牌。2016年，国务院批准同意设立哈尔滨新区，规划面积493平方千米，这是中国唯一以对俄合作为主题的国家级新区，这一新区未来也会成为特色国际文化旅游聚集区，哈尔滨正向打造东北亚旅游集散地迈进。

（九）时尚节庆——大连国际服装节

大连国际服装节是集经贸、文化、旅游活动为一体的颇具规模的盛大节日。

大连国际服装节体现了大连服装文化的开放性、开拓性、兼容性及个性化、时尚化等特征，现已成为中外贸易联系的一条重要纽带，致力于成为国外服装纺织品及相关时尚品牌进入中国的主要平台。

大连服装节（中国大连国际服装纺织品博览会）融会贯通，将中西的服装文化紧密结合，不仅融入了欧美的风格，而且把中国的古风和日本的做工结合起来，展现了大连服装节的国际性和潮流，同时也使现代都市人的休闲生活更加丰富多彩，而且服装和大众的日常生活息息相关，大众的参与积极性很高，对于休闲的体验也更深刻。

（十）运动节庆——泰山国际登山节

泰山国际登山节除每年评选出“登山状元”外，还大力组织经贸交易活动，每年吸引成千上万名海内外游客来此参观。

泰山国际登山节整合各类资源，充分利用泰山优势，弘扬登山节精神，以登山运动为核心展开各项运动，吸引了大量游客前来登泰山—— 一览众山小。

经过30年的发展，登山节逐步从最初的节庆期间突出体育经贸活动发展为突出发展旅游主题，强调发挥登山节的载体作用，扩大开放和招商引资。泰山登山节不仅鼓励大众走出日常生活参与运动休闲活动，而且积极举办其他经贸、体育、文化活动，将整个登山节打造成一个盛大的休闲节庆活动，为大众的休闲活动提供了一个大的平台，将休闲活动的精神赋予登山节，成为一大盛事。

第九节　国民旅游休闲小镇发展的模式与案例

在新型城镇化建设进程中，休闲小镇是一种非常有效的实践模式。我国已经形成休闲古镇、旅游小镇、温泉小镇、艺术小镇、时尚小镇等多种形式的休闲小镇体系。

一、国民旅游休闲小镇总体概况

休闲特色小镇是依托某类具有开发价值的自然景观或人文景观，以旅游服务和休闲产业为主的小城镇，也是一种以商业街区为主要形态，休闲聚集与居住聚集混合的小镇旅游策划综合项目。特色小镇可分为资源导向型特色小镇、行业导向型特色小镇以及休闲集聚型特色小镇。无论哪一类休闲小镇，其都在新型城镇化建设进程中成为一种非常有效的实践模式。

休闲小镇的建设得到了各界的广泛关注。在资本积累上，跨界企业是小镇重要的投资方，目前，跨界企业主导和参与的休闲小镇项目占比达 61.73%；此外，在旅游特色小镇建设中，民营资本成为重要投资力量。休闲小镇的建设受到了旅游企业、地产企业、影视企业等多方面企业的支持，并受到头部企业的关注，比如，中青旅旗下的古北水镇、乌镇；华侨城旗下的安仁古镇、甘坑小镇；华谊兄弟旗下的华谊兄弟电影小镇等。

二、国民旅游休闲小镇模式特征

根据旅游休闲小镇的资源类型，可以分为集聚型休闲小镇、自然资源型休闲小镇和历史文化型休闲小镇。

（一）集聚型休闲小镇

集聚型休闲小镇主要依托著名旅游风景区或旅游区，在旅游集散和服务需要的催生下，在风景区重要门户和游客主通道上，形成的以旅游服务为核心功能的小城镇。例如，中西融合的莫干山裸心度假小镇、颇具北方风情的古北水镇、充满禅意的灵山小镇·拈花湾、慢生活的二道白河小镇、山地度假的崇礼太舞滑雪小镇等①。

（二）自然资源型休闲小镇

自然资源型休闲小镇主要依托特色优势资源对古城古镇进行开发建设，如周庄的江南水乡资源、镇远古镇的山水资源、平遥古城的晋商资源、赤坎古镇的侨乡资源、凤凰古城的湘西民俗风情、束河古镇的纳西风情、白狼镇的冰雪林俗、阆中古城的文化资源等。

（三）历史文化型休闲小镇

历史文化型休闲小镇，依托民俗文化、民族文化、历史遗产等类型资源，挖掘文化内涵，融入新型文化旅游业态，打造旅游目的地。文化是保持历史文化型特色小镇可持续建设发展的重要核心，从深度和广度上发掘本地的特色文化和历史传统，优化资源组合，通过文化支撑实现特色小镇的传统社会与现代社会的和谐发展，丰富内涵，强化文化符号。

三、典型案例

（一）古北水镇

古北水镇位于北京市密云区古北口镇，集观光游览、休闲度假、商务会展、创意文化等旅游业态为一体，服务与设施一流，成为参与性和体验性极高的综合性特色休闲国际旅游度假目的地。

古北水镇是长城脚下独具北方风情的度假式小镇，基于北方水文化建造而成的小镇，正在成为北京时尚新地标，吸引越来越多的年轻人及国际友人前来度假休闲。

古北水镇以其古式的建筑、典雅的环境、独特的历史文化、厚重的人文内涵以及浓郁的民俗民风，成为密云、北京乃至中国旅游行业的一匹“黑马”。古北水镇既包括传统古镇旅游的基本内容，又在规模、业态、宣传营销等方面

① 休闲集聚型特色小镇开发模式及案例分析［EB/OL］. https://f.qianzhan.com/tesexiaozhen/detail/180103-3e7ec07a_2.html［2018-01-03］.

做了转型升级，集观光旅游、休闲度假、商务会展、文化创意于一体的多重盈利模式，是对古镇旅游的拓展和深化。近几年，古北水镇不断完善创新，承接综艺节目的录制提高知名度和影响力，继冬季温泉、冰雪等项目后，又推出新的游览设计和夜游票方案，使其参与性、娱乐性不断增强，为古镇旅游走出了一条特色新路。

（二）灵山小镇·拈花湾

灵山小镇·拈花湾打造的是一个自然、人文、生活方式相融合的旅游度假目的地，追求一种身、心、灵独特体验的人文关怀，让人们体验无处不在的禅意生活，从而开创“心灵度假”的休闲旅游新模式。

灵山小镇·拈花湾定位为集食、住、游、购、娱、会务于一体的禅文化主题旅游度假综合体，“禅”是灵山小镇·拈花湾的核心文化内涵。

在同质化竞争日趋激烈的当下，为了打造灵山小镇·拈花湾，规划者专注于品质设计，精妙细致，仅是拈花湾的道路两旁“小沙弥”的雕像都是灵山大佛景区从全国各地征购过来作为摆设的，传递出一种心灵纯净、无欲无求、坦然自得的心态。这处处显露的东方禅意，营造出别样的禅境。它所创造的禅文化体验式度假方式是一种全新的生活状态，在传承融合禅文化、传统文化和民俗文化的基础上，进一步创新文化形式、业态模式和载体方式，通过禅意的文化休闲度假方式，使人们在禅境优势独特的山水之间，感受“新时尚东方秘境”的禅意生态魅力，使其有别于乌镇、周庄等传统江南水乡，形成以“滋养心身”为鲜明特色的心灵度假模式。

（三）二道白河小镇

二道白河镇地处长白山的脚下，森林资源丰富，素有“长白山下第一镇”“美人松故乡”之美誉，是拥有“神山、圣水、奇林、仙果”盛誉的旅游胜地，荣获“中欧绿色和智慧城市创新奖”“T20 世界旅游名镇联盟”。

二道白河小镇主打慢城、慢行、慢生活，依托慢行系统，二道白河小镇已经成了一处休闲养生地。

近年来，二道白河按照以生态建设为主的城市发展战略，坚持保护第一，开发促进保护的原则，践行“创新、协调、绿色、开放、共享”五大发展理念。在基础设施、公共服务、生态环境保护等方面补齐“短板”，通过建设湿地公园、美人松公园、五星级公厕、慢行系统、精品街路、城市雕塑、百姓家园、园林广场等一系列市政景观工程，真正实现了“森林走进城市、绿脉连接发展、人类融于自然”的美好愿景，增加了城市的绿地面积，改善了人居环境，提升了游客的幸福体验度，不断释放出生态城镇的活力和魅力。并且通过连续举办“长白山国际冰雪嘉年华”“国际森林音乐节”等大型旅游节庆活动，深度开发慢城慢行、休闲养生、绿森林、水世界等新型旅游产品，促进了长白山旅游从景区向镇区延伸发展。这座被誉为“长白山下第一镇”的小镇，正全力把生态优势转化为发展优势，绘制了一张融区域特色、自然资源、城镇风貌为一体的城镇生态建设新蓝图。

（四）崇礼太舞滑雪小镇

太舞滑雪小镇位于河北省张家口市崇礼区，由加拿大“ECOSIGN”公司（五届冬奥会场地的设计公司）整体规划为综合滑雪度假地，由世界顶级滑雪度假管理集团 CDA（2014 索契冬奥会指定服务商）参与雪场的运营管理。

太舞滑雪小镇已建成目前国内最大的初级雪道区，既能保证专业的竞技赛事，又能满足初级爱好者需求，成为家庭或团队集体休闲娱乐的理想之地。

由国际一流团队联袂呈现的顶级规划、特色鲜明的雪场优势、全新定义的山地生活方式，太舞滑雪小镇向外界传递出一种“高品质山地度假生活”的新理念。太舞滑雪小镇凭借其设计团队在山地规划特别是雪场设计上的丰富经验，结合崇礼当地的地形风貌等自然特征，树立高起点的国际雪场规划，实现太舞滑雪小镇更长远的持续发展。为了完善游客的滑雪体验，真正实现“出门就滑雪”，小镇还规划实现“全营地滑进滑出”，即在太舞滑雪小镇的多个配套酒店附近都建有雪道和缆车，滑雪爱好者可以轻松实现从酒店出发直接滑上雪道，或下了缆车直接滑进酒店的便利滑雪体验。太舞滑雪小镇希望让快节奏下的都市一族换一种节奏度假，真正地让生活慢下来，享受高品质山地度假生活。

（五）乌镇

乌镇地处浙江省桐乡市北部，位于富饶的杭嘉湖平原的中心。乌镇被称为

“中国首批十大历史文化名镇”“全国环境优美乡镇”和“中国十大魅力名镇”，素有“中国最后的枕水人家”之誉。

乌镇景区中以东栅最具特色，东栅保持了完整的水乡风貌，民俗气息浓郁，有特色鲜明的手工作坊、特色展馆和传统商铺等。这使游客在体验到原汁原味的水乡风景的同时，也享受到旅游购物和美食饕餮之乐。相比于西栅，东栅具有小而精的特点，是休闲度假的好去处。西栅景点呈现了中国江南水乡古镇的原始风貌，留存了大量明清两代的古建筑和老街长弄，内部配有现代化的配套设施，给游客提供了居住环境和休闲娱乐的场所。整体上来讲，乌镇古镇是一个融合了江南水乡风光与休闲度假、娱乐购物功能的特色旅游目的地。

（六）周庄

周庄是首批国家4A级旅游景区，有“中国第一水乡”之誉，以其灵秀的水乡风貌、独特的人文景观、质朴的民俗风情，成为吴地文化的摇篮、江南水乡的典范。周庄古镇典型的水乡风貌、独特的传统建筑、深厚的文化底蕴、绚丽的民俗风情、加上古镇居民依旧延续的传统生活方式，构成了周庄历史文化遗产的重要特色。

周庄古镇以水乡古镇为依托，不断挖掘文化内涵，完善景区建设，丰富旅游内容，强化宣传促销，经过十多年的努力，成功打造了“中国第一水乡”的旅游文化品牌，开创了江南水乡古镇游的先河。近几年，周庄为了突破“观光旅游景区”附加值低的困境，充分利用水乡古镇的特色和优势，不断挖掘历史人文景观和新景点，开发、发展与旅游相配套的设施。在古镇之外和急水港两岸，吸引国内外客商新建建筑风格与古镇风格协调的、不同标准的度假村，并扩建居民新村，使镇区得到延伸。周庄积极探索文化旅游，全力塑造“民俗周庄、生活周庄、文化周庄”，受到了中外游客的青睐。富贵园、江南人家、钱龙盛市等适宜现代休闲体验型旅游配套项目的相继推出和完善，进一步推动周庄向休闲度假旅游发展。

（七）凤凰古城

凤凰古城位于湖南省湘西土家族苗族自治州的西南部，因沈从文的小说《边城》由静默深沉的小城走向了世界，拥有厚重的历史文化底蕴和丰富的自然景观、民俗文化等旅游资源，被新西兰著名作家路易·艾黎誉为“中国最美丽的小城”。

凤凰作为中国最美小城，因古城如烟雨诗画，吸引全世界各地游客到古城游览。特色的青石板街道、江边木结构的吊脚楼、充满历史感的古建筑以及浓厚的苗族风情，带给游客独具一格淳朴、恬静的凤凰味道。

近年来，凤凰县依托丰富的旅游资源，借助有效的宣传促销方式，不断提升“天下凤凰”的品牌影响力。一方面成功举办了诸如“南方长城中韩围棋巅峰对决赛”“烟雨凤凰”大型民俗情景剧、“中国苗族银饰文化节”等活动；另一方面积极利用有影响力的报纸、杂志等媒体对古城山水人文资源进行宣传，与中央电视台、凤凰卫视亚洲电视台等电视媒体合作，重点推介凤凰古城特色景点。这些都对传播“凤凰古城”的美好形象，提升其知名度和美誉度起到了积极作用。凤凰古城启动实施古城夜景亮化工程，使美轮美奂的“夜凤凰”成为凤凰古城景区吸引国内外游客的重要名片之一。凤凰古城用“歌声中的凤凰、笔墨下的凤凰、镜头里的凤凰、天下凤凰聚凤凰和棋行大地”等多种文化形式演绎了凤凰，推动了对自然生态和民族文化生态的保护，让人们看到不同的凤凰。

（八）束河古镇

束河古镇是丽江古城周边的一个小集市镇，是纳西族从农耕文明向商业文明过渡的活标本，国家4A级旅游景区，拥有明代壁画、明代建筑大觉宫、清代建筑三圣宫等珍贵文物和建筑。

束河古镇作为丽江古城的一个组成部分，以古泉、古潭、古寺、古渠、古树、古桥、古道、古街、古商、古壁画、古建筑著称，闪耀着纳西族悠久历史文化的光辉。

丽江市政府在束河古镇保护规划中划定了保护区、建设控制地带、环境协调区的范围。对保护区内的上千幢历史建筑和历史街区进行详细的调查，并分类明确了保护措施。在保护区以外，规划了旅游休闲度假区、茶马文化商业区、观光农业绿化区、滨河景观区等开发建设项目。束河古镇将基础设施建设摆在重要位置，使有形的历史建筑、街巷空间、水系绿地得到保护维修，从而有效保护了古镇的原有风貌。在此基础上，通过组织让社区群众有序参与“束河茶马古镇”旅游业，使古镇居民成为旅游业的参与者，纳西文化、纳西人成为古镇的风景。東河依托古镇的民族文化资源，大力发展旅游业，在保护中不断发展。

（九）阿尔山白狼镇

白狼镇地处大兴安岭南侧，形成了旅游与林俗文化、旅游与冰川遗迹、旅游与“三少民族”文化、旅游与红色文化、旅游与冰雪文化相交融合的发展格局，先后荣获“中国最美休闲乡村”“全国休闲农牧业与旅游示范点”“国家级环境优美乡镇等多项称号”。

阿尔山白狼镇拥有多元的地方文化，林俗文化、冰川遗迹、“三少民族”文化、红色文化以及冰雪文化交相辉映。

近年来，白狼镇政府为促进旅游的发展，先后制定了“旅游＋产业”发展规划，坚持“旅游兴镇”发展战略，依托当地独特的习俗和秀美的生态环境，成功建设了多家特色旅游餐饮住宿接待点。并陆续举办“林家乐”活动周、白狼林俗文化节等多种节庆活动，形成了以节促旅、以节造势、以节庆活动塑造林俗旅游品牌的目的。目前林家乐已经成为阿尔山地区重要的旅游品牌，林俗村、白狼峰、鹿村的生态旅游也驰名中外。其中白狼镇林俗雪村在林俗村的基础上，跳出林俗小镇的思维，将林俗文化和冰雪文化相融合，打造四季白狼的旅游产业链。如今的白狼镇，区域特色明显、人文气息浓郁、生态环境优美、多种功能叠加，其用自身的不断发展证明，立足自身资源禀赋统筹发展，找准市场定位，小镇可以做出“大文章”。

（十）西江苗寨

西江苗寨位于贵州省黔东南苗族侗族自治州雷山县东北部，位于贵州东线旅游景点的中心位置，是目前中国最大的苗寨聚居村寨[①]。

西江苗寨是全世界最大的苗族村寨，有着浓厚的苗族文化底蕴，集中体现了苗族建筑、银饰、服饰、饮食、语言和传统习俗，苗族文化在这里得到了很好的保存和延续[②]。西江是一个保存苗族“原始生态”文化完整的地方，这里有西江牯藏节、苗年等传统苗族节日，是一座苗族文化的露天博物馆，展览着

① 钟金贵，杨娟.西江苗寨开发的思考——基于文化人类学视角［J］.黑龙江民族丛刊，2015(5).

② 周真刚，罗宇昕.贵州西江苗寨旅游开发研究述评［J］.中南民族大学学报（人文社会科学版），2017，7（37）：88.

一部苗族发展和传统文化的史诗。

随着旅游发展，西江苗寨其管理模式也不断发生变化，逐步形成了“政府＋公司＋村民”的西江模式。西江构建了生态思维模式，以政府为主导，以村民为主体，社会组织参与的生态开发模式。促进了西江文化开发与保护、产品开发与创新[①]。西江千户苗寨是西江人共有的文化资源，只有构建合理的利益分配制度，才能保证西江旅游开发的持续健康发展[②]。良好的利益分配机制能够确保居民在参与民俗旅游开发中获得合理、持续的利益报酬，拓宽当地居民的就业渠道，从而刺激和鼓励居民参与到民俗旅游的开发和旅游经营之中[③]。但采用“政府＋公司＋村民”管理模式要防止旅游产品“商品化程度高”，以及破坏民族传统文化、文化认同等问题。要注重景区的生态环境和民族文化保护，保持旅游发展与生态文明可持续发展。

（十一）赤坎古镇

赤坎古镇是广东省首批入选全国特色小镇名单的小镇之一，该镇人文底蕴深厚，涌现出一大批名人名家，保留有大量中西合璧的华侨建筑，成为中国华侨文化保护的典范。与国内其他古镇相比较，赤坎古镇之所以有其独特的韵味，是因为它有着丰厚的华侨文化积淀，是“中国侨都”的华侨文化宝库。

为了复兴赤坎最鼎盛时期的繁荣，赤坎古镇华侨文化展示旅游项目采用了新旧区相辅相成的概念。首先，将现有骑楼建筑和代表华侨文化的建筑保留，依据“修旧如旧”的原则，予以保护性的修缮。其次，按照国家4A级旅游景区的标准和适合人居的标准建设新的圩镇，集中展示华侨建筑艺术。完善旅游设施和公共服务配套，让当地群众和游客一起享受圩镇建设带来的好处。在传承骑楼建筑艺术核心文化的基础上，对建筑进行重新设计。旧圩镇有其独特的魅力，新区在传承这种文化的基础上又有新的发展，赤坎镇通过新旧区建设，推动侨乡建筑艺术复兴。赤坎古镇将成为中国古镇文化旅游新地标、华侨建筑文化展示的窗口和平台，以及文物活化保护的示范区。

---

① 操奇．“西江模式”的现代性迷津和可能性出路［J］．贵州社会科学，2014（2）．

② 张晓．关于西江苗寨文化传承保护和旅游开发的思考——兼论文化保护与旅游开发的关系［J］．贵州民族研究，2007（3）．

③ 张遵东等．西江苗寨民俗旅游开发思考［J］．理论与当代，2015（10）．

第五章

中国旅游休闲城市和区域模式案例

城市居民的休闲需求孕育了城市的休闲功能，城市休闲化发展是城市发展水平提高的重要内容，是居民生活质量提升的必要组成部分，也是衡量城市居民生活幸福感及城市宜居度的一个重要指标。休闲不仅是一种个体生活状态，一种观念，更是一种文化、一种产业。而城市作为人类为满足自身需要而存在的环境，城市的功能发展与人类的需求不断适应吻合，休闲城市便应运而生。一个具有高休闲程度的旅游休闲城市应当是具有较强的休闲资源集聚能力、人们休闲意识强烈需求旺盛、休闲业态多元、休闲产品多样的综合型旅游目的地。研究通过选取典型旅游休闲城市发展案例进行全面分析，梳理模式、发现特色、总结经验，系统理解国民旅游休闲不同空间尺度的发展模式。

第一节　我国直辖市大都市的国民旅游休闲模式案例

旅游休闲功能突出、旅游休闲产业完善、宜居宜游的休闲城市有利于促进城市功能的全面发展，促进旅游、文化、娱乐、体育、健身、教育、培训、社区服务以及商贸零售、金融保险、电子信息等众多产业的发展，对城市发展起着巨大的推动作用。本节选择北京、上海、天津和重庆四大直辖市作为案例研究对象，分析其国民旅游休闲发展现状、特色资源和发展经验。

一、北京国民旅游休闲模式

北京简称京，是中国的首都、国家中心城市、超大城市，国务院批复确定的中国政治中心、文化中心、国际交往中心、科技创新中心，是世界著名古都和现代化国际城市。北京是首批国家历史文化名城和世界上拥有世界文化遗产数最多的城市，有3000多年的建城史和850年的建都史，孕育了众多辉煌的帝都景观和丰厚浓郁的文化底蕴，如世界上最大的皇宫——故宫、皇家园林——颐和园、天坛、八达岭长城、著名北京四合院——恭王府等众多名胜古迹。

随着物质生活水平的飞速提升，北京市民对于高层次精神生活的追求，尤其是休闲文化的需求也不断提高。最近十几年来，大小不一的公园、游乐场的兴建、越来越多名胜古迹的修缮与对外开放，成为北京市政建设的重点。与此同时，历史悠久的北京民间休闲文化重新被社会所关注。作为“老北京”的象征之一，戏园、茶馆和酒楼吸引着越来越多有着传统文化追求的人来此休闲娱乐，它们也正在成为现代北京的“城市名片”[①]。依托其丰富独特的文化旅游资源，2012年获得中国特色休闲城市——文化休闲之都称号。为进一步促进文化休闲之都的建设，2015年北京市人民政府办公厅关于印发《北京市贯彻落实〈国民旅游休闲纲要（2013~2020年）〉实施意见》，明确指出为满足市民和游客日益增长的旅游休闲需求，促进北京旅游休闲业健康发展，推动旅游休闲体系建设。2016年北京印发了《北京市人民政府关于促进旅游业改革发展的实施意见》，明确指出加快推动环城市休闲度假带建设，建设一批满足多层次多样化休闲度假需求的度假地，打造世界级文化旅游休闲区。

在多项政策措施支持下，北京休闲旅游发展迅速，旅游经济总量持续增长。“十三五”期间北京市接待国内旅游人数从2015年的2.7亿人次增长至2019年的3.2亿人次，年均同比增长4%，实现旅游总收入从2015年的2914亿元增长至2019年的6224.6亿元，年均同比增长28%。旅游供给侧结构性改革加快推进，延庆、怀柔、平谷、昌平、门头沟五个区成功创建“国家全域旅游示范区”。旅游市场主体活力持续迸发，环球主题公园等重点项目顺利实施。旅游投融资体系和平台建设取得新成就，京郊旅游政策性保险服务创新性

---

① 孙燕京．北京休闲文化的传承与衍化［C］//北京文化发展报告（2011~2012年），2012：169-182. DOI：10.26914/c.cnkihy.2012.001431.

推出。旅游公共服务建设稳步推进，厕所革命成效显著。乡村旅游发展成果卓著，“畅游京郊”品牌影响力持续提升。旅游国际化程度显著增强，“入境旅游全球战略合作伙伴计划”深入实施。旅游业核心竞争力和世界影响力明显提升，世界旅游城市联合会成为具有影响力的国际旅游组织。

目前，北京市经济平稳增长，休闲产业步入快速发展阶段。休闲业呈现出四大休闲新业态：一是夜间经济；二是生活书店正在取代过去的新华书店，成为北京市民文化休闲的一个新去处；三是国家文化公园正在成为北京市民文化消费的一个新场景；四是受“新冠”疫情影响，云看展、云旅游、云赏花、云健身等一批线上休闲活动成为疫情期间北京市民休闲的全新形式①。

（一）城市休闲性格气质

北京城市休闲业态蓬勃发展，活动场所形式多样引领世界休闲新风尚。游山玩水便是北京人钟爱的形式之一。从古至今，大部分北京人都愿意到有山有水的地方去休闲度假，如香山、玉泉山等都是著名的游赏胜地。北京人喜欢到寺庙游玩。其主要目的并不一定是进香朝拜，而是去这些位于郊区的寺庙中赏景。北京有许多人喜欢养宠物，提笼架鸟、斗蛐蛐，还有放大鹰。可以说，北京的寺庙、茶馆、戏园、茶馆、酒吧是城市休闲文化中的重要一环，汇集了饮食、表演、商业、社交等多重休闲功能，是北京地区休闲文化的重要体现之一。北京的休闲文化具有多样性、包容性，古人当时进行休闲娱乐的物质活动场所至今还在发挥着作用②。

提起北京的休闲生活，大家脑海里就会出现一幅画面——遛鸟、下棋、泡茶馆、喝小酒，其实老北京的休闲生活远不只这些，清代余洪年在《舟中札记》中概括清人 36 种休闲娱乐方式，其中有远足、弹琴、读书、垂钓、策马、乘车、游山、玩水、闲谈、独唱、听曲、品茗、泛舟、捕鸟、踏青、游园、玩玉、投壶、猜谜、讴歌、观灯等，不一而足。休闲是一种时尚，它的本质是享受人生、体验人生。在这些休闲活动中，北京人比较热衷的就是近郊游了，为

---

① 北京休闲产业步入快速发展阶段［EB/OL］. https://baijiahao.baidu.com/s?id=1697221785211575808&wfr=spider&for=pc［2021-04-17］.

② 北京要重视休闲文化发展 努力建设全国文化中心［EB/OL］. https://www.sohu.com/a/336767341_115423［2019-08-27］.

的是踏寻自然风光。旧京时代，丰台是“京师养花之所”，每逢春时，为都城百姓游观之地。除了丰台，高梁桥附近极乐寺的海棠花、枣花寺的牡丹、什刹海的荷花、宝藏寺的桂花，也都深深吸引着人们。特别是夏天净业寺荷花怒放之时，游人如织。而西山附近的园林、寺庙往往借景而建，春夏之时也引得市民接踵前来游览、探访。清末韩小窗的《子弟书》中就有不少描述清人休闲娱乐的内容。《子弟书》是由八旗子弟首创并流行的讲唱文学，以叙述故事为主。其中《阔大奶奶逛二闸》写道：“不多时清风阵阵吹人面，仿佛身从镜内游。真可喜新晴一派清凉景，远望郊园豁倦眸。傍岸野花香气放，沿堤杨柳翠烟浮。迢迢载米船来往，款款寻泥燕子幽。观不尽山清水秀、天然古画，却喜那波光掩映荡轻舟。”这位阔大奶奶闲游京郊的场景，不仅让人们感觉到了其放松愉悦的心情，也仿佛看到了当时京城郊外美丽怡人的山水风光。

如果没有时间去郊外，对于市民来说，逛庙会、赶大集，去凑凑热闹，也是一段难得的休闲时光。据不完全统计，北京城内外寺庙多达千余所，不同的寺庙由于寺内植物的不同，跟随季节的变化，使得这些寺庙成为一年四季普通百姓赏花观景的胜地，古时文人墨客也喜欢到这些地方吟诗作对。寺庙大多开有庙会，其中隆福寺和护国寺有当时北京最大的两个庙会。隆福寺庙会称“东庙”，护国寺庙会称“西庙”，开庙会之日，百姓纷至沓来，多不为烧香拜佛，而是为买卖百货，庙会俨然像个大市场一样热闹。两个庙会还错开时间，据清富察敦崇《燕京岁时记》载：“自正月起，每逢七、八日开西庙，九、十日开东庙。开庙之日，百货云集，凡珠玉、绫罗、衣服、饮食、古玩、字画、花鸟、虫鱼以及寻常日用之物，星卜、杂技之流，无所不有，乃都城内之一大市会也。”赶了西庙再去赶东庙，不亦乐乎！

此外北京的文化休闲生活丰富多彩，各种类型演出、国际性的展会等一应俱全。其中京剧被誉为中国的“国粹”，有200余年历史，几乎与中国戏曲成熟、发展的历史同步，华丽的戏服、动听的唱腔、百变的脸谱，令人印象深刻，可以说是中国戏曲史的一个缩影，先后出现了梅兰芳、尚小云、荀慧生和程砚秋这四大名旦。到了20世纪30年代，京剧进入极盛时期，成了北京最具代表性的戏剧表演形式，著名的长安大戏院、湖广会馆、老舍茶馆、中国京剧院、梅兰芳大剧院和中国国家大剧院等都常有传统的京剧演出。随着现代经济、文化的繁荣发展，京剧开始融合现代元素，创新表演形式，逐渐发展成今天深受喜爱的话剧。现如今，国家京剧院、国家话剧院的成立，各地的大师们交往频繁，为老百姓打造了万紫千红的休闲娱乐活动。

北京作为全国的文化中心，以其强大的包容性容纳了各地茶文化，同时也形成了有自己独具特色的茶文化。北京茶文化可以分为宫廷茶文化和市民茶文化。北京作为全国的政治中心，茶与政治结缘并不稀奇，北京的宫廷茶文化可以算是北京茶文化最大的特色。北京市民茶文化除了具有中国茶文化的普遍特征——大众化和社交化之外，也有自己的特点。首先，北京人饮茶比较注意四时茶序，不同的季节饮不同功效的茶以达到养生的目的。冬季饮“温中”的红茶，夏季饮“清火”的绿茶，春秋两季则饮“离绿红而得其中”的花茶，将饮茶与四季养生巧妙地结合起来。其次，北京人钟爱香片，尤其是茉莉花茶。茉莉花茶的加工过程要经过双煸双熏，彻底脱水之后不仅易于保存，而且还能保持茉莉花的浓厚醇香。北京老字号吴裕泰的茉莉花茶以其“香气鲜灵持久，滋味醇厚回甘，汤色清澈明亮”的品质传承百年，被列入《北京市非物质文化遗产名录》。

北京作为国际大都市，世界上的各种文化在这里交流汇聚，酒吧众多，酒吧文化味十足，装饰讲究，服务周到，酒吧经营方式更是形形色色，是当代年轻人休闲娱乐的好去处。北京 500 余家酒吧经营分散在这个大都市每一个城区的每一个角落：朝阳区的三里屯，西城区的后海，海淀区的五道口、学院路等都是酒吧经营比较集中的地区。北京的酒吧设计在国内可以说是最多种多样的：利用废弃大巴士开设的“汽车酒吧”，与足球比赛相关和球迷聚集的“足球酒吧”，能在酒吧里面看电影的“电影酒吧”，充满艺术情调和先锋艺术家聚会的“艺术者酒吧”，挂满汽车牌照的“博物馆酒吧”，供商业展示和商务人士聚会的商务酒吧；当然，以读书休闲为主要功能的“书吧”，以陶艺制作为主要功能的“陶吧”和供大家上网娱乐的“网吧”更是数量众多。什刹海地区依托北京老城区的古朴厚重和天然水系这一优越的自然环境，成为国内外人士旅游观光的热点，也是近些年北京兴起的又一个酒吧集中地区。由于这一区域的酒吧文化大都融入了浓郁的北京地域文化，因而更具有民族性和本土特色[①]。

① https://www.sohu.com/a/260046292_99962249.

（二）北京休闲战略政策

北京文化和旅游局先后印发了《北京市贯彻落实〈国民旅游休闲纲要（2013~2020 年）〉实施意见》《北京市人民政府关于促进旅游业改革发展的实施意见》《北京市人民政府关于促进旅游业改革发展的实施意见》《北京市人民政府关于促进旅游业改革发展的实施意见》等政策文件，指出以满足市民和游客的旅游休闲需求为出发点和落脚点，坚持以人为本、服务民生、安全第一、绿色消费，大力推广健康、文明、环保的旅游休闲理念，积极营造推动旅游休闲业发展的良好环境，促进社会和谐，提高市民生活质量，为建设国际一流的和谐宜居之都创造良好条件。

为推进北京休闲旅游发展，北京市全面保障市民旅游休闲时间，全面落实《职工带薪年休假条例》《机关事业单位工作人员带薪年休假实施办法》《企业职工带薪年休假实施办法》等法规规定，鼓励机关、团体、企事业单位引导职工灵活安排全年休假时间，切实保障其旅游休闲权利。加强带薪年休假落实情况的监督检查，为职工维护休息权益提供法律援助。同时北京全面改善旅游休闲环境。北京充分发挥首都旅游发展联席会议机制的作用，加强与中央在京单位和企业的沟通协调，促进相关资源的开放，有效发挥其旅游休闲功能。积极推动相关单位开展旅游开放日活动。北京强化优惠措施，推进公益性公共休闲场所实行免费开放、政府补贴政策；半公益性的博物馆、城市休闲公园等实行低票价和限时免费开放政策，政府给予适当补贴。近年来北京落实对未成年人、高校学生、教师、老年人、现役军人、残障人士等群体的减免门票优惠政策。加强与国内相关省区市合作，共同推出互惠旅游休闲产品。为了给市民和游客提供舒适的旅游休闲环境，北京近年来以提高旅游休闲的舒适化、便捷化为导向，全面加强对休闲广场、公园绿地等公共休闲场所的保护，规范旅游公共场所无障碍设施建设，完善景区和通往主要景区道路的旅游指示标识设置，提升各级旅游咨询站的建设管理和服务水平。

为了给市民和游客提供舒适的旅游休闲环境，北京市加快基础设施建设，并健全公共交通和集散服务体系。《北京市贯彻落实〈国民旅游休闲纲要（2013~2020 年）〉实施意见》中明确提出，各区县结合实际，建设各具特色的旅游休闲场所。市有关部门要在规划用地和配套公共服务设施等方面支持旅游休闲度假功能区建设，加快推进旅游休闲项目落地。推动大型旅游综合体的开发建设，提升旅游休闲服务接待能力。推动休闲特色街区、景观大道、城市休闲公园、郊野公园、特色旅游休闲沟域和村镇建设，打造丰富多样的旅游休闲空间。提供多种服务标准的旅游客运设施，满足多层次旅游出行需求。在有条件的地区试点推出城市旅游观光巴士，逐步增加线路和站点，形成以城市景观为依托，以观光巴士为载体的城市旅游公共交通服务体系。建立以公共交通为基础，以旅游集散服务中心、集散地和旅游目的地为节点的三级集散服务体系，做到覆盖全市并辐射周边地区。完善信息化服务。建设旅游信息化服务体系，提升景区、酒店、旅行社和乡村旅游的智能化服务水平；完善旅游资讯网站，为游客提供旅游景区、线路、交通、气象、住宿、医疗救护等综合信息服务，方便市民和游客在线预订和支付，推动智慧旅游发展。加大人才培养力度。建设覆盖高等教育、职业教育、技能培训的多层次旅游教育培训体系，加强国际交流合作，学习借鉴先进经验和管理模式，培养旅游休闲领域高级人才。强化应急保障。进一步发挥本市旅游应急保障机制的作用，提高统筹调度和运行监测能力，及时发布热点旅游休闲场所的游览舒适度指数等实时提示信息，为市民和游客安全有序地进行旅游休闲提供参考。加强突发事件应急处置能力建设，健全旅游安全救援体系[①]。

（三）城市休闲空间

《北京市“十三五”时期旅游和会展业发展规划》《北京市“十四五”时期文化和旅游发展规划》等政策文件对北京市休闲旅游空间布局做出了相应规划。

按照《北京市“十三五”时期旅游和会展业发展规划》的要求，北京市经过5年发展已经形成城市休闲空间布局，以服务国内外来京旅游者为重点，强化传统优势的创意创新和国际化标准的旅游公共服务体系完善，形成北京古都文化旅游板块、CBD三里屯商务休闲旅游板块、环球影城游乐度假旅游板块、冬奥运动休闲旅游板块、奥体文博休闲旅游板块、长城文化休闲体验旅游板块、三山五园皇家宫苑文化旅游板块、798艺术区创意休闲板块、卢沟桥—

① 《北京市贯彻落实〈国民旅游休闲纲要（2013~2020年）〉实施意见》。

宛平城抗战文化旅游板块9个特色鲜明的主题板块。以服务北京市民京郊休闲度假游为重点，强化休闲游憩环境和项目的精品化打造，创新乡村旅游新业态、新空间，完善自驾服务体系和旅游休闲步道等游憩设施建设，形成皇家温泉度假板块、古北口—雾灵山度假休闲板块、房山世界地质公园旅游板块、爨底下—百花山生态文化休闲板块、京西古道文化与户外休闲板块、世界园博休闲板块、金海湖休闲度假旅游板块、雁栖湖会议休闲旅游板块、“北京源”文化休闲旅游板块、通州运河文化休闲旅游板块、大兴庞各庄农业休闲旅游板块11个重点板块[①]。

2021年北京市印发《北京市“十四五”时期文化和旅游发展规划》，要求充分利用首都古今荟萃、海纳百川、博采众长、兼容并包的文化资源优势，构建“一核一轴、四极四带、多板块”的文化旅游空间格局。“一核”指老城。统筹老城整体保护与中央政务功能提升，建设老城文化探访路，整体增强历史文化遗产展示水平，展示老城特色文化空间，加强老城旅游要素管控与综合治理，适当降低旅游密度，降低游客在时间和空间上的过度集聚，提高文化创意、旅游演艺、国学研修等旅游休闲业态占比，提供高品质旅游产品和设施环境，将老城建设成为国际一流文化旅游典范区。“一轴”指中轴线。强化中轴线空间秩序和统领地位，扎实推进中轴线遗产保护，以中轴线申遗为抓手，实施重点文物腾退利用，打造以文化旅游功能为主、展示传统文化精髓、体现现代文明魅力的中轴线文化探访路。“四极”指构建副中心、北京大兴国际机场、新首钢、奥林匹克中心区四大文化旅游增长极。东部建设以北京环球主题公园及度假区为主体，文化创意、旅游服务为支撑的通州文化旅游区；南部依托大兴国际机场临空经济区做大做强旅游会展产业；西部建设以首钢工业遗存保护利用为特色的国际文化体育创意旅游区；北部依托奥林匹克中心区大力发展文旅体产业和会议会展业。“四带”是指大运河文化旅游休闲带、长城文化旅游休闲带、西山永定河文化旅游休闲带、京张体育文化旅游带。推进“大运河文化核心游憩体验带”建设，擦亮世界公认的国家文化符号。建设好长城国家文化公园（北京段），打造国家级标志性工程，建设长城自然生态景观带。依托三山五园地区建设国家历史文化传承典范地区和国际交往活动重要承载地，在

① 《北京市“十三五”时期 旅游和会展业发展规划》。

京西南打造凸显北京文明之源、历史之根的文化旅游带。按照“体育＋文化旅游”模式，加快建设京张体育文化旅游带，推动人民群众共享奥运红利，为京津冀协同发展注入新内涵。“多板块”指依托新城和生态涵养区的历史文化和美丽自然山水，建设服务市民休闲旅游的城市后花园。打造卢沟桥—宛平城红色旅游、京西文化景观区域（京西古道）、燕山文化景观（明十三陵、银山塔林、汤泉行宫等）、房山文化景观（房山文化线路）、通州运河、怀柔雁栖湖等休闲旅游板块①。

（四）城市休闲产品业态

打造博物馆休闲文化场所体系。博物馆历来是典藏、陈列和研究文化遗产的场所。作为全国政治和文化中心，北京沉淀了中华民族优秀文化遗产，无论是从质量还是数量来讲，北京的博物馆都位于全国前列。目前，北京有各种类型的博物馆 172 家，是全球拥有博物馆数量第二多的城市，仅次于英国伦敦。这里有厚重典雅的故宫博物院、气势恢宏的中国国家博物馆、风格超前的中国电影博物馆、活泼生动的北京自然博物馆……②2021 年 11 月 10 日，2022 年北京博物馆通票正式发行。2022 年的通票收集了历史、科技、红色教育、艺术、名人故居、文化场馆旅游景点共六大类 123 家博物馆、科普教育基地和文化旅游景点，为广大市民全面感受北京文化休闲提供了便利条件。2022 年北京博物馆通票的推出，是博物馆服务社会的有力举措，目的是让大众了解北京众多的博物馆，通过通票的形式降低参观门槛，鼓励更多公众走进博物馆。众多博物馆也尽其所能地为广大观众提供免费或折扣优惠以及其他便利，为公众提供更多更好的精彩展览和全方位服务③。

打造体育运动休闲旅游。北京市以 2022 年冬奥会为契机，建设特色鲜明的体育休闲旅游基地，打造京张冰雪体育休闲旅游带。加快构建慢行“两网”，即旅游休闲步道网络、城市绿道网络。依托北京优良的山水地势、旅游资源及

① 《北京市“十四五”时期文化和旅游发展规划》。

② 来北京不逛博物馆很亏 这些地方值得一看［EB/OL］. http://jinan.dzwww.com/jryw/yule/201812/t20181212_16742044.htm［2018-12-12］.

③ 2022 年北京博物馆通票发行［EB/OL］. https://news.sina.com.cn/o/2021-11-16/doc-iktzscyy5879412.shtml［2021-11-16］.

生态环境，兼顾保护与利用，形成步道、轮滑道、骑马道、自行车道、机动车道“五位一体”的旅游休闲步道系统。构建城市绿道网络，串联城市公园、郊野公园及风景区，形成特色突出、功能多样的绿道体系。建设一批便民利民的户外营地、骑行服务站、汽车露营营地、航空飞行营地等设施，支持发展健身、徒步、自行车、冰雪运动等群众性体育运动休闲项目。引领京张运动休闲旅游合作带建设，结合2022冬奥会错位发展冬季冰雪运动旅游休闲，携手张家口共同打造京张冰雪运动休闲带，成为京津冀合作示范带。依托京藏、京新高速公路，积极推进京张高铁建设与旅游配套，推进北京与张家口沿线景区景点整合，加强自驾车旅游线建设合作，打造京张区域旅游合作廊道。

打造多样化休闲公园体系。经过长期的历史积淀和中华人民共和国成立以来公园大众化发展阶段、改革开放以来城市化迅速发展阶段、近年来城乡统筹的一体化发展阶段，北京当前已形成由历史遗迹公园、城市公园、郊野公园等组成的多样化公园体系。其中，城市公园和郊野公园建设成为近年来发展的重点。从2016年开始，北京市对公园进行分级分类管理。根据承担功能分为综合公园、历史名园、社区公园、主题文化公园、生态公园。不同公园考核的标准不同，按照公园品质和管理水平高低，公园将被评定为一级、二级、三级。其中市属公园包括颐和园、北海公园、中山公园、北京植物园、天坛公园、景山公园、香山公园、北京动物园、紫竹院公园、玉渊潭公园、陶然亭公园11个，这些城市公园构成了北京市重要的城市休闲空间。2020年北京新增造林绿化面积133平方千米，再添城市休闲公园41处。城市休闲公园建设不仅满足了市民家门口的休闲游玩体验，也让游客更容易体验到城市休闲的温度。“十三五”期间北京市先行先试引领太行山、大燕山国家公园建设。结合百花山、松山、海坨山、雾灵山等资源的旅游发展，推动太行山区、燕山山脉各区县整合旅游资源，共建“太行山国家公园”“大燕山国家公园”精品品牌，并围绕这一品牌联合进行线路共推和市场共育。与周边地区共同开发太行山、大燕山自驾车精品旅游线，串接北太行、大燕山国家登山步道，打造山水休闲旅游带。

打造国家级、市级体育旅游示范项目和精品线路。北京发挥展会和消费节优势，推动体育消费升级。继续办好服贸会体育服务专题展等品牌会展，助力体育企业发展。持续完善打造8.8北京体育消费节，打造商家与消费者的直通平台，推动消费升级。加强体育与文化、旅游等融合发展。加强体育与文化娱乐、旅游休闲、购物观光等业态融合，打造一批国家级、市级体育旅游示范项目和精品线路。协同京张体育文化旅游带建设，推动冰雪、户外运动休闲等场景营造，打造集历史文化、生态休闲、体育康养等于一体的体育旅游目的地。[①] 2020 年为适应常态化疫情防控的形势，北京市文化和旅游厅推出 10 条“漫步北京”城市休闲文化游主题线路，让“北京人游北京”，让北京人感受不一样的新北京。分别是中轴线南段的御道漫步，感受中轴线上的皇家礼仪和市井生活；雍和宫大街的慢街素院，从地坛到簋街的光影食色；明城墙遗址公园和东交民巷的古建遗芳，慢品北京老建筑群旧址；王府井大街的老城新颜，寻觅北京的文化宝藏；新街口到北滨河的古韵新姿，一趟丰富的食色声香之旅；皇城根遗址公园到美术馆东街的旧日慢忆，寻找文学名家笔下的记忆；东华门至地安门的骑行之旅，感受中轴线的皇城雅韵；从广阳谷的城市森林到琉璃厂街，体验老北京的城南古韵；朝外大街到神路街的徐行漫步，享受市民日常的美好生活；去前门大街老字号，在“非遗”美食中品味古都文化。这些能让市民和游客慢下来的线路，周边环境优良，店铺品位高雅，网红打卡地多，展示了北京城市更新的新形象，反映了核心区疏解整治的新成果，代表了首都文化和旅游消费的新品质，符合年轻人的时尚消费习惯。

二、上海国民旅游休闲模式

上海简称沪或申，中国 4 个中央直辖市之一，是中国大陆的经济、金融、贸易和航运中心。上海是一座新兴的旅游目的地，具有深厚的近代城市文化底蕴和众多的历史古迹。上海作为全国最大的工商业城市，一直走在全国城市休闲化建设的前列，城市休闲基础设施完善，市民休闲观念较强，休闲方式丰富多彩，城市休闲化水平稳居全国前列。2013 年，在由全国休闲标准化技术委员会、中国旅游协会休闲度假分会主办的“美丽中国 · 休闲城市”2013 中国休闲城市发展综合评价活动中，上海获评 2013 中国特色休闲城市——时尚休闲之都。2014 年，上海市共有城市公园 161 个，公共体育场馆 541 个，博物馆 99 家，购物中心 113 个，公共图书馆 25 个，依据标准评定过的各级各类工

① 北京将打造国家级、市级体育旅游示范项目和精品线路［EB/OL］. https://t.ynet.cn/baijia/31471293.html［2021-09-03］.

业旅游景区 56 个，各类演艺场所 116 个，依据国家标准评定的 A 级旅游景区 88 家，共计有各类城市旅游休闲公共空间基本单位 1199 个[①]。

随着上海社会经济持续快速发展，休闲旅游在上海旅游业中的地位越来越重要。“十二五”期间，上海提出了旅游发展的总体目标和定位：将上海基本建成魅力独具、环境一流、集散便捷、服务完善、旅游产业体系健全、旅游产品丰富多样、旅游企业充满活力的世界著名旅游城市，打造国际都市观光旅游目的地、时尚购物目的地、商务会展目的地、文化旅游目的地、休闲度假目的地以及国际旅游集散地[②]。2018 年，上海印发了《上海市城市总体规划（2017~2035 年）》，指出整合城乡自然和人文资源，围绕重点区域建设综合性旅游休闲区，加强旅游与文化、商业等公共活动功能的融合互动，整合旅游与市民休闲活动的需求，提升旅游休闲服务品质，将上海建设成为世界一流的旅游目的地城市。目前，上海培育了购物旅游、会展旅游、乡村旅游、康养旅游等“旅游 +”“+ 旅游”等系列产品。上海迪士尼乐园、上海海昌海洋公园等重点旅游项目建成开放，中国首个邮轮旅游发展示范区落户上海，黄浦江旅游整体功能、品质规模全面提升。以上海国际旅游度假区、佘山国家旅游度假区为重点，以黄浦江沿岸城市风情带、旅游景区、旅游街区、郊野公园与乡村旅游为支撑的全域旅游格局基本形成。黄浦、松江、青浦、崇明等区成功创建国家全域旅游示范区，徐汇、黄浦、静安等区分别成为国家文化和旅游消费示范城市、试点城市。吴淞口国际邮轮港接待规模位居亚洲第一、全球第四。至 2020 年年底，全市国家级旅游功能区 6 个，红色旅游经典景区 12 个。2019 年上海全年接待国内旅游人数 36140.51 万人次，增长 6.4%，其中外省市来沪旅游人数 17186.41 万人次，增长 6.0%。全年入境旅游外汇收入 83.76 亿美元，增长 13.6%；国内旅游收入 4789.30 亿元，增长 7.0%。

（一）城市休闲性格气质

上海文化被称为“海派文化”，它是在吴越文化的基础上，融合欧美文化逐渐发展形成的。“海派文化”中有很强的休闲“基因”，道光三十年（1850

---

① 林章林. 上海城市旅游休闲公共空间的时空演化模式［J］. 旅游科学，2016，30（2）：79–94.DOI：10.16323/j.cnki.lykx.2016.02.007.

② 燕飞，居伟忠 . 大旅游视野下上海休闲旅游发展新思路［J］. 设计，2014（4）：187–189.

年）起，跑马厅每年春秋举办两次盛大的跑马活动，所到之处观看者挤满了道路两旁，海关也因为这项赛事停止办公。20 世纪 30 年代，“新世界”“大世界”“先施乐园”和“大新游乐场”的歌舞演出、杂技和戏剧，“仙乐斯”“银都”和“大华”等舞厅，“大光明”和“大上海”等影院，这些无不彰显着上海休闲娱乐所达到的高度。可以说上海市民有着悠久的休闲传统和强烈的休闲意识。经过改革开放后 40 余年的经济建设和发展，尤其是国家决策开放浦东之后，上海经济建设取得了巨大的成就，上海的基础设施建设也得到了大量的资金投入。这段时间大量与市民休闲游憩关系密切的基础设施和著名景点开始落成，上海的休闲体系不断完善，居民的休闲时间和休闲花费得到保障，休闲方式不断丰富。新建了上海博物馆、大剧院、上海图书馆、东方艺术中心等一批标志性的高水平文化休闲场所，成为都市旅游休闲方式的重要组成部分。一批新节庆应运而生，如上海国际电影节、上海国际艺术节、上海国际旅游节等。这些活动一方面使上海的城市休闲内涵更加丰富，另一方面使上海的都市旅游形象得到大幅提升。

休闲旅游成为上海旅游消费的主流和发展方向。休闲旅游和一般所说的旅游有一定的差别，休闲旅游是一般旅游的升华，是以居民经济条件的宽裕和闲暇时间的增多为前提的。有调查显示，近十年来中国老百姓最向往的休闲方式是旅游休闲，作为中国的经济、金融、商业中心，上海的 GDP 总量居全国之首，上海市民的可支配收入也水涨船高，老百姓旅游度假的愿望空前高涨。上海市民将休闲旅游视为一种时尚，近郊踏青游、周边自驾游、出国度假游等休闲度假方式受到上海市民的欢迎。上海市民对体育赛事和运动健身的热爱使得上海成为名副其实的活力精彩之都。由于良好的区位条件和雄厚的经济基础，加上市政府对公共体育场馆和专业体育场所的建设，上海成了众多体育赛事的举办城市，其中不乏国际重要体育赛事品牌，如上海国际马拉松公开赛、世界一级方程式锦标赛中国站、网球大师杯赛等。体育赛事的举办也促进了城市公共体育场所的兴建以及市民对运动健身的热情，体育赛事和运动健身逐渐走进上海市民的休闲生活。

文化创意类休闲方式的国际化、互动化程度提高。上海一直以来就以融合东西的开放、前沿文化而著称，近几年来上海在促进文化创意产业发展方面重磅出击并取得了重大进展。2012 年，上海文化创意产业增加值的增幅明显高于同期地区生产总值的增幅，对上海地区经济增长的贡献作用也越来越明显，特别是文化演艺市场日趋繁荣，增幅高达 15.4%。上海还举办了草莓音乐节、迷笛音乐节、国际电影节、动漫游戏博览会、国际车展等一批大型文化演艺活动，营造出浓郁的文化创意创新氛围，丰富了市民的文化休闲生活①。

（二）城市休闲空间

上海城市总体规划指出上海城市旅游布局分为位于主城区的都市旅游区和位于郊区的度假休闲旅游区两部分。上海休闲旅游地分为位于主城区的休闲街与公园绿地和位于郊区的休闲度假区。其中，休闲度假区包括“一山”“一湖”“一线”“三岛”以及嘉定名园区，既为上海市民提供度假休闲服务，同时吸引海内外旅游者，从空间分布来看，具体包括：“一山”，即松江佘山旅游度假区，包括松江城内园林和佘山国家级旅游度假区；“一湖”，即淀山湖休闲度假区，包括环淀山湖周边、朱家角和太阳岛等地区；“一线”，即杭州湾长江口沿线海滨度假区，包括金山、奉贤、南汇、宝山、浦东新区海滨以及长江口等地区；“三岛”，即崇明、长兴、横沙三岛，构成海岛休闲度假区；嘉定名园区，主要包括嘉定城内历史名园及新建的主题公园等。

从城区休闲街空间分布结构来看，上海城区休闲街空间分布结构以城市中央娱乐区为中心的积聚，以延安路—世纪大道现代服务业轴为轴线的东西向带状积聚，并呈现出明显的传统核心区域分异性——其传统意义上的核心区域主要位于 20 世纪 30 年代时上海的公共租界和法租界地区内，集聚了 37 条休闲街，约占总数的 56.1%。上海休闲街空间分布结构与城市空间扩张具有一致性，呈现出与黄浦江平行的东北西南向集聚分布规律，同上海从南京路、人民广场一带分别向东北、西南方向延伸的城市演变轨迹一致。与城市空间扩张的一致性，从侧面反映了休闲街首先服务市民的本位功能，其次才是服务于城市旅游发展，服务于外来旅游者。

从城郊休闲度假旅游景点空间分布来看，上海的休闲度假旅游景点主要分布在崇明、嘉定、金山、青浦、松江、浦东 6 个区，各区休闲度假旅游因优势不同而各具特色。崇明依靠本地资源优势开展休闲旅游活动，如竖新镇前

① 马红涛 . 上海市民休闲方式比较研究（2004~2014）[D] . 华东师范大学，2015.

卫村、陈家镇赢东村和绿华镇绿港村。在崇明的休闲旅游村中，游客可以跟着当地养殖户一起钓鱼、围网捕鱼、捉蟋蟀，品尝河、海、江里的鱼鲜。嘉定以现代农业、新型农村为基调，为游客创设“采菊东篱下，悠然见南山”的田园乐趣和享受。例如，马陆镇已形成以葡萄为主题的“果园乐”旅游；华亭镇以观光农业园艺区为核心打造“农家乐”旅游；徐行镇开放鸵鸟、孔雀、锦鸡等特种养殖场；安亭镇利用千年古银杏园以及苗木基地建成“林家乐”休闲旅游地。毛桥村则通过保留中华人民共和国成立前后的百年老屋，到20世纪50年代的公社食堂、60~70年代的知青小屋、80年代的住房、90年代的新宅、21世纪的别墅等，近一个世纪来江南农村的居民式样，反映上海地区农村民居的发展情况，凸显现代农村的魅力。青浦区围绕环淀山湖区域做足“水”文章，形成“渔家乐”和“果园乐”特色。例如，相继开放的练塘现代农业园区“现代农家乐”、朱家角百果园“果园乐”和金泽镇水产养殖基地“渔家乐”，让市民品味现代农家生活。松江把闲置的农田、农舍、鱼塘改造成体验农家生活的农庄。

（三）城市休闲产品业态

城区购物和美食休闲。上海主城区分布有集购物、美食休闲功能于一体的休闲街和有回归自然式休闲功能的公园绿地。对游客来说，上海是一个国内闻名的购物胜地。人们休闲购物常去享有“中华第一街”美誉的南京路，扩建后的还有淮海路、金陵东路、四川北路以及豫园商业旅游区、不夜城商城、徐家汇、浦东张杨路商城等地。在这些休闲购物地点，商店鳞次栉比，商品琳琅满目，商品素以牌子老、质量好、品种多、规格齐闻名于国内外。对游客更具吸引力的当属上海的美食休闲。上海是个海纳百川的城市，因而中国几乎所有的菜系（京菜、川菜、粤菜、湘菜、扬州菜、潮州菜、安徽菜、素食菜等）都汇聚在这里，世界各地的佳肴（意大利菜、俄罗斯菜、法国菜、越南菜、韩国料理、日本料理等）也都能在上海觅到踪迹，另有融会中西精华而又别具韵味的本帮菜。上海的美食店多由熟悉地方美食的本土人士经营，正宗原味，让游人流连忘返。

近郊大型娱乐休闲。上海作为全国的商业中心，每年吸引着从事主题公园、水上乐园、嘉年华、家庭娱乐中心、游艺场所、度假胜地、博物馆等经营项目的投资商、管理运营商及贸易商前来参与游乐休闲的投资和运营。水上乐园、主题公园等项目相继被开工建造、装配和开放。随着上海休假制度的不断完善，休闲旅游内需将不断扩大，这会促使在沪消费者每年花在娱乐休闲的消费占年总消费额的比例增加。2011 年，上海迪士尼游乐项目被正式启动建设，2016 年正式开园，又为这座都市增添了休闲娱乐的新内涵。

远郊回归自然式休闲和度假休闲。上海远郊已经建成多处集自然风光、田园野趣、生态环境、农家生活于一体的回归自然式娱乐休闲场所，开发有众多受国内外游人喜爱的农家乐、渔家乐、林家乐、果园乐等项目。目前，上海乡村休闲旅游已从吃农家饭、住农家屋，到参与农事体验，逐步回归田园，跨入发展新阶段，成为市民周末假日缓解压力、亲近自然的最佳方式。全市已有各类休闲农业和乡村旅游景区（点）450 个，年接待游客达 1461.75 万人次，37 个乡村振兴示范村、17 个乡村旅游重点村和 124 个市级美丽乡村示范村，30 个村获得“中国美丽休闲乡村”称号，全国休闲农业与乡村旅游精品企业（园区）95 个星级示范景点，40 个乡村旅游 A 级景区，市星级乡村民宿 70 家，16 家乡村旅游景点入围上海市全域旅游特色示范区域，47 家乡村旅游景点入选首批上海市民“休闲好去处”。形成了一批休闲农业观光园、采摘园、乡村民宿、休憩林地和农事节庆文化活动，休闲农业和乡村旅游已成为城市居民休闲、旅游和消费的重要目的地。另支持本市休闲农业和乡村旅游发展的四好农村路示范路也有 171 条，共计 340 千米。还有 1 个全国四好农村路示范县和 24 个上海市四好农村路示范镇。2021 年中共上海市委、市人民政府发布了《关于全面推进乡村振兴，加快农业农村现代化的实施意见》，要求发展一批休闲农业和乡村旅游重点镇村，培育 10 条休闲农业和乡村旅游精品线路。

旅游休闲街区。在上海，无论是外滩、陆家嘴，还是衡复历史风貌区，都已具备旅游休闲街区的典型特质。现在上海除了旅游休闲街区，还有很多大的购物中心已成为市民休闲胜地，如长风大悦城、环球港、K11 等，其休闲功能和受市民欢迎程度甚至比部分旅游休闲街区更甚。上海城市公共旅游休闲空间的均衡度也在不断提升，但仍然呈现出集聚式发展趋势，中心城区的资源集聚度始终很高，在 600 平方千米的中心城区集中了大约 60% 的公共旅游休闲资源，而占地大约 6000 平方千米的广大郊区只有 40% 的公共旅游休闲资源，而且主要集中在中心乡镇。各郊区县随着人口的增长和产业的转移发展，其旅游休闲公共空间也在逐渐扩大[①]。

推出一批以上海国际旅游度假区为代表的休闲度假好去处。推动上海国际旅游度假区的开发建设，在核心区迪士尼项目持续建设和功能提升的基础上，推进完善综合配套体系，加快文化旅游产业集聚，促进区域联动发展，将国际旅游度假区打造成为上海市民休闲度假首选地之一、具有示范意义的现代化“旅游城”、当代中国娱乐潮流体验中心，形成旅游产业发达、文化创意活跃、低碳环保智能、环境优美宜居的城市新地标。优化佘山国家旅游度假区规划布局和产业结构，以佘山国家森林公园、广富林文化遗址公园为主体，营造优质的旅游休闲度假环境。大力提升郊野公园的发展质量，立足市民游客休闲度假需求，完善旅游服务和导览系统，增强旅游休闲度假功能。深入挖掘整合各类旅游资源，打造一批涵盖文化艺术、民俗工艺、亲子娱乐、餐饮美食、生态风光、海洋海岛等内容的休闲度假好去处。持续开展旅游惠民利民，推出“精彩缤纷、乐游上海”市民游上海系列活动[②]。

三、天津国民休闲旅游模式

天津简称津，是中国四个直辖市之一，是我国7个超大城市之一[③]，著名的国际港口城市和生态城市，是中国北方最大的沿海开放城市、近代工业的发源地、近代北方最早对外开放的沿海城市、我国北方的海运与工业中心。早在隋代天津就是航运要渠，唐宋以来逐渐形成水陆码头，金代在此戍边设寨又成为军事要地。到元代元大都北迁至北京，天津成了首都门户北方的经济中心。

作为拥有中国第四大工业基地和第三大外贸港口的大都市，自从2006年起，天津滨海新区的发展上升为国家政策后，重新走上了高速发展的道路。天津是渤海湾西岸最大的城市，城市建设风光以北方海滨风情为特征，走在天津主要的街道上就能看到这种都市范的城市街景。冬无严寒、夏无酷暑的天津，不仅拥有得天独厚的气候优势，还有高收入、低物价的魅力，相比较国内其他

① 从上海旅游休闲公共空间的演化趋势看全域旅游的发展［EB/OL］. https://www.sohu.com/a/212949892_168681［2017-12-27］.

② 《关于促进上海旅游高品质发展加快建成世界著名旅游城市的若干意见》。

③ 根据国务院2014年印发的《关于调整城市规模划分标准的通知》，城区常住人口在1000万人以上的城市属于超大城市。目前中国共有北京、上海、广州、深圳、重庆、成都、天津7个超大城市。

一线城市而言，天津的房价、生活消费品物价都不算很高，可是收入水平却不低，这样的城市洋溢着幸福。

天津作为中国政治、文化中心区域的重要城市，在京津冀一体化过程中，将逐步发展成为以休闲产业为新经济增长点的“北方经济中心”，休闲旅游成了天津强劲的经济增长“新支点”。在2011年的中国休闲城市综合发展评价成果发布会上，天津被评为“中国休闲城市”和“最佳休闲购物城市”。2015年继北京、上海之后，天津GDP也超过香港，经济的发展所带来的不仅是GDP增长，更多的是人们对消费多样化的追求。“十三五”期间，天津在休闲旅游一体化建设中，致力于打造京冀重要节点。在休闲旅游资源类型上，与历史古城北京有所不同，天津近代人文旅游资源较为丰富，由此，以历史为主线的旅游景点得以串联。天津紧紧围绕“一基地三区”城市定位和“五个现代化天津”建设目标，以提供优秀文化产品、优质旅游产品为中心任务，着力开发天津市都市风情、滨海休闲、乡村田园、民俗技艺等特色文旅资源，打造了一批高质量文化和旅游景区，推出了一系列优质特色产品，使旅游业成为全市经济社会快速发展的强力引擎和提升人民幸福感的有效途径。此外，天津现代休闲产业发展较为迅速，种类较为多样，突破了单一形式，呈现休闲商务、休闲旅游、休闲娱乐、休闲文艺百花齐放的局面。天津市先后建设国家海洋博物馆、滨海新区美术馆、运河文化中心等公共休闲设施。目前，天津拥有的相声小剧场大大小小不下10家，比较有名的包括西岸相声会馆、名流茶馆、天广乐相声茶社等。从这些数据可以看出，天津的休闲产业正在蓬勃发展，天津正在努力变成全国最受欢迎的城市。2016~2019年，天津市接待中外游客数量年均增长9.15%，旅游总收入年均增长11.5%。2019年全市接待游客2.47亿人次，旅游总收入4317.99亿元，在全国重点城市中分别列第七位和第六位。文化产业取得显著成绩，文化遗产保护成效显著，文化综合实力和竞争力显著提升。

（一）城市休闲性格气质

天津依山傍海，地处九河下梢，拥有山、河、湖、海、泉、湿地等丰富的景观资源，海河贯穿天津城区，沿岸有20公里长的带状公园，绿化面积20余万平方米，同时天津还有着悠远的历史文化印记，市中心城区形成英式、意式、法式等多种建筑风格，拥有众多特色博物馆、相声馆，杨柳青年画、汉沽刻字版画、泥人张、津门法鼓等都是响彻中外的民俗文化，沙窝萝卜、小站稻、七里海螃蟹等特色种类繁多，处处彰显天津浓郁的地方特色[①]，形成了天津独特的休闲气质，为天津休闲经济的发展打下了坚实的基础。

天津是一个有历史的城市。隋代开凿的京杭大运河天津段；辽代所建的独乐寺，距今已有上千年历史，还有黄崖关长城等。这些古代文化遗迹记载着天津的过往。进入近现代，天津作为中国最早被殖民、被开放的口岸，列强开辟租界，大沽炮台、北洋水师大沽船坞、解放北路金融街、五大道历史风貌建筑、晚清民国名人旧居、意大利风情街、小白楼、利顺德大酒店、西开教堂、望海楼教堂、大悲禅院、天后宫等，数不胜数的近现代文化遗迹，成为天津宝贵的休闲旅游财富。

说到天津就不得不提具有地方特色的各色饮食和小吃。其中最为著名的有狗不理包子、十八街麻花、耳朵眼儿炸糕，被称为“天津三绝”。此外，天津小吃兼具了南北小吃的特点和风格，又结合了回族等各少数民族的饮食特色，自成一派，具有独到的风味，享誉全国。比较具有天津地方特色、知名度较高的小吃有大福来锅巴菜、白记水饺、芝兰斋糕干、石头门坎素包、桂顺斋糕点等。这些小吃都是历经传承、不断发展、融会贯通的结晶。天津小吃的特点就是食用方便、价格亲民、符合大众口味。水旱码头的便利更是为天津饮食的传播和发展提供了有力的保证，所以其本质是天津码头文化和商业文化的产物。

天津传统艺术最具代表性的是“泥人张”彩塑、杨柳青年画和“风筝魏”风筝。这三种民间工艺美术最大的特点是地域文化的审美特质。从天津民间手工艺的制作和风格来看，更是体现了浓厚的天津地域特色和文化特点。天津还是著名的曲艺之乡，最典型的是天津的相声、快板、京东大鼓和时调。可以说是天津曲艺文化的佼佼者。尤其以相声为傲，全国独树一帜，大师辈出。可以说，天津说唱艺术是天津地方文化特色的重要一环，也是天津城市文化的重要组成。天津创造发展了天津快板、天津时调。据不完全统计，相声茶馆的兴起在获得经济效益的同时，将地域特色文化以一种潜移默化的休闲方式传播开来。来天津品“天津三绝”，听“茶馆相声”已经在全国叫响。台上一块醒木、一把折扇、一条手绢，演员穿着长袍马褂，口若悬河、妙语连珠，台下数十上

① 李春璐，窦艳芬．双循环格局下天津市休闲农业高质量发展的路径研究［J］．天津农业科学，2021，27（11）：48-52.

百位观众品着盖碗茶、嗑着瓜子，笑声不断，掌声不绝……表演原汁原味、形式贴近群众、票价相对低廉，使得天津茶馆相声越来越火爆。此外，天津还有独具特色的地方方言，十分丰富的民俗传统节日和独特的习俗。这也是城市文化十分重要的环节。比如逛“娘娘宫”、过春节贴“吊钱”、正月十五“逛庙会”、踩高跷等，这些天津城市文化的符号深深烙印在天津文化的记忆中。

天津是一座有故事的城市，天津有良好的物质条件和文化积淀，城市文化资源丰富，这都是天津进行休闲产业发展的强有力保证和重要资源，也是天津形成自己休闲气质的重要前提条件①。

（二）城市休闲空间

2016 年，天津市按照《天津市旅游业发展“十三五”规划》的要求，不断优化空间布局，“一带、三区、九组团”的空间规划布局得到持续完善。在保护大运河生态的基础上，加强了对大运河天津段文化和旅游资源的规划，充实并整合海河及其两岸文化和旅游产品；都市文化休闲旅游区、滨海休闲度假旅游区、蓟州生态休闲旅游区已成为天津市文化和旅游目的地的三大核心支撑；杨柳青古镇、精武门·中华武林园、佛罗伦萨小镇、小站稻耕文化特色小镇、天山海世界·米立方、天津欢乐谷、独流古镇等一系列重大文旅项目，成为各组团的亮点。2021 年，天津市文化和旅游厅关于印发《天津市文化和旅游融合发展“十四五”规划》，明确指出“十四五”时期，着力构建“一核一带两园三区六组团”的文旅融合发展空间布局，即突出一个中心城区都市文化和旅游极核，打造一条海河亲水主题旅游发展带，推动两个国家文化公园规划实施，建设三个代表山野乡村文化、滨海休闲文化和绿色生态文化的特色旅游区，形成西青崇文尚武生态田园、宁河乡土文化与湿地游憩、宝坻都市休闲农业、静海“体育+康养”、武清京津时尚文化体验、北辰近郊水镇度假六个组团。

中心城区都市文化和旅游极核，深化“近代中国看天津”核心品牌，充分利用天津城市风貌中西合璧、古今兼容的特点，整体统筹天津近代历史文化资源，稳妥推进小洋楼等历史文化资源的盘活处置和有效利用，整体构建天津近

① 曲宁. 天津文化自信与文化现代化建设［C］//学习贯彻党的十九大精神 推进“五个现代化天津”建设——天津市社会科学界第十三届学术年会优秀论文集（上），2017：225-231.

代都市历史文化资源的网络化开发结构。通过将小洋楼为代表的单体点、异国风情街为代表的步道线、历史文化街区为代表的文化面、近现代名人逸闻逸事为代表的故事体充分融合联动，形成综合性、多元化的历史文化空间结构。

海河亲水主题旅游发展带。在海河上游中心城区段，依托海河沿岸历史文化资源，梳理津派文化发展脉络，以两岸近代建筑景观与河道景观为载体，推动海河旅游资源开发、文化资源展示、基础设施建设、生态景观提升、游览观光服务和夜间经济打造，提升海河整体形象和知名度。海河中游串联天津市绿色生态屏障旅游线路，实现生态旅游、休闲旅游、乡村旅游、文化创意旅游相互衔接。海河下游旅游带要发挥河海交汇的地理优势和近代工业文明遗址密集的资源优势，水陆并举，河海互动，整合文物景观、建筑景观、堤岸景观和舟船景观，打造亲水主题旅游新高地。

两园。大运河国家文化公园（天津段），打造运河特色文化项目，培育运河文化产业集群，使之成为展示“千年运河·魅力天津”的城市名片。长城国家文化公园（天津段），依托山地自然风貌特色，深入挖掘蓟州明长城的文化价值，丰富产品文化内涵，重点建设管控保护、主题展示、文旅融合、传统利用四类主体功能区。

三区。滨海文化休闲度假区，依托国家海洋博物馆、航母主题公园、东疆湾沙滩公园、东疆国际邮轮母港等旅游资源，构建亲海旅游空间格局，建设景观优美、文化体验丰富的国际一流亲海亲水生态休闲旅游目的地。绿色生态屏障文化和旅游区，以文化创意为重点，以全域旅游为导向，将绿色生态屏障文化和旅游区打造成以文旅产业深度融合带动生态环境可持续发展的国家生态旅游示范区。蓟州山野名胜区，依托盘山、梨木台、凤凰岭、九龙山和中上元古界叠层岩等山地景观，翠屏湖等湖泊景观，以及当地较为成熟的乡村度假旅游业态，以蓟州城区为核心，以蓟运河为发展轴，重点开发北部山地公园生态休闲度假区、西部大盘山文化休闲旅游区、东部环湖生态休闲会奖旅游区、南部现代观光农业旅游发展区。

六组团。西青崇文尚武生态田园组团，打造以杨柳青大运河国家文化公园为核心，崇文、尚武两大品牌文化为两翼，推动文旅与工业、服务业、农业、教育、医疗、体育等跨界融合，重点打造大运河国家文化公园、常青藤国际艺术小镇等一批重点文旅项目，打响西青文旅 IP，打造独具特色的西青民俗生态旅游区。宁河乡土文化与湿地游憩组团，以板桥镇、廉庄镇和七里海湿地实验区为主的特色文化村和湿地特色景观带，依托宁河区良好的农业基础和生态湿地自然资源，重点推进板桥镇盆罐庄村和廉庄镇木头窝村两个文化旅游村建设，开发环七里海、沿蓟运河等“多日游”“四季游”线路，组织河蟹节、丰收节等乡村节庆活动。宝坻都市休闲农业组团，以促进农民就业增收、建设美丽宜居乡村为目标，融合田园风光、生态湿地、农田景观、民俗民事、红色文化等元素，发展农户示范型、企业带动型、多方协作型等都市休闲农业与乡村旅游。静海“体育＋康养”组团，确立运动休闲、智慧健身、骑行文化和特色养老四大特色，以及温泉、生态湿地、有机种植等为核心的康养体系。武清京津时尚文化体验组团，重点发展时尚休闲购物、主题娱乐、休闲度假等旅游产品以及北运河和龙凤河的水上沿岸旅游项目。北辰近郊水镇度假组团，引入精品民宿、文创工作室，创建国家4A级旅游景区①。

（三）城市休闲产品业态

休闲农业高质量发展。天津市休闲农业起步于20世纪90年代中后期。多年来，天津休闲农业扶持政策的密集出台，为休闲农业发展提供了强有力的支撑。2011年，《天津市休闲农业发展“十二五”规划》出台。2013年，实施“9123”载体建设工程，对天津市休闲农业进行规范化布局。2016年，京津冀三地签署《京津冀休闲农业协同发展框架协议》，成立了休闲农业产业联盟，以促进京津冀休闲农业的互利共赢和平衡发展。2017年，天津市人民政府印发的《关于进一步扩大旅游文化体育健康养老教育培训等领域消费的实施方案》中提出，要全面落实“旅游＋农业”，打造一批“一村一品”旅游特色村，形成一批特色鲜明的乡村旅游聚集区。2018年，《天津市人民政府办公厅关于促进全域旅游发展的实施意见》中明确提出要推动旅游与农业的融合发展，依托现代农业设施和旅游特色村发展乡村旅游，提升一批市级休闲农业示范村（点）。2021年，《天津市国民经济和社会发展第十四个五年规划和二〇三五年远景目标纲要》指出，推动农村一、二、三产业深度融合发展，创新发展都市型休闲农业和乡村旅游，为天津市休闲农业创造良好的发展空间。伴随着政府政策的

---

① 《天津市文化和 旅游融合发展“十四五”规划》。

支持和市场需求的增长，天津市休闲农业获得了快速发展。来自天津市农业农村委员会的统计数据显示，2011~2018 年天津市休闲农业接待游客数量呈上升趋势，2018 年休闲农业接待人数达到了 1900 万人次，是 2011 年接待人数的 2.35 倍；游客的不断增加使得休闲农业的综合收入也呈现逐年增长的趋势，2018 年综合收入 70 亿元，是 2011 年的 4.46 倍。带动就业方面，截至 2018 年年底，全市直接参与休闲农业的从业人员数量超过 6.9 万人，带动农民就业超过 30 万人。2020 年，天津津南区北闸口镇前进村、武清区汉沽港镇二街村、蓟州区罗庄子镇杨家峪村、宁河区廉庄镇木头窝村入选《中国美丽休闲乡村名单》。①

康体休闲旅游。依靠天津已开发的团泊湖温泉度假酒店、天津帝景温泉城、天津龙达温泉生态城、东丽湖温泉度假中心等水上娱乐休闲项目，打造以戏水为主题的“水活天津”保健游。以龙源房车露营基地、天津七里海湿地公园和蓟州区下营镇山野运动基地露营地等为代表热衷野外探险、真人 CS、蹦极和攀岩等极限运动的高端户外主题的“露营天津”自驾游。游览霍元甲故居，熏陶这具有几百年的历史和广泛的群众基础、名家辈出的武术之乡独特魅力，形成“武魂天津”体验游。随着天津市海河水域首家游艇俱乐部成立并举行了游艇嘉年华活动，通过摩托艇水上表演和游艇展示等活动向公众呈现了别样“海味天津”游艇游。天津可谓绅士体育项目发展的先驱，英租界的英国俱乐部内的高尔夫球场已有百余年历史，拥有天津国际温泉高尔夫俱乐部、天津华纳高尔夫俱乐部、天津杨柳青高尔夫俱乐部、天津京基乡村高尔夫俱乐部等内部设有众多国际一流设施的高尔夫球场，成功举办国际类赛事，“高球天津”竞技游深受商务名流和专业人士青睐。

文化休闲旅游。游天津不仅要去看五大道小洋楼、夜游海河、品尝狗不理包子，还得听一场天津相声。天津可谓是中国曲艺发展的宝地和福地。尤其是在相声艺术发展中，天津有着独特的优势。而且在天津孕育了众多相声大家、名家，如相声界泰斗马三立、知名相声表演艺术家杨义、马志明、苏文茂、魏文亮和杨少华，当然还有当代相声界的风云人物郭德纲。这些名角吸引了来自各地的相声爱好者云集天津。在天津听相声还传承着最为有特色的习俗——茶馆听相声。这股热潮可以说席卷全国，但溯源还是要来天津参观全国首家相声

① 李春璐，窦艳芬 . 双循环格局下天津市休闲农业高质量发展的路径研究［J］. 天津农业科学，2021，27（11）：48-52.

博物馆方可得知。旧时天津著名的餐馆有所谓八大成（义和成、福聚成、义升成、聚升成、聚源成、铭利成、聚和成、聚庆成），专营高档宴席。代表菜有挣蹦鲤鱼、熘黄鱼扇、炒青虾仁、煎烹大虾、酸沙紫蟹、金钱雀脯、麻栗野鸭等。至今，津菜中还继承并发扬了八大成的不少名菜。同时天津日常饮食锅巴菜、煎饼果子等也深受欢迎。当然，天津饮食中最为著名的还属天津的小吃三绝（狗不理包子、耳朵眼儿炸糕和十八街麻花）。游客在天津食品街不仅可以把上述美食一网打尽，而且可以品尝到很多其他天津特色食品，如果仁张、石头门坎素包等，天津食品街可以说是体验天津饮食文化的首选地。

天津历史文化遗迹众多，如世界三大妈祖庙之一的天后宫、千年古镇杨柳青、有“万国建筑博览会”之称的五大道、唐代的独乐寺、明代的文庙、清代的大悲院、弘一法师的故居——静园、梁启超的故居和书房——饮冰室、大沽口炮台、石家大院、望海楼、平津战役纪念馆、周恩来邓颖超纪念馆、蓟州区盘山烈士陵园等。在天津民俗文化中妈祖文化可谓久负盛名。天津是北方地区妈祖文化的中心，故有“南有湄洲妈祖庙，北有天津天后宫”之说。妈祖文化是天津历史文化的重要渊源之一。“先有天后宫，后有天津卫”的说法，充分说明妈祖文化在天津文明发展史上的重要地位。以天后宫为中心的古文化街已经成为享誉中外的景观和展示城市形象的重要窗口。

近年来，天津市政府充分发挥“山、河、湖、海、泉”资源齐备和近代历史文化资源丰富的优势，全面整合、深度开发旅游资源，旅游景区、景点建设取得重大进展。着力开发建设“一带五区”，即海河旅游观光带、市中心综合旅游区、蓟州区山野名胜旅游区、滨海观光度假旅游区、津西南民俗生态旅游区、津西北现代休闲娱乐区，全力打造和推出“近代中国看天津”文化旅游品牌，树立“渤海明珠、近代缩影”的旅游形象。“近代中国看天津”文化旅游板块包括近代天津政治、经济、金融、文化、建筑、国际交往等历史脉络的12个文化旅游主题板块，即大沽烟云、小站练兵、洋务溯源、莱茵小站、欧陆风韵、东方巴黎、金融明街、意奥风情、扶桑市井、老城津韵、津卫摇篮、杨柳古镇。

四、重庆国民休闲旅游模式

重庆简称渝，别称山城，又以江城、雾都、桥都、8D魔都著称，是中华人民共和国省级行政区、直辖市、国家中心城市、超大城市，国务院批复确定的中国重要的中心城市之一、长江上游地区经济中心、国家重要的现代制造业基地、西南地区综合交通枢纽。重庆旅游资源丰富，有长江三峡、世界文化遗产大足石刻、世界自然遗产武隆喀斯特和南川金佛山等壮丽景观。同时重庆是一座集大城市、大农村、大山区、大库区于一体的西部城市，既有丰富的休闲旅游资源，又有立体景观、动感交通、都市风情、文化名城等魅力，吸引着越来越多的国内外客人前来休闲观光。近年来重庆无疑成了“网红旅游城市”，成了广大游客出行的首选，其城市的魅力也在不断被发现、被认可。随着重庆不断升级休闲旅游度假产品，拓展休闲度假的功能，逐步实现了休闲旅游升级发展，已然真正驶上“快车道”。数据显示，截至 2019 年年底，重庆已成功创建了 10 个全国休闲农业与乡村旅游示范区县，23 个示范点，23 个最美休闲乡村和中国美丽田园，部级美丽乡村 36 个、市级示范村 388 个，休闲农业和乡村旅游景区景点 3000 余个，发展农家乐 2 万余家、休闲果园及农庄 7500 多个，基本上每年都能够推出 100 条以上的精品休闲旅游线路。2020 年，重庆全市接待过夜游客 6441.48 万人次，同比恢复 64.5%；A 级旅游景区接待游客 16114.3 万人次，同比恢复 59.6%；旅游产业实现增加值 979.18 亿元，同比恢复 95.2%，占全市 GDP 比重 3.9%。

（一）城市休闲性格气质

重庆是一座自带“流量”的城市，一城千面的山水气质、灯火之夜的浪漫气质、市井与都市碰撞的艺术气质，瞬间与众多平原城市形成极具个性的特色差异。依托重庆独特的城市气质，为人们提供了立体景观体验、动感交通体验、都市风情体验、文化名城体验，打造了无数网红打卡点，形成了重庆独特的城市魅力，为重庆发展休闲旅游奠定了基础。

重庆素有“山城”之称，全市近 91% 的面积为山地丘陵，其中山地又占到全市总面积的 3/4。清末名臣张之洞曾说：“名城危踞层岩上，鹰瞵鹗视雄三巴。”以“山即是城，城即是山”描述重庆的地形地势。长江、嘉陵江横贯重庆主城，形成山环水绕的自然地理格局，重庆城市拓展建设始终是依山而建、与水相依。虽然受制于地形地势，却形成了山水相融、独具个性的立体山水风貌。重庆的诸多别称、美誉，如“山城”“江城”“桥都”等，实质上都直接或间接与山水相关。渝城八景、巴渝十二景中的“洪崖滴翠、龙门浩月、黄葛晚渡”等都展现了重庆立体的山水景观。重庆主城区形成了以渝中半岛为核心的众星拱月式多中心、组团式城市格局形态，并拥有两江四岸滨水地区及环城市山水游憩带。山水环绕，两江四岸、四山三谷的山水都市格局，使得城市建筑多依山而建，临江而筑，层叠而上，形成了立体独特的山城与江城景观。尤其是重庆都市历史根基与核心所在的两江交汇地带，母城渝中半岛更被誉为“山是一座城，城是一座山”；道路、房屋、街市完全依山势而叠起，构成了重庆都市景观风貌最突出的外在特征。洪崖洞、磁器口、魁星楼等建筑即为立体山水城市的典范。

山城的特殊地理格局，造就了重庆“上天入地”多维立体的魔幻交通与建筑体系。重庆的轨道交通无疑最能体现山城特色的交通，爬坡进洞、穿楼跨江运行，李子坝轻轨穿楼在游客中最具人气，为方便旅游者观看轻轨穿楼景观，重庆市政府特地修建了观景平台。由于城市的高差与起伏，建造了全国最深的轻轨站——红土地站，其埋深为 94.48 米，相当于 31 层楼的高度。从 2005 年重庆建成投运了我国第一条跨座式单轨——轨道交通 2 号线起，至 2018 年年底，重庆主城已开通 1 号线、2 号线、3 号线、4 号线、5 号线、6 号线、10 号线及轨道环线，共 8 条轨道交通线，线网覆盖主城 9 区，里程总长度居中西部第一位。此外，被誉为“万里长江第一条空中走廊”的长江索道，可尽览江山之城的都市风貌。苏家坝立交桥高 72 米，是全国城市最高的匝道桥，现在苏家坝立交桥已成为多部电影的外景拍摄地。最复杂的城市立交桥——黄桷湾立交桥，高达 5 层、共有 20 条匝道。国内第一、亚洲第二长的两路口皇冠大扶梯、巴南区波浪形公路、螺旋车库、“屋顶公路”等交通方式都极具魔幻穿越体验感。轻轨、索道、桥梁、立交、游船等交通方式，乃至户外的自动扶梯，“空中天桥”等城市基础设施，构成了重庆个性的交通建筑体系，展现了重庆都市动感穿越的魅力。

重庆夜景自古闻名，被誉为“字水宵灯”，是古巴渝十二景之一，清朝的王尔鉴曾赋诗“高下渝州屋，参差傍石城。谁将万家炬，倒射一江明。浪卷光难掩，云流影自清。领看无尽意，天水共晶莹”来赞叹重庆的夜景。重庆山城的地理格局，嘉陵江、长江两江贯穿主城，在渝中半岛交汇，形成了立体的两江四岸都市风貌，依托“山、水、桥梁、城市建筑”的特色组合与现代灯光照明系统的装饰点缀，全方位展现了重庆山水相依、错落有致的城市景观与城市轮廓，山城夜景，具有极佳的视觉张力与辨识度。南山一棵树观景台、鹅岭公园、南滨路、重庆环球金融中心（WFC）等，都是体验两江交汇与渝中半岛夜景魅力的经典场所，乘坐游船是动态体验山城夜景魅力的传统项目。

火辣、时尚、创意等元素是重庆都市最具魅力的风情。以重庆火锅为龙头，渝派川菜为重点，“江湖菜肴”为特色，地方小吃为拉动的重庆美食闻名遐迩。重庆先后被中国烹饪协会授予“中国火锅之都”和“中国小面之都”的称号，在2014年还入选“全球网民推荐的最具代表性的20座中国美食城市”。“十字金街”解放碑是重庆的第一地标，同时也是重庆都市最核心的时尚街区，此外观音桥、杨家坪、南坪、三峡广场等都是重庆著名的商圈与时尚街区，火辣的重庆美女成为各大时尚街区的特色风景线。朝天门是重庆的历史人文地标，在建全球体量最大的“来福士”广场。两江新区是全国第三、内陆首个国家级新区，坐落于两江新区的江北嘴中央商务区是中国中西部地区唯一的国家级战略金融中心。根据重庆市政府发布的《重庆市现代商贸服务业发展“十三五”规划》，到2020年，重庆已建成零售额过百亿元的商圈15个，500亿元级商圈3个。三峡博物馆、人民大礼堂、重庆大剧院、重庆科技馆等都是重庆的文化标志性场馆。黄桷坪川美涂鸦街是当今中国乃至世界最大的涂鸦艺术作品群，二厂文创园、华生园梦幻城堡、北仓文创街区等都是重庆都市文化创意的平台，以及茄子溪巷、长征厂等场所都具有极大的文创开发空间①。

（二）城市国民休闲战略政策

1997年，在直辖后的重庆市第一届党代会和人代会上，做出了把旅游业培育和发展成为重庆市支柱产业的重大决策。这一全新的产业定位，明确了旅游经济在全市国民经济和社会发展中的地位和作用，旅游业开始迈入“产业发展”的新阶段。2006年7月，市政府通过的《重庆市国民经济和社会发展第十一个五年规划旅游业发展重点专项规划》，明确提出将重庆市着力打造成“山水都市观光休闲旅游目的地”。市委、市政府的高度重视和大力支持，为重庆旅游业的发展奠定了坚实基础。在相关政策的支持下，重庆旅游业围绕长

① 黄龙．网红重庆的都市旅游个性体验及开发研究［D］．重庆师范大学，2019.

江三峡、大足石刻、乌江画廊、山水都市和武陵风光等旅游精品，积极招商引资，开展大项目建设，发展山城都市旅游，取得了极大的成效。目前，重庆旅游已逐步由过去的长江三峡旅游景区一枝独秀发展为长江三峡、大足石刻、山水都市、乌江画廊、武陵风光等旅游精品齐头并进的局面。2016 年重庆市印发了《重庆市旅游发展总体规划（2016~2030 年）》，提出要重点发展城市休闲旅游，以及重点加大休闲文化旅游产品的提升。在 2016 年《重庆市建设国际知名旅游目的地“十三五”规划》的推动下，旅游产业逐渐成为重庆的支柱产业之一。重庆不断加大城市改造升级力度，提升自身文化价值。这些改造升级与现在重庆呈现的“魔幻”网红特征有紧密关系，如网红景点——洪崖洞、磁器口、十八梯等项目都在这一轮改造升级中，利用山城独有的空间高差，保留山城横纵的街巷、崖壁和石板路，复活巴渝文化特色的吊脚楼，发挥文化价值的同时最大限度地保持着地域特色。[①]

（三）城市休闲空间

重庆围绕打造大都市、大三峡、大武陵旅游目的地的目标，提升文化内涵，丰富文化业态，布局特色差异明显的休闲旅游产业融合发展集群。

主城都市区。全面接轨世界知名都市旅游目的地建设，打造世界级文旅地标，培育“一核两带”文旅融合创新引领地和文旅融合消费集聚地。立足主城中心城区人文资源富集优势，将山水格局和文化底蕴深度融合，引导文旅融合业态向广阳岛、长嘉汇大景区、歌乐山·磁器口大景区高度集聚，辐射带动渝中母城历史文化街区、“两江四岸”滨江路沿线文旅业态布局发展，实施山城夜景和两江游轮文化提升行动，构建“两江四岸”都市文旅产业融合发展核心区。推进主城“四山”及城中山景区、度假区整体提升文化品位，打造高品质都市文化时尚业态与独特山城景观交相辉映的都市山地文旅观光带。立足主城新区大足石刻、钓鱼城、白鹤梁、816 工程等世界级文化遗产和金佛山、四面山、巴岳山、长寿湖、龙水湖等自然生态胜地，丰富旅游演艺、传统工艺、乡村文化、特色节会等文旅融合业态，推动打造享誉国内、文化景观富集的旅游大环线，形成环中心城区文旅休闲带。

---

① 重庆为什么可以成为网红城市［EB/OL］. https://zhuanlan.zhihu.com/p/265798945 .

渝东北三峡库区城镇群。依托“三峡游轮为牵引，核心库体为主轴，次级河流为支干，两侧纵深为腹地”的大三峡旅游发展布局，推动文化元素、创意设计和文化业态全域发展，彰显三峡历史、巴人文化、大河民俗及当代移民精神。在“三峡库心 · 长江盆景”“万开云”旅游核心区、奉巫巫城旅游“金三角”、大巴山—明月山乡村文旅带等重点板块打造中，注重提升旅游产业的文化体验感、文化附加值、文化竞争力和文化影响力，加快推动长江三峡国际黄金旅游带以文旅融合为方向升级发展。

渝东南武陵山区城镇群。牢牢抓住“一心一带一区”旅游发展布局，推动武陵山区旅游集散中心在文旅产业融合发展上的先行示范作用，带动乌江画廊生态文化旅游带和武陵山区民俗风情旅游带。以土家族、苗族多彩民族文化为核心创新发展，布局一批民族工艺、民俗演艺、民族节会、民俗体验等新型业态和示范项目，集成、实践一体化文旅产业融合发展政策和市场培育行动，将自然生态美景和浓郁民族风情融为一体，加快推动文化产业和旅游产业融合发展，打造文旅融合发展新标杆[①]。

（四）城市休闲产品业态丰富

目前重庆休闲旅游业丰富，主要呈现以下特征：大型高档次的文化娱乐场所不仅为市民服务，也是国内外游客光顾的重要休闲场所；重庆休闲商业区及步行街、休闲街或文化街，集餐饮、商业、娱乐、文化于一体，是具有重庆风格的休闲地；朝天门的客运从交通运输功能向旅游休闲功能的转变，成为重庆的水上休闲产品；重庆市郊生态资源的有序开发，使海滨、环淀山湖一带成为重庆度假区（村）集中地，其中仙女山国家旅游度假区是重庆规模最大等级最高的国家级度假区。目前重庆已拥有多条特色农业旅游线路，“农家乐”将成为市郊休闲度假旅游发展的重头戏。

重庆都市休闲旅游产品主要为休闲广场（城市广场）、休闲街区（步行街）、游乐园（主题公园）、都市休闲旅游景区和都市农业旅游区几种类型。围绕重庆传统商业圈和新兴商业圈而形成的都市休闲旅游区，包括观音桥步行街、沙坪坝广场、解放碑步行街、南坪步行街、杨家坪步行街、巴南鱼洞、渝

① 《重庆市文化产业发展“十四五”规划》。

北两路、北碚碚峡路。这一类型的休闲区包括了城市广场和步行街两种业态。区内商业圈商业繁荣，设有步行街、各色重庆特色小吃店、电影院等休闲设施，并经常举行各类节庆活动，市民可以在区内进行购物，就餐、开展娱乐活动，同时也可在步行街的长椅上休息聊天，“摆龙门阵”。以休闲广场（城市广场）为主的都市休闲旅游区，包括朝天门广场和人民广场，如朝天门广场充分利用滨江的优势，开展了滨江休闲旅游项目；市民可在朝天门码头登船开展游轮观光经营，欣赏重庆夜景，在船上吃重庆的火辣美食，进行休闲与放松。同时，在朝天门广场周围沿江修建了步行观光道，利于市民休闲观光。以主题公园为主的新兴都市休闲旅游区，主要包括洋人街，魔幻山主题乐园、金源科幻公园等。市民在主题公园可以尽情玩要，体验奇妙的玩乐之旅。以都市旅游景区为主的传统都市休闲旅游区，主要包括南山植物园、缙云山风景区、篆云山风景区等。市民可以在都市休闲旅游景区观赏风景，放松心情。都市农业旅游区，主要包括南山南部休闲农业区、迎龙休闲农业区、长生桥休闲农业区、广阳农业产业区。市民可以在这些休闲农业区亲身体验农业劳作与采摘果实的乐趣，也呼吸到农村清新的空气，感受到平日难得的舒畅①。

第二节　成都、杭州、广州、西安、武汉、苏州旅游休闲之都模式案例

休闲之都，是指生活在这个城市的人们生活压力不大，人们心态平和、包容、大气；生活方式灵活、随意、休闲；城市的管理者想问题、办事情考虑人的因素比较多，提供给市民休闲的场所也多；城市里休闲文化氛围浓郁，养成了人们休闲生活的习惯②。本节选取成都、杭州、广州、西安、武汉、苏州著名休闲之都作为案例研究对象，分析研究对象的旅游休闲发展现状，总结其发展经验启示。

① 黄龙．网红重庆的都市旅游个性体验及开发研究［D］．重庆师范大学，2019.

② 休闲之都［EB/OL］. http://www.360doc.com/content/17/0925/09/4461871_689858821.shtml［2017-09-25］.

一、成都休闲旅游模式

成都位于四川盆地西部，中国西南地区的科技、商贸、金融中心和交通、通信枢纽，西部地区重要的中心城市。西汉时，成都已成为中国六大都市之一，是中国未变城址最长久的城市，历史悠久，文化灿烂，名胜古迹众多，也是我国首批国家历史文化名城和南方丝绸之路的起点。成都雨水丰盈，又有锦江穿城而过，加之地处盆地，气候潮湿，整座城市如同水润，秉承了巴蜀之地最多的钟灵，自古物华天宝、人杰地灵，被誉为“天府之国”。

成都是一座来了就不想走的城市。成都，既充满现代文明又浸润远古文化，既有最丰盛的美食又有遍地闲适的茶馆，既是发展迅速的现代化大都市又有节奏舒缓的慢生活。成都的休闲在于这里给人休闲的氛围以及这里的人对休闲生活的态度：休闲早已成为一种文化，蔓延到每个角落，感染着四方来客。近年来，成都及周边涌现出的乡村酒店、休闲度假村、农家乐多达万余家，形成了一条环城市游憩带。优美的环境、宜人的气候、热情的民风、众多的美食、丰富的旅游资源，以及独特的街里文化、茶馆文化，辅之时尚的慢生活方式，都让成都成为一个以休闲和娱乐著称的城市，悠闲、乐观、宁静、繁华又洒脱，当之无愧成为中国著名的“休闲之都”，成为休闲旅游业发展的典范。

成都以创建国家文化产业和旅游产业融合发展示范区为牵引，紧紧抓住旅游新趋势新需求，大力发展城市休闲游和乡村度假游。不断丰富文物文博游、书店茶肆游、艺术赏鉴游、运动康体游、美食品鉴游、时尚购物游等城市融合业态。引导博物馆、美术馆、艺术文创项目、“非遗”等入驻古镇乡村，把成都乡村旅游打造成为以文化为魂、以田园为景、以人文为韵的世界休闲旅游目的地[①]。2019年成都全年共接待游客2.8亿人次，比上年增长15.2%；实现旅游总收入4663.5亿元，增长25.6%。其中，接待国内游客2.76亿人次，增长15.3%；国内旅游总收入4551.3亿元，增长25.8%。

（一）城市休闲性格气质

数千年的文化熏陶，造就了成都人的休闲气质和心态，形成的休闲文化带有传统市井的文化亲和力。饮食文化、戏曲文化、节庆文化在成都可以长盛不

---

① https://baijiahao.baidu.com/s?id=1696460912995093481&wfr=spider&for=pc.

衰，农家乐等新文化在成都也可以生根并广泛传播。

成都拥有4000年的悠久历史，蕴含着丰富的历史文化资源。截至2008年年底，成都市共拥有119家文物保护单位，其中包括17个国家级文物保护单位，30个省级文物保护单位和72个市级文物保护单位，其中，青城山和都江堰作为自然与文化双重遗产被列入《世界遗产名录》。成都具有著名的大熊猫生态文化、以金沙为代表的远古文明、脍炙人口的三国文化、优雅的诗歌文化、独特的古城文化、以都江堰为标志的水文化、悠久的宗教文化、闻名遐迩的川菜文化、独树一帜的休闲文化以及民间演艺等民俗文化；同时，成都也是一座著名的工艺城市，以锦缎、丝绸刺绣、金银丝绸产品、漆器、竹编织而闻名。

川菜是中国八大菜系之一，成都是中国有名的美食之城，这两者的有机结合，使成都这座城市活色生香。在成都，好吃精神统领着大街小巷。成都人崇尚吃，不仅是为了生存，更是为了享受美食的快感。成都的特色美食成为其休闲型旅游不可缺少的内容。成都的名小吃和川菜一样发达，种类繁多，如玻璃烧卖、夫妻肺片、火锅牛肉粉、赖汤圆、肥肠粉、钟水饺、龙抄手、担担面、川北凉粉、三大炮、棒棒鸡等，体现了成都休闲文化的发达。火锅艺术源于重庆，移到成都改变了风格，具有包罗万象、热情似火、平易近人的特点。成都火锅成了中国美食的代名词，在成都的每一个街道都开着火锅店，可以说“无火锅，不成都”，在成都吃火锅是慢慢地吃，细细地品，这样才能体现成都的休闲文化，慢而又惬意。

四川人种茶、饮茶历史悠久，早在西周就开始种植茶叶，西汉时已出现茶叶交易市场，蜀中百姓饮茶成风。有茶，有品茶的人，自然就有茶馆。茶文化在成都的突出特点表现为具有巴蜀特色的“茶馆文化”。成都现有各种档次的茶楼、茶馆多家，在国内外是很罕见的。成都茶馆不仅数量多，而且有自己独特的风格。成都茶馆一般位于闹市街巷之中和风景名胜地，星罗棋布，有露天的和室内的两种。露天的茶馆如田园般惬意，室内的茶馆更讲求格调幽雅。成都茶馆陈设简约却讲究地道，传统的矮方桌、竹靠椅、三件头盖茶具、老虎灶、紫铜壶，还有堂倌跑堂添水的功夫都散发着浓郁的老成都气息。在成都，茶馆已成为人们社交、娱乐的重要场所。纵使茶馆里茶博士的茶艺功夫了得，但人们一般都不是为了喝这碗茶而来，享受喝茶之外的快乐常常是成都人喝茶的主要内容。成都茶馆有一道独特的风景，通常我们可以见到擦皮鞋的、挖耳朵的、按摩的、卖报的、卖小吃的人穿梭于茶馆。说书的、表演曲艺的也常常把茶馆当作演出场地，这种活动一直保留到现在。有的茶馆还是川剧“票友”聚会之地，他们常邀在一起坐唱，经常是围得水泄不通。有些茶馆设有四川扬琴、评书、清音、金钱板等演出活动。坐茶馆的人可以边饮茶，边欣赏具有浓郁地方特色的曲艺节目。

川剧是四川的代表性剧种，成都是川剧艺术的发祥地之一。川剧以喜剧著称，表演细腻生动，表现手法丰富多彩，富有浓郁的生活气息和四川特有的幽默诙谐。改革开放以来，成都的川剧继承了优秀传统剧目和特技绝活，《芙蓉花仙》《四川好人》《山杠爷》《好军妹》《文成公主》等一大批优秀剧目获国家级和省级各项大奖。四川人的创新精神给予了川剧旺盛的生命力，为新时代的川剧艺术创造了新的辉煌。川剧深受成都市民喜爱，是市民日常休闲的典型活动。成都的川剧“玩友”活动十分活跃，川剧民营团体和玩友的演出及“围鼓”坐唱活动遍布城乡。规模较大的川剧玩友协会，是群众文化活动的一支重要力量。

麻将，是古时候人们发明的一种用来博弈的游戏，经过多年的演变，逐渐成为中华民族的文化精粹，麻将是许多现代人茶余饭后的休闲娱乐手段。要说将麻将玩出名的，那一定是成都市民莫属了，成都市民玩麻将充分体现了成都人休闲娱乐的精神，这是麻将与成都当地文化融合的结果。在成都大到商业交流，小到平常生活，麻将已充斥在成都人生活的各个层面。除了麻将以外，以象棋、围棋、扑克等棋牌活动为代表的娱乐活动在成都市井街头中也很常见。全国第一个棋牌文化教育基地——成都棋艺学院在成都诞生，开设有围棋、象棋、国际象棋三个专业方向。麻将文化与棋牌文化都佐证了成都棋艺文化的深厚①。

（二）城市休闲产品业态

休闲农业产品业态。目前，成都市逐步形成了具有当地风格的各类型休闲农业品牌，这些休闲农业基本覆盖市（区）、县。截至 2018 年年底，成都市具有国家级休闲农业与旅游示范区 3 个，全国乡村旅游重点村 4 个，星级农家

① 张佑林.文化资源开发与成都文化休闲产业发展模式研究［J］.社会科学家，2020（1）：90–98. DOI：10.19863/j.cnki.issn.1002–3240.2020.01.014.

乐有 83 家，星级乡村酒店 26 家，特色旅游村 59 个，休闲农业景点 27 个，其中 4A 级的 9 个，占总体的 34%。规划建设了成都市蒲江县甘溪镇明月村、成都市郫都区唐昌街道战旗村、成都市彭州市龙门山镇宝山村、成都市都江堰市柳街镇七里社区为全国乡村旅游重点村。另外，各县（市、区）也从合理运用了各自的资源优势，发挥地方特色，表现出良好的发展态势。全市目前已拥有温江、蒲江、郫都三个全国休闲农业与乡村旅游示范区；花乡农居、双流兴隆镇、农科村等示范点；而花舞人间旅游景区更是经典的休闲农业景点。同时，全市还拥有大量的特色村、农业节会、休闲农庄（园）和精品线路，具有优美的生态系统、鲜明的主题活动、科学的功能定位。从而打造出了一批有口皆碑、深受游客青睐的杰出休闲农业品牌①。

历史文化休闲产品业态。充分利用历史文化资源，大力发展体验型文化休闲产业，是成都文化休闲产业发展的基本途径，武侯祠、锦里产业园模式是其成功的代表作。成都饮食品种众多、口味独特、制作精细，内含丰富的文化积淀和韵味，现如今，川菜和成都小吃已成为宣传巴蜀文化的名片。一方面，它味道香浓，口味多样；另一方面，味道清澈，口感清新，这香浓的风味和清澈的口感相结合，使得川菜南北皆宜，每盘菜都有其独特的味道，口感也随菜品不同而不同。

市井休闲产品业态。市井文化作为一种源远流长的民俗文化，具有深厚的地域文化特征。成都作为巴蜀文化的代表，散布着大量的市井文化遗址，宽窄巷子就是其典型的组成部分。作为成都这座“休闲之都”的闪亮城市名片，宽窄巷子体现了极具川西特色的市井生活文化，其遗留下来的较大规模的清朝古街，是由宽巷子、窄巷子和井巷子、青黛砖瓦的古香古色的庭院组成，宽窄巷子中两条长长的古巷，将这座成都历史文化名城浓缩在这短短的街景之中。宽窄巷子以“成都市井生活”为线索，在保护旧成都原有建筑风格的基础上，将宽窄巷子分成了不同区域，分别是民俗生活体验区域、高档餐饮区域、娱乐休闲区域、特色策展区域、情景再现区域、宅院酒店区域等业态的“院落式情景消费街区”“老成都生活情景体验区”。

表演文化休闲产业。川剧和变脸是四川最重要的传统戏曲与表演艺术资

① 向文浩．成都市休闲农业发展研究［D］．仲恺农业工程学院，2020.DOI：10.27700/d.cnki.gzcny.2020.000073.

源，通过对川剧的传承和创新性打造，来充分体现川剧的动人心弦、惟妙惟肖的戏曲特点，成为成都表演文化休闲产业模式发展的重要路径。

茶馆休闲产品业态。成都是拥有茶馆最多的中国城市，在这座极具魅力的城市中，各式各样、大大小小的茶馆坐落在街旁，茶馆早已成为成都人日常生活中不可或缺的一部分，它深深地融入成都人休闲的血脉之中。目前，开设茶馆并不是稀罕之事，但最具地方特色并依旧保持着旧时风俗的还属成都，成都成为中国名副其实的“茶馆之都”。

娱乐休闲产品业态，随着时代的进步，年轻人的生活追求呈现日益多样化、时尚化、高品质化的特点。为了满足成都时尚青年的娱乐需求，成都在深入挖掘历史文化资源的基础上，打造了大慈寺—远洋太古里等新型娱乐休闲文化产业平台，通过宽广的空间、相互交织的街道、川西特色的建筑、“快里”和“慢里”将慢休闲与现代快潮流相融合，环大慈寺而建，从而形成了现代风格中蕴藏着浓浓文化韵味、独具成都特色的娱乐休闲文化产业发展模式[①]。

二、杭州休闲旅游模式

杭州，简称杭，古称临安、钱塘，浙江省辖省会城市、副省级市、特大城市、杭州都市圈核心城市等，是国务院批复确定的浙江省经济、文化、科教中心，长江三角洲中心城市之一。杭州人文古迹众多，西湖及其周边有大量的自然及人文景观遗迹，具代表性的有西湖文化、良渚文化、丝绸文化、茶文化。杭州有着 8000 年文明史和 5000 年建城史，是中国七大古都之一，国家历史文化名城和首批“国家旅游休闲示范城市”，因风景秀丽，素有“人间天堂”的美誉，被意大利旅行家马可·波罗赞为“世界上最美丽华贵之城”。今天的杭州，拥有独特的休闲氛围和休闲文化，杭州作为休闲城市的国际知名度已经初步打响。

“上有天堂，下有苏杭”，杭州历来被文人墨客称颂。作为著名的休闲城市以及绿茶珍品——龙井茶的发源地，杭州被誉为“中国茶都”，这无疑提升了茶文化与历史古城、风景名胜以及现代休闲生活的融合。据统计，杭州茶馆、茶楼、茶室共有 1200 多家，档次不同、情调各异，或是山水之间，或是街头巷尾，

① 权鹏飞 . 成都：成功之城 休闲之都［J］. 旅游，2018（11）：142.

展示的不仅是杭州人的茶馆休闲个性，同时也在杭州休闲旅游的发展中扮演着重要的角色。在新的历史条件下，杭州市将这种休闲文化与现代旅游融合，通过休闲旅游的形式展现出来，使得休闲旅游既有丰厚的历史文化内涵，又有现代休闲文化的创新魅力和个性特征。现代休闲理念的提出，为杭州市旅游业发展注入了新的活力，使其得到推广和延伸。休闲旅游继承了杭州休闲文化的内涵，使其自身更加出色，也让传统的茶馆文化得到了传承和延续[①]。

2003 年，在全国各景区门票价格不断上涨的情况下，杭州率先在西湖实行公园免票，演绎休闲理念，并用这一理念推进公共休闲空间建设，相继建成一大批城市广场、城市公园、休闲步行街，还在全国最早实施博物馆免费开放、免费公共自行车等便民措施。2004 年，杭州确立了休闲城市的品牌定位。当年 8 月杭州市推进旅游国际化动员大会明确提出建设“东方休闲之都”的目标，启动实施了“旅游国际化”发展战略。2006 年，世界休闲组织正式授予杭州“东方休闲之都”称号，休闲产业成为杭州新的经济增长点。这一年，杭州成为举办世界休闲博览会，向世界隆重推出城市旅游休闲形象。这一年，杭州正式打响“世界休闲之都”品牌的国际知名度。2011 年，中国（杭州）休闲发展国际高峰论坛首次发布了“全球十大休闲范例城市”名单，杭州成为中国唯一入选的城市。此后，杭州市先后出台了《杭州市旅游休闲业转型升级三年行动计划（2015~2017 年）》《杭州市人民政府关于推进旅游休闲业转型升级的实施意见》《关于杭州市旅游休闲业转型升级加快发展的若干政策意见》《杭州市旅游休闲业发展“十三五”规划》等，为杭州休闲旅游发展描绘了一幅美丽的蓝图。2017 年 8 月，国家旅游局召开第三届全域旅游推进会。会上，中国旅游休闲示范城市创建成绩榜揭晓，杭州排名第一，荣获“中国旅游休闲示范城市”称号。近年来，杭州以建设国际重要的旅游休闲中心为目标，加快旅游业从观光旅游向观光游览、休闲度假、商务会展、文化体验“四位一体”的综合产业转变，旅游经济持续保持平稳向上的态势，在旅游总收入、入境旅游人数、旅游外汇收入等方面均列全国 15 个副省级城市前三名。杭州先后推出了 100 个“旅游休闲示范点”，100 个“社会资源国际旅游访问点”，引进 27 个被 ICCA 认可的国际顶级会议，休闲旅游投资竞争力和综合旅游投资竞争力

① 尹瑞.杭州市休闲旅游发展策略研究［J］.江苏商论，2017（11）：67-68+72.DOI：10.13395/j.cnki.issn.1009-0061［2011-11-17］.

城市排名均为第一[①]。2019年，杭州全年旅游休闲产业增加值1191亿元，增长12.1%。旅游总收入4005亿元，增长18.3%；旅游总人数20813.7万人次，增长15.1%，其中接待入境过夜游客113.3万人次，增长5.7%。

（一）大杭州旅游休闲空间格局已基本形成

杭州拥有2个国家级风景名胜区、2个国家级自然保护区、6个国家森林公园、1个国家级旅游度假区、全国首个国家级湿地公园、14个全国重点文物保护单位、5个国家级博物馆、120余处年接待1万人次以上的各类旅游景区（点）。杭州丰富的自然景观资源始终对中外休闲者产生强大的吸引力。目前"一核、一极、两圈、两轴、全域覆盖"的大杭州旅游休闲空间格局已基本形成，全域旅游联动发展卓有成效。

休闲产品数量和质量明显提升。2016年，杭州首次跻身国际会议目的地全球百强城市。杭州大力挖掘新业态，2007年杭州率先于全国提出培育发展十大特色潜力行业，主要包括了美食、茶楼、演艺、疗休养、保健、化妆、女装、运动休闲、婴童、工艺美术，还组建了杭州市特色潜力发展中心，成立22个特色潜力行业协会，推进旅游产业融合发展。构架了美食、茶文化、养生保健、婚恋旅游、运动休闲等一系列各具特色的"融合型旅游休闲产品"，相继推出了美食体验之旅、茶文化体验之旅、中医养生保健之旅、夜间演艺娱乐之旅、亲子杭州休闲之旅、美丽时尚之旅、运动休闲之旅、工艺美术之旅等新型旅游休闲产品，打造了杭州多样化的旅游体验。

推出10条精品民宿旅游线路。杭州围绕核心产品住宿，结合周边景点、人文体验、美食美宿，整合旅游资源和产品，推出首批10条"精品民宿旅游线路"，包括世界遗产西湖休闲三日游、名茶小村西湖三日游、闹市寻古杭州城区三日游、竹海禅茶文化余杭三日游、亲子双乐园萧山三日游、畲家风情桐庐三日游、户外探秘淳安三日游、寻味森林临安三日游、穿越富春江富阳三日游、野奢避世建德三日游，涵盖了文化体验、美丽乡村、民宿度假、山水意境等多维度的旅游元素，为乡村旅游注入新活力。

---

① 段昆仑."休闲杭州"的城市实践和成就［J］.杭州（周刊），2018（42）：42–43.DOI：10.16639/j.cnki.cn33–1361/d.2018.42.015.

（二）多元化特色旅游产品格局已初步形成

推出以西湖、大运河“双遗产”，千岛湖景区，西溪湿地景区为龙头的自然观光产品；以“经典古都”“东南佛国”“水韵杭州”为主打的文化体验产品；以银泰都市综合体、下沙地铁商业综合体等主题商业中心为依托的主题娱乐产品；以湘湖度假区、千岛湖度假区、桐庐慢生活体验区等带动的休闲度假产品；以一系列国际会议承办带来的会奖旅游产品。同时，以骑行、登山、徒步、房车露营等为主题的运动养生产品日渐丰富，旅游休闲产品推陈出新，以特色美食、乡村民宿、文化演艺、运动休闲、疗养休闲、智慧旅游、主题茶楼、工业旅游八大新兴行业为引领，旅游产业结构调整升级步伐加快。其中，特色美食行业方面，建设并提升了胜利河、大兜路、西塘河等美食街，举办“中国杭州美食节”等节事，塑造了特色餐饮品牌；乡村民宿行业方面，在西湖景区、桐庐、余杭、临安等区域已形成具有国内示范效应的杭州特色乡村民宿群落及品牌，为提升乡村旅游树立了典范；运动休闲行业方面，依托山、水资源，打造自行车骑行、汽车越野、漂流、皮划艇、滑翔伞等运动休闲活动；疗养休闲行业方面，以温泉、中医药、禅修为养生依托，打造特色养生产品①。丰富夜游产品和夜间消费商业，推出了《印象·西湖》，加上歌舞剧《宋城千古情》，构成了杭州夜游的两大核心品牌，提升了游客留在杭州过夜的吸引力。除了《宋城千古情》和《印象·西湖》，围绕西湖还设计了很多小型的文化演艺，如东坡剧院的滑稽剧等。②

（三）主客共享、全民共建

城市主客共享理念对于全域旅游发展至关重要。杭州从 2003 年开始对西湖景区率先实行免票政策，现在杭州西湖大约有 71 个旅游景点，其中 73% 实现了免票参观。这样的政策，让杭州市民平日里能更好地享受城市风光，节假日外来游客大量进入，市民让湖于游客，以此，很好地解决了当地居民与旅游者资源共享的问题。同时，随着杭州“旅游西进”战略、“拥江发展”战略的

---

① 杭州市人民政府办公厅关于印发杭州市旅游休闲业发展“十三五”规划的通知（杭政办函〔2016〕104 号）. http://www.hangzhou.gov.cn/art/2016/11/9/art_1230101_3916.html［2016-11-09］.

② 从杭州经验，看景点观光模式如何向全域旅游转变. https://www.sohu.com/a/241790857_99949129［2018-07-17］.

推进，以及特色小镇的旅游功能化、乡村景区化政策的推出，小城镇、农村居民实现“零距离就业，足不出户挣钱”，促进了杭州的小城镇、农村剩余劳动力的分流，增加了百姓收入，让旅游业在满足旅游者需求的同时，令当地居民受益匪浅。①

主客共享。杭州西湖 73% 的景点都实现免门票。相关研究表明，免掉 1 元钱的门票，能带动 7 元钱的综合消费，这个拉动效应非常明显。城旅共融，发展全域旅游是对整个区域发展要素的整合和环境的优化，包括城市软硬件设施的完善，交通体系、城市绿化、服务水准、商业布局、市民的文明好客、智慧体系建设等，都会实现综合的拉动和提质增效。此外，是城市美誉度的提升。杭州这些年大力发展旅游，的确对这座城市的知名度和美誉度有了很大的提升，这是有目共睹的，现在旅游成了这座城市的金名片，一说起杭州，外地人首先想到的是旅游；说起旅游，在很多人意识中杭州也是必然存在的备选项。②

（四）围绕目的地定位完善相关产业支持

旅游目的地定位及相关旅游营销活动的开展必须有一定的产业支持，才能避免目的地定位及旅游营销活动流于形式，名不副实。杭州围绕“东方休闲之都”的定位不断完善相关产业支持。从现实条件来看，杭州在打造“东方休闲之都”方面拥有十分有利的条件：理想的区位优势与便捷的交通条件、良好的生态环境与丰富的自然资源、厚重的人文历史资源与深厚的休闲文化底蕴、地区经济的发达、休闲设施的逐步完善、已经颇具规模的消费场所等。但无论是从硬件设施还是从软件服务方面来衡量，杭州市离真正的“东方休闲之都”还有一定距离。例如，休闲旅游产品的个性不够鲜明，对外地游客来说，在其他地方也可找到替代产品，难以形成独特的吸引力。城市交通、供电等旅游基础设施存在许多问题，有待进一步改善。各种休闲服务的规范性和配套性需要进一步提高。因此，虽然有了明确的形象定位，但要将这一概念性定位落到实处，还有许多实际工作有待开展。

---

① 杭州经验启示：全域旅游，共建共享［EB/OL］. https://zj.zjol.com.cn/news/1085426.html［2018-11-29］.

② 周玲强：“全域旅游”的理性探索与“杭州经验”［EB/OL］. https://www.sohu.com/a/74347781_116897［2016-05-09］.

三、广州休闲旅游模式

广州，广东省辖地级市，简称穗，别称羊城、花城，是广东省省会、副省级市、国家中心城市、超大城市，国务院批复确定的中国重要的中心城市、国际商贸中心和综合交通枢纽。广州是首批国家历史文化名城，广府文化的发祥地，从秦朝开始一直是郡治、州治、府治的所在地，华南地区的政治、军事、经济、文化和科教中心。从公元 3 世纪起成为海上丝绸之路的主港，唐宋时成为中国第一大港，是世界著名的东方港市，明清时是中国唯一的对外贸易大港，也是世界上唯一 2000 多年长盛不衰的大港。①

（一）城市休闲文化

早茶文化在广州已经有了上百年历史，老广们嗜好饮茶，就连每天互相打招呼的问候语都是“你喝茶了吗”。早茶喝的可不仅仅是茶，更重要的是茶点。广州的茶点种类多样，繁复精美。早茶又被叫作“一盅两件”，一个人点上一壶茶，两笼点心，就可以慢悠悠地消磨一上午的时间。在广州，一般叫作叹早茶，“叹”，就是享受的意思。叹一次早茶，享受一个人的独处时光，或是一大家子的温馨热闹，都是广式慢生活的最好体现。

人文旅游资源丰富。广州，一个历史文化名城，拥有众多的重点文物保护单位，人文旅游资源构成了旅游休闲业发展的骨架体系。截至 2020 年年底，A 级旅游景区 74 家，可供开发的旅游点众多，遍及广州市的每一个旅游区域。广州拥有 200 多座城市公园，而且大部分都是免费对市民开放。南汉二陵博物馆、粤剧艺术博物馆、广州市城市规划展览中心、广州报业文化中心、广州纪录片研究展示中心、南沙区图书馆新馆、天河区文化艺术中心、越秀区少年儿童图书馆等市、区级重点文化设施先后建成开放。截至 2020 年，全市建成公共图书馆（含分馆）294 个、服务网点 1699 个；登记注册的博物馆 65 家，逐步建立起以国有文物部门所属博物馆为主体、国有行业博物馆和非国有博物馆为补充的博物馆体系；文化馆（站）199 个，社区（村）综合性文化服务中心 2744 个，基本形成城市“10 分钟文化圈”和农村“10 里文化圈”。人文旅游资源丰富了广大市民群众的文化、娱乐、休闲等的精神文明需求。

① 广州 . https://baike.baidu.com/item/ 广州 /72101?fr=aladdin .

民俗文化丰富多彩，文艺精品创作成果丰硕。舞剧《醒·狮》、话剧《林则徐》、粤剧《岭南人家》等40余部精品剧目和影视作品深受热捧。其中，舞剧《醒·狮》荣获中国舞蹈“荷花奖”舞剧奖；电影《点点星光》《掬水月在手》分别荣获第33届中国电影金鸡奖最佳儿童片、最佳纪录/科教片；粤剧电影《刑场上的婚礼》获“最佳戏曲片”提名奖;《沉默的极少数》获第四届民族题材电影优秀剧本奖;《海上来客》荣获2020中国（广州）国际纪录片节“金红棉”优秀系列纪录片；电视纪录片《广州故事》等9部作品荣获省“五个一工程”奖；戏剧小品杂技节目《升降软钢丝》获世界马戏节最高奖——法兰西共和国总统奖。创编了《帆影——广州海上丝绸之路千年纪实》等60多篇文集作品，400余件美术、雕塑作品入选国家、省级和市级重要美术展览。《粤剧表演艺术大全》荣获“张庚戏曲学术提名奖”，是唯一一部被提名的理论著作。多部作品入选国家文旅部100个“百年百项”小型作品创作计划重点扶持作品、“中国杂技艺术创新工程”重点扶持作品、全国扶贫线上展演剧目名单①。

海丝文化与旅游休闲互动融合。广州完善旅游休闲公共服务设施及接待服务要素，推动广州海丝文化资源、设施的旅游景区化、文化公园化、文化和旅游节庆化发展，打造3A~5A级旅游景区、城市文化公园、品牌节庆。推动旅游休闲线路节点驿站融入海丝文化内涵，在主要地铁站点与港口码头凸显海丝文化主题设计，如南海神庙站、琶洲客运码头等。面向市民、游客体验消费需求，在保护海丝文化遗产遗址本体的基础上，加强海丝文化的延伸产品、衍生产品开发，形成从文物遗址、博物馆到体验馆、文化节，再到文创园、文创品的产品系列，大力发展体验式、交互式、沉浸式文化和旅游产品以及文创商品。强化示范引领，推动南海神庙、黄埔古港旅游景区成为创新示范。持续推动波罗诞暨广州民俗文化节、海丝博览会定期举办，积极创办广州海丝文化节，打造广州海丝文化节事活动品牌，丰富广州海丝文化旅游形象。

（二）引导产品服务融合科创文创，提升产品服务附加值

加强产品服务与科创融合发展新产品新业态。引导通过文化科技活化文化

① 广州市文化和旅游发展“十四五”规划［EB/OL］. http://www.gz.gov.cn/zwgk/ghjh/fzgh/ssw/content/mpost_7845329.html［2021-10-19］.

资源、文化元素，发展文化新业态。实施科艺融合、展演融合计划，鼓励发展高端文化新业态。推动建设广州沉浸式文化体验园区、文化体验场馆建设，以及文化和旅游产品服务业态的沉浸式体验升级。

加强产品服务与文创融合提升产品服务品位。引导产品、服务在实用功能价值的基础上，增加美学体验价值、象征符号价值，推动产品美学、服务美学、品牌美学、城市美学、生活美学发展，提升产品服务附加值。在城市重点文化和旅游休闲区域以文创美学营造城市生活消费场景及夜生活消费场景，打造城市文化和旅游休闲消费示范区及夜经济消费示范区。

（三）依托庞大市场和强大功能创新旅游产品

广州核心旅游吸引物的开发，一方面，要充分利用广州商贸会展、保税物流等功能做强、做大商务会展旅游；另一方面，广州要充分利用已经建立起来的优势功能和地位，创新旅游产品，在传统的商务会展旅游、主题公园等领域形成新的优势产品。此外，广州还可以进一步发掘广州医疗资源优势，发展医疗旅游、养生养老旅游，打造中国医疗旅游目的地，使中国从医疗旅游的客源国变成目的地国家①。

四、西安休闲旅游模式

西安，简称镐，古称长安、镐京，是陕西省辖地级市、省会、副省级市、特大城市、关中平原城市群核心城市，国务院批复确定的中国西部地区重要的中心城市，国家重要的科研、教育、工业基地。西安地处关中平原中部、北濒渭河、南依秦岭，自古有着“八水润长安”之美誉，是联合国教科文组织于 1981 年确定的“世界历史名城”，是中华文明和中华民族重要发祥地之一，丝绸之路的起点，历史上先后有十多个王朝在此建都。丰镐都城、秦阿房宫、兵马俑，汉未央宫、长乐宫，隋大兴城，唐大明宫、兴庆宫等勾勒出“长安情结”。

西安是中国最佳旅游目的地、中国国际形象最佳城市，其有 6 处遗产被列入《世界遗产名录》，分别是秦始皇陵及兵马俑、大雁塔、小雁塔、唐长安城

① 保继刚教授：粤港澳大湾区建设背景下广州旅游发展的优势与机遇［EB/OL］. https://baijiahao.baidu.com/s?id=1583668168140870584&wfr=spider&for=pc［2017-11-10］.

大明宫遗址、汉长安城未央宫遗址、兴教寺塔。另有西安城墙、钟鼓楼、华清池、终南山、大唐芙蓉园、陕西历史博物馆、碑林等景点。先后获评国家卫生城市、国家园林城市、中国形象最佳城市、中国国际形象最佳城市、全国第四届、第五届文明城市，“中国最具幸福感城市”。[①]

（一）城市休闲文化

休闲演艺作品层出不穷、日益繁盛。目前，西安至少有十几部知名作品，著名的如取诗歌之名演绎大唐爱情的《长恨歌》、聚焦盛唐礼仪文化的《梦长安——大唐迎宾盛礼》、融入秦朝历史文化的《秦俑情》、追寻丝路文化的《驼铃传奇》等。演出形式丰富多彩，不仅有传统的室内剧场演艺、富有吸引力的室外实景演艺，还有新兴的沉浸式体验演艺。不仅实现了新科技与文化旅游的融合，而且丰富了旅游文化的内涵，扩大提升了旅游景区的知名度，增强了城市形象的感染力，促进了西安文旅产业的发展。

旅游产品业态丰富。从“文化之都”“书香之城”“音乐之城”“博物馆之城”到“时尚之都”“硬科技之都”，西安城市新名片越发闪亮。通过全面盘点资源，用文化的理念发展旅游，用旅游的方式传播文化。独树城市品牌，倾力打造“千年古都·常来长安”文化旅游 IP，一系列文旅活动和产品使西安保持了持续的市场热度。不断推出消夏避暑、登山采摘、骑行徒步、演艺美食、博物馆体验、“云”上旅游、夜间旅游等类型丰富的旅游产品。

旅游休闲设施不断完善。截至 2020 年年底，西安有省级旅游度假区 4 家、文化馆（群众艺术馆）14 座、图书馆 14 座、博物馆 157 座、国家级“非遗”项目 10 项、各级文保单位 432 处。西安市充分利用了多种公共文化空间，如博物馆、图书馆、海洋馆等，实现夜游与白天观光游的错峰体验，全面激发文化旅游的新动能和新活力，让更多市民游客体验西安夜晚之美，促进古都火热绚丽的“夜游经济”。

旅游休闲小镇建设发展迅猛。西安市依托属地文化旅游资源，深度整合区域特色的自然资源、人文资源、产业资源等，开发出生态型旅游空间体系，在此基础上开展旅游服务的小城镇，形成了亚欧国际小镇、西安世园婚庆文旅小

① 西安［EB/OL］. https://baike.baidu.com/item/ 西安 /121614?fr=aladdin.

镇、茯茶小镇、太乙·长安道等集购物、餐饮等于一体的旅游休闲小镇。目前，形成了古城墙、白鹿原影视城、关中民俗馆、乐华城等文化旅游景区，为游客和当地市民提供了优质的休闲、旅游的好去处。

（二）开发文化旅游景区

西安市文化旅游景区是依托属地特色、历史宗教、古建遗址和名人故居、文学故事等文化元素开发建设而成的，促进了文化传播和经济发展的潜在动力，使文化资源通过与旅游产业要素相融合，实现其经济价值。目前形成了古城墙、白鹿原影视城、关中民俗馆、乐华城等文化旅游景区，为游客和当地市民提供了休闲、旅游的好去处。

古城墙是目前西安主要的文化景区之一，是保存最完整的中国古代城垣建筑，也是世界建筑史上的奇迹，并实行多元化的商业模式，更好地协调了景区开发与遗址保护的矛盾；白鹿原影视城和关中民俗馆，更好地实现了民俗文化与旅游产业的融合，将民俗小吃、民间技艺等经过现代文化创意、结合休闲的生活方式，呈现了适合当代游客和市民喜欢的休闲、旅游去处；以乐华城为例的主题公园模式包含十多种产业业态，很好地切合了文旅发展的趋势。

（三）发展夜间旅游新业态

西安市的夜间旅游是中国其他休闲城市所无法比拟的，夜间旅游推动着文旅融合发展，为旅游经济提供了新动能。相对于白天观光式的旅游，夜晚的休闲氛围更有利于增强游客对当地文化的感知体验。以大唐不夜城为例的夜间旅游模式，包含多种夜游项目。通过氛围营造、主题演出、饕餮美食、文创集市、娱乐体验、文化活动等，以文化促进旅游，实现融合发展达到文旅双赢。西安类似的品牌夜游景点还有“瑰宝北院门”“潮流嘉会坊”等，这些新颖独特的夜游品牌，支撑这座不夜古城连通白昼，体现了这座城市厚重的文化和生活温度。

五、武汉休闲旅游模式

武汉，简称汉，别称“江城”，湖北省省会，中国中部地区的中心城市，地处江汉平原东部、长江中游。长江及其最大支流汉江横贯市境中央，将武汉中心城区一分为三，形成武昌、汉口、汉阳三镇隔江鼎立的格局。武汉自然风光独特，四季气候分明，拥有其他大都市罕有的众多湖泊和山峦，湿地资源居全球内陆城市前三位。武汉人文景观具有浓郁的楚文化特色，是国家历史文化名城和中国优秀旅游城市。

武汉致力于休闲城市建设，在细节处提升休闲城市软硬件，从空气、水质、绿化、环境卫生、文明旅游宣导五大方面着手，致力于改善旅游休闲环境。第一，着力保护山水资源，恢复自然地貌，提升江河湖泊景观水体质量，青山江滩、东湖绿道一期等重大工程将连接着江湖的硬质坡岸改造成土坡、林地、草坡等生态驳岸。武汉空气质量指数年达标天数比例高于全年 55%，超过不少国内旅游名城。第二，市内各大景区、休闲住宿餐饮、咨询服务系统、标识标牌、星级旅游厕所及无障碍设施等均已规范建成。第三，出台一系列旅游休闲惠民政策，推出“一卡在手，游遍武汉”，开展的“武汉人游武汉”系列活动，同时不断丰富武汉智慧旅游城市建设，让市民游客在武汉体会到更加舒适便捷的生活。

（一）休闲旅游产品体系

打造三大旅游精品体系。一是都市风情旅游。现已打造了历史文化探访游、楚汉风味美食品尝游、大江大湖亲水畅爽游和都市风情会展游 4 条旅游精品线路。发展休闲街区、骑行公园，构建自行车绿道、绿皮火车组成的城市慢行系统，不断拓展城市公共休闲空间。此外，着重打造武汉江滩观光、两江四岸夜游、东湖滨水休闲、近郊环湖游憩等系列产品。在长江和汉江沿线重点景观改造中融入文化旅游项目，充分展示武汉江城水文化的休闲特色。

二是环城休闲旅游。包括山水田园乡村旅游和时尚人生近郊度假游 2 条精品线路，方便市民日常的休假度假。时尚人生近郊度假游则把握未来城市旅游“由市内向郊区转移、由城市回归乡居”的消费大趋势，大力发展城郊度假旅游。积极发展房车旅游、游艇、滑翔、露营探险等旅游新业态。

三是文化创意游。依托本地高等学府、坚实的工业基础、丰富的革命题材和浓厚的宗教文化，为市民和游客呈现了包含研学旅游、红色旅游、工业旅游、宗教旅游等在内的多条旅游线路。

不断推进“旅游体验 +”项目。武汉不断推进与旅游体验相结合的工业旅游、农业旅游、会展旅游、体育旅游、研学旅游、赏花旅游、康养旅游、乡村旅游等业态创新，推动文化创客行动。高标准建设房车营地、汽车旅游露营地、游艇俱乐部、滑翔基地等，满足旅游市场多元化需求，延伸产业链，推进武汉旅游产业升级。

（二）完善城市休闲设备，改善城市休闲旅游条件

武汉市致力于从空气、水质、绿化、环境卫生、文明旅游等多角度全方位进行旅游休闲城市建设，完善建立城市休闲设备，力求改善城市休闲旅游条件。一是保护景观资源，恢复自然景观，提高湖泊景观质量。包括东湖绿道建设等大型工程，将连接河流湖泊的硬斜坡转变为森林、山坡等其他具有生态价值的旅游休闲步道。武汉市的空气质量持续提高改善，优化速度超过了全国许多著名的旅游城市。二是武汉市高度重视旅游业标准化建设，完善旅游厕所等一系列配套公共服务措施，大力保护和改善城市的休闲旅游质量。三是宣布了一系列旅游和娱乐相关的优惠活动，如旅游年卡等，同时不断丰富武汉智慧旅游城市建设，让市民游客在武汉体会到更加舒适便捷的生活。未来在创建全国旅游休闲示范城市的过程中，武汉也在继续保护东湖、汉江等江河湖泊的水质，并加强周边的绿色资源打造，强化两江四岸旅游功能，让市民和游客在城市山水之间享受美好的生活，享受丰富的旅游产品，享受独特的山水休闲特色和高质量的城市舒适生活。

六、苏州休闲旅游模式

苏州位于江苏省东南部，长江三角洲中部，东临上海、南接嘉兴、西抱太湖、北依长江。苏州是吴文化的发祥地，苏州古城建城已有2500多年，周边分布着为数众多的古镇。苏州是“中国首批24个历史文化名城”之一，中国重点风景旅游城市，也是4个中国重点环境保护城市之一、首批国家生态园林城市，长江三角洲重要的中心城市之一。苏州园林是中国私家园林的代表，全市现有园林70多个，其中拙政园和留园被列入中国四大名园，并同网师园、环秀山庄与沧浪亭、狮子林、艺圃、耦园、退思园等9个古典园林，被联合国教科文组织列为世界文化遗产。2014年中国大运河苏州段（4个河道和7个景点）也入选《世界遗产名录》。此外，苏州另有中国昆曲、中国古琴、宋锦、缂丝、苏州端午习俗、苏州香山帮传统建筑营造技艺六项世界非物质文化遗

产，是名副其实的遗产城市，同时也是中国世界遗产点最多的城市。

（一）休闲文化底蕴深厚

“上有天堂，下有苏杭”，苏州素来以山水秀丽、园林典雅而闻名天下，有“江南园林甲天下，苏州园林甲江南”的美称。苏州是一座建在运河上的城市，又因其小桥流水人家的水乡古城特色，有“东方水都”之称。建造于11~19世纪的苏州园林集自然美和艺术美于一体，取法自然，巧夺天工，构成了曲折迂回、步移景换的动人画面，是建筑、山水、花木、雕刻、书画的综合艺术品。世界遗产委员会评价：“没有哪座园林比历史文化名城苏州的园林更能体现中国古典园林的理想品质。咫尺之内再造乾坤，苏州园林被公认是实现这一设计思想的典范。它以精雕细琢的设计，折射出中国文化中取法自然又超越自然的深邃意境。”苏州古城是园林赖以存在的历史环境，周边还分布近百个古镇、古村落。古城、古镇、古村落三位一体，体系完整、形态完备。平江路是姑苏城里古老的街道，“水陆并行，河街相邻”，具有典型的水乡特色。文化积淀深厚的虎丘，悠闲自在的水乡周庄都成为游客来苏州的必游之地。走古桥、游小巷、尝小吃，无论是小桥流水人家，还是古街古巷，苏州总能让游客停下脚步，满足了人们关于江南水乡城市的全部想象。

（二）休闲农业和乡村旅游正成为乡村产业发展新亮点

近年来，苏州市持续加大农村一、二、三产业融合发展推进力度，深度挖掘“农业＋文化、旅游、教育、康养”等多种功能，亮点纷呈、特色突出、成效显著。在乡村休闲旅游农业蓬勃兴起的当下，苏州全市充分利用当地自然资源、历史文化、乡村产业，掀起共享农庄探索热潮。

2020年上线的苏韵乡情·苏州馆由苏州市农业农村局和苏州市文化广电和旅游局共同打造，涵盖农庄景点、热卖产品、民宿客栈、乡村美食、文化节庆、古村古镇、共享农庄、游玩攻略八大板块，并特设27组全景VR展示苏州共享农庄。通过“互联网＋”，在进一步推动苏州乡村休闲旅游农业发展的同时，满足城乡居民日益增长的休闲旅游与优质农产品消费需求。

昆曲折子戏、昆北民歌、水鼓舞……在江南水乡特色传统文化的火热演绎中，2020年昆山巴城蟹文化旅游节也拉开了帷幕。自1997年以来，巴城镇已成功举办20多届蟹文化旅游节。该活动不仅成为“中国阳澄湖大闸蟹之乡”巴城一年一度的盛事，更是巴城加强外向经济合作与文化交流的重要平台及金秋时节展示魅力的重要窗口。2020年，巴城镇凭借蟹文化旅游节再度发力，开启全域旅游新模式，形成“以蟹办节、以蟹兴旅、以蟹强镇”的良好效应[①]。

（三）夜间文化休闲如火如荼

欣赏一场精彩绝伦的演出、捧读一本扣人心弦的好书、观看一部大片的零点首映……形形色色的夜间文化休闲，让苏州的夜晚越发流光溢彩。如今，趁着夜色观看演出，成为不少苏州消费者的夜间休闲方式。

苏州保利大剧院、苏州文化艺术中心、苏州奥体中心等轮番推出的歌舞剧、演艺会，不断为苏州观众奉上一道道艺术大餐。这些高品质的艺术表演不仅吸引了众多市民走进剧场，培育了文化市场，还促进了“夜文化”经济消费。不仅仅是剧院演出，富有苏州韵味的园林实景演出也吸引了众多市民和四方游客。有近30年历史的网师园古典夜花园每年4~10月夜间开放，游人们边在曲折迂回的亭台厅堂和回廊水榭间徜徉，边欣赏姑苏韵味浓厚的昆曲、评弹、江南丝竹等演出，感受古典园林的别样魅力。[②]

（四）创新营销推广

苏州实现国内主流OTA官方旅游旗舰店或营销专栏全覆盖。对旅游节庆实行市场化改革，第一年即有133个节庆活动报名争夺20个系列活动席位。强势推进新媒体营销。苏州旅游官方微信、微博粉丝量均位列全国前十。三大国际社交媒体中，苏州市的Facebook粉丝量位居全国第二，Twitter位居全国第一，Instagram位居全国第三。扎实开拓入境旅游市场。北美地区销售含苏州的旅游线路，两年时间从10多条扩大到200多条。2016年美国游客较2014年增长57.67%。打响会奖旅游品牌。做精园林会奖、湖畔会奖两大品牌。阿玛尼香水全球发布会在拙政园举行。工业园区和太湖旅游度假区会奖

---

① 苏州市举办2020“苏韵乡情”乡村休闲旅游农业推介活动［EB/OL］. http://www.suzhou.gov.cn/szsrmzf/xdny/202009/fce511a054094d268e80ced8075c881c.shtml［2021-09-21］.

② 苏州：江南温柔夜——2019年全国主要城市夜间经济发展调研回顾［EB/OL］. http://mp.ofweek.com/lighting/a045693028386［2020-03-09］.

旅游人数年均递增 20%。[①]

（五）政策推动，掘金夜间经济

在 2019 年 7 月底举行的苏州市委全会上，在谈到下半年经济社会发展工作时，全会明确指出，要培育投资消费新热点，积极培育文化旅游、体育健康、数字娱乐等消费热点，探索发展“夜间经济”，形成一批消费新地标。据业内人士分析，苏州正在形成夜间经济的消费版图，姑苏区可以着重于文旅结合，有更多的品牌项目可以期待；园区、新区这一体两翼可以结合当地的特色，发力时尚的消费品牌项目；吴中、相城、吴江可以更多结合本地特色，让民生消费大放异彩。

第三节　厦门、桂林、大理、绍兴特色休闲旅游城市模式案例

本节通过对特色休闲城市旅游（厦门、桂林、大理、绍兴）的具体研究，探索挖掘城市旅游特色、发展模式和经验，以期为特色资源类城市旅游休闲发展提供借鉴。

一、厦门休闲旅游模式

厦门位于福建省东南端，西界漳州，北邻南安和晋江，东南与大小金门和大担岛隔海相望，与漳州、泉州并称厦漳泉闽南金三角经济区，是东南沿海重要的中心城市、港口及风景旅游城市。厦门由本岛厦门半岛、离岛鼓浪屿、西岸海沧半岛、北岸集美半岛、东岸翔安半岛、大小嶝岛、内陆同安、九龙江等组成，拥有首批国家 5A 级旅游景区——鼓浪屿。这里天风海涛、青山绿水、奇卉异木、鸟语花香、岛内藏秀，岛外集美，是一座风姿绰约的“海上花园”。

近年来，厦门加快建设全域旅游示范市，不断拓展休闲旅游空间，提升旅

① 人间天堂苏州分享全域旅游创建经验［EB/OL］. http://travel.people.com.cn/n1/2017/0911/c41570-29528106.html［2017-09-11］.

游品质，完善旅游公共服务设施。厦门旅游年卡启用电子卡，市民绑定电子卡后，不需要带卡即可实现刷脸入园，“厦门旅游通卡”同步发布，来厦门的游客可享受和厦门市民一样的便利和优惠；厦门以创建国家生态园林城市为契机，不断完善公园绿地布局，越来越多的综合性公园、“口袋公园”出现在市民家门口；厦门不断从资金、人才、政策等方面对休闲农业进行扶持，大帽山境、大宅社区等一批高质量、高标准行业精品脱颖而出，军营村、白交祠村、马塘村等一批乡村先后荣获“中国美丽休闲乡村”称号①。

（一）打造旅游休闲网红打卡点

推出湖里区华美空间“旧物仓”、海沧区“纸的时代书店”、集美区园博苑“情人谷”、同安区滨海旅游浪漫线和翔安区下潭尾湿地公园5个网红休闲点。通过打卡体验各区打造推出的“春季厦门休闲之旅”网红打卡点，宣传推广厦门春天应季主推旅游产品，以点带面进行生活方式的展现。②

（二）打造“全天候”休闲城市

厦门推出“春季休闲之旅”“夏季滨海之旅”“秋季人文之旅”和“冬季温馨之旅”，并在“春季休闲之旅”中创新实现旅游全行业参与集中推广，围绕休闲主题打出了“产品好、线路优、活动多、展会全、优惠大、游便捷”的组合拳。发布“厦门春季休闲之旅”，推出了包括鼓浪屿、曾厝垵、五缘湾湿地公园等在内的第一批30个厦门经典休闲旅游度假场所和20条厦门休闲旅游精品线路。厦台联合、闽西南区域联动、厦门市区政企联动，举办国内巡回推介推广活动、邮轮休闲旅游推广活动、“我的厦门旅游故事”春季活动、赴美国开展宣传推介活动等16项举措全方位开展旅游宣传推广。联合本地媒体举办“夜无眠·游有味”活动，推动厦门市休闲夜游产业发展，将厦门打造为“全天候”休闲城市。③

---

① 休闲经济蓬勃发展 福建厦门休闲指数排名全国第七［EB/OL］. http://www.cinic.org.cn/xy/fj/589369.html?from=singlemessage［2019-08-24］.

② 厦门这5个网红休闲点，你都打卡了吗？［EB/OL］. https://baijiahao.baidu.com/s?id=1695742354364722167&wfr=spider&for=pc［2021-03-31］.

③ 厦门市公布2020年文旅产业推广计划 将厦门打造为“全天候”休闲城市［EB/OL］. http://fj.people.com.cn/n2/2020/0121/c181466-33736035.html［2020-01-21］.

（三）创新休闲城市治理

厦门创新实践引起国际广泛关注的城市治理举措，形成有力有序推进生态空间山清水秀、生产空间集约高效、生活空间宜居适度的美丽厦门建设的先进做法。为了保护城市赖以发展的生态基础，厦门大规模开展海域水产养殖退出行动，小流域综合治理扩大了全市海域环境容量，增进了西海域的污染物和悬浮物泥沙向外输移，恢复了厦门岛的海水环境，实现了水清岸绿、碧流入海。厦门认识到在城市发展中，同一个空间各种规划互相打架，地块功能不明确或矛盾而导致审批扯皮、环境破坏、资源浪费的现实，于2014年启动编制《美丽厦门战略规划》，力行多规合一，推行城市发展“一张图纸管控到底，一个平台协同管理，一张表格受理审批，一套机制保障运行”。通过制定《美丽厦门战略规划》凝聚全市共识，通过明晰生态空间格局、规划统筹有效解决城市发展“短板”，促进生态环境资源的保护和利用，以一张蓝图引领城市发展。“多规合一”的创新城市治理模式既是落实中国国家战略部署的重要实践，也给全球解决城市发展棘手问题、创建宜居和可持续城市提供了有益探索。

二、桂林休闲旅游模式

桂林位于广西壮族自治区东北，中国南岭山脉西南，东北与湖南接壤，有着2200余年的历史。桂林是中国最先开发的历史文化名胜，也是世界著名的旅游城市之一。桂林气候非常好，年平均气温为19.3℃，冬天很少下雪，四季温暖。桂林的青山绿水，再加上周围美丽迷人的乡村景观，形成了国内外独特而著名的山水景观。居住在这片神奇土地上的有十余个少数民族，包括壮族、苗族等，民族风貌和桂林的历史文化吸引了中外旅游者和国家元首的极大关注，成为著名的山水型国民旅游休闲城市。

（一）城市休闲氛围浓重

“桂林山水甲天下”，在这里，城市里的人们可以感受到充满田园风光和乡土气息、自然与人类和谐的舒适生活。阳朔的自然风光、龙脊的民俗风情、兴安的历史人文都深深吸引着来自世界各地的游客；走进灵川大圩的果园亲手采摘鲜果，或去古东瀑布“走瀑戏浪”；可以穿行泛舟于漓江，也可悠闲漫步在阳朔西街。在晚上，游客可以享受到桂林四个江湖的夜景，这是桂林风景最美丽的时刻，游客可以选择步行或乘船方式进行游览，桂林山水尽收眼底。桂林山水的魅力与桂林山水独特的美有关，人们生活在风景画卷中，描绘了一幅宁静的自然风景。

（二）休闲旅游产品不断创新

近年来，桂林不断打造户外旅游休闲的旅游品牌，形成丰富的现代旅游产品体系，如漂流、攀岩、自行车等。通过大力推进旅游产品转型换代，构建多元化的旅游产品体系，打造了山水观光旅游产品、休闲度假旅游产品、会展商务旅游产品、历史文化旅游产品、民俗风情产品、城市旅游产品、红色旅游产品、专项与特种旅游产品八大产品系列，初步完成了从单一观光型产品向多元化综合型产品的转型，并取得市场好评。

（三）持续推出休闲新项目

近年来，桂林已从单一发展旅游业转变为综合性的旅游相关产业发展，包括旅游、休闲、娱乐等。桂林有各种各样的娱乐酒吧，形成了丰富的娱乐活动，更有体育中心、酒吧、茶馆、购物中心、公园等新型休闲场所不断建设。桂林各景区也纷纷推出了一系列具有“休闲元素”的新项目，注重旅游体验的发展已经成为一种趋势。桂林的两江四湖工程大大改善了桂林生态环境，完善了城市功能，成为一张新的城市旅游休闲名片，也为市民与游客创造了惬意的休闲环境。

（四）休闲旅游新业态蓬勃发展

桂林建设了三千漓、桃花湾等一批休闲旅游度假区，打造了益田西街、崇华中医街等一批特色街区，会仙湿地度假小镇等一批投资 100 亿元以上的健康旅游项目落地实施，打响了“漓水青山，养生桂林”的城市品牌，为桂林发展增添了新动力[①]。桂林重点发展山水度假、城市度假和乡村度假三类休闲度假产品，集中将一批有条件的酒店改造建设成度假酒店、精品民宿和精品酒店

① 桂林旅游：提档升级 迈入高质量发展新时代［EB/OL］. https://www.sohu.com/a/458587035_121049934［2021-04-02］。

三类度假设施，构建健康养生、体育运动、文化娱乐、生态休闲、农事体验五大休闲度假体验，全域化配套国际化的度假体系，支撑建设中国最美诗意栖居地，打造世界顶级度假旅游胜地[①]。

（五）布局差异化精品旅游线路

通过差异化旅游线路，把遍布全市的旅游资源“串联起来”，包装成为适合不同游客需求的旅游产品。目前，桂林将打造 8 条生态休闲旅游精品线路。从而实现“景点旅游”模式向“全域旅游”模式的转变，形成“全景旅游、全业融合、全时体验、全民共享”的全域旅游桂林经验，对于推动桂林旅游业提档升级、桂林旅游迈入优质旅游发展新时代有着重大意义，成为广西乃至全国全域旅游的领航者。

三、大理休闲旅游模式

大理白族自治州地处云南省中部偏西，东临楚雄州，南靠普洱市、临沧市，西与保山市、怒江州相连，北接丽江市。大理是中国西南边疆开发较早的地区之一，地处低纬高原，四季温差不大，干湿季分明，以低纬高原季风气候为主。

大理旅游资源丰富，全州风景名胜旅游区点达 130 多处，如佛教圣地鸡足山、道教名山巍宝山、石窟瑰宝石宝山和高原明珠洱海。苍山洱海是国家级风景名胜区，苍山自然与南诏文化遗存是国家自然文化双遗产。自治州首府大理是第一批国家 24 座历史文化名城之一，集国家级历史文化名城、国家级风景名胜区、国家级自然保护区、中国优秀旅游城市、最佳中国魅力城市、国家地质公园、中国十佳旅游休闲城市、中国最佳休闲旅游目的地、最中国文化名城等桂冠于一身。[②]

大理积极打造特色客栈、温泉休疗、乡村旅游、高尔夫和高山徒步运动等休闲度假产品。特别是环洱海、大理古城、沙溪古镇等地兴起的 2000 多家特色客栈，深受大都市中高端游客青睐，成为大理旅游转型升级的重要载体。同

① 桂林市发展和改革委员会 桂林市旅游发展委员会关于印发《桂林市旅游业发展“十三五”规划》的通知［EB/OL］. https://www.guilin.gov.cn/zfxxgk/fdzdgknr/jcxxgk/ghjh/zcqgh/202010/P020201009588748544121.pdf［2018-09-14］.

② 大理概况 . http://www.dali.gov.cn/dlrmzf/c101686/tydp.shtml .

时，全州先后启动 8 个特色旅游小镇、15 个省级特色旅游村和 9 个国家重点扶持民族特色旅游村的建设。休闲度假旅游的兴起标志着大理旅游由观光型逐渐向观光休闲度假多元型转变取得阶段性成果。[①]

（一）成功创建国家级旅游度假区

近年来，大理古城致力于打造国内一流、世界知名的“慢生活”休闲度假胜地：自然环境更加优美、度假产品更加丰富、管理服务更加优质。2019 年累计接待游客 1394.8 万人次，实现旅游社会总收入 144 亿元，文化旅游产业发展不断提速提质。[②]

（二）打造大理文旅新名片

紧紧围绕休闲度假主题，不断挖掘旅游文化内涵，全力推进大理古城及周边休闲度假项目，建成大理苍山地质公园博物馆、大理石空博物馆和大理摄影博物馆等展览展陈项目，完成了大理古城文庙恢复、玉洱园改造提升、垒翠园等旅游文化项目。2018 年，大理古城由华侨城集团赋能托管运营，启动了近百年来最大的一次建筑修缮工程，遵循大理古城的历史性、时代性、地域性、民族性，实施大理古城风貌保护提升，打造具有鲜明特色和个性的民族建筑艺术和世界文化走廊。

（三）培育特色度假产品

建成大理实力希尔顿酒店、大理海纳尔·云墅度假酒店、苍海高尔夫酒店等一批具有国际水准的特色度假精品酒店，引进了艾美酒店、丽世酒店等品牌酒店，同时大力发展乡村旅游，在古城周边打造了才村、龙龛、五里桥等特色旅游村。

依托主题度假资源，精心培育了以环洱海生态廊道骑行、玉带云游路徒步等为代表的苍洱自然生态体验产品，以绕三灵、三月街民族节等为代表的白族

---

① 大理六大体系建设世界级旅游目的地、休闲旅游胜地［EB/OL］. https://dali.news.fang.com/2016-02-04/19542081.htm［2016-02-04］.

② 喜提“国字号”！大理古城成功创建国家级旅游度假区［EB/OL］. https://baijiahao.baidu.com/s?id=1687328871481064271&wfr=spider&for=pc［2020-12-28］.

风情体验产品，以蓝续扎染体验馆、大理石空博物馆等为代表的南诏大理历史文化体验产品，以及以夜游古城、杨丽萍大剧院、天龙八部影视城、红龙井酒吧文化体验等为主的大理“慢生活”体验产品。

（四）创建特色品牌策略

大理与周边旅游地区相比，深厚的文化底蕴是大理永久的优势，关键是如何把这些东西挖掘出来并形成品牌。第一，充分利用资源优势开发旅游精品、增加旅游产品吸引力，延长游客停留时间。第二，深度开发传统旅游产品，增加旅游者在游览过程中的参与性，使旅游者在游览过程中有足够的内容可以体验回味。第三，充分发挥原有品牌优势，提高竞争力。第四，坚持走文化旅游道路。在对文化深入挖掘时，要引起当地居民对文化保护的重视，使他们主动加入保护民族文化的行列；并且要加强对民族文化知识的普及与推广，提高民众的认识层次和消费兴趣，减少旅游活动对民族文化的破坏。①

（五）提升旅游品质，走出文旅产业发展的“大理之路”

当前，“新冠”肺炎疫情加速了旅游产业的发展变革，要答好文旅产业发展的“大理之问”，就应突出爱情旅游，继续打响“中国最佳爱情表白地大理”品牌，让大理成为举办婚礼的目的地、拍摄婚纱照和蜜月度假的首选城市；突出体育旅游，建设体育小镇、体育公园、体育基地，举办国际徒步、环太平洋马拉松等国际国内体育赛事，打造体育旅游目的地；突出文化旅游，加快推进“一带三道十八廊”建设，整合文学、艺术、音乐、舞蹈、历史要素，推进文旅深度融合，打好大理文化旅游品牌；突出团建旅游，构建团建旅游模式，让大理成为组织会议、会展的必选之地；突出观光旅游，围绕“漫游慢享”旅游特质，打造“慢旅游”“慢生活”产品；突出美食旅游，挖掘美食资源，举办好美食、啤酒、烧烤节，打造“吃在大理”品牌；突出夜间旅游，推出主题灯光秀、无人机表演、夜游洱海、夜游灯会、大理古城城墙夜游等产品，打造夜间消费“文化 IP”，加大培育休闲、购物旅游新业态新模式力度。②

① 大理旅游业发展现状及其策略［EB/OL］. https://www.docin.com/p-1705585909.html［2016-08-03］.

② 全州旅游品质提升工作会议召开［EB/OL］. http://www.dali.gov.cn/dlrmzf/c101530/202111/c9f6a632b9c14457b16b904c3b39c5df.shtml［2021-11-19］.

四、绍兴休闲旅游模式

绍兴，简称越，古称越州，浙江省辖地级市，长江三角洲中心区27城之一，是国务院批复确定的中国具有江南水乡特色的文化和生态旅游城市。绍兴地处中国华东地区、浙江省中北部、杭州湾南岸，东连宁波，南临台州和金华，西接杭州，北隔钱塘江与嘉兴相望，是长三角城市群重要城市、环杭州湾大湾区核心城市、杭州都市圈副中心城市。

绍兴已有2500多年建城史，是首批国家历史文化名城、联合国人居奖城市、东亚文化之都、中国优秀旅游城市、国家森林城市、中国民营经济最具活力城市，也是著名的水乡、桥乡、酒乡、书法之乡、名士之乡。绍兴素称“文物之邦、鱼米之乡”。著名的文化古迹有兰亭、禹陵、鲁迅故里、沈园、柯岩、蔡元培故居、周恩来祖居、秋瑾故居、马寅初故居、王羲之故居、贺知章故居等。2017年，绍兴市继续保留全国文明城市荣誉称号。2018年12月，被评为中国大陆最佳地级城市第七名，中国创新力最强的30个城市。2018年荣获国家卫生城市（区）。①

（一）构建“一廊三带”π形态空间

近年来，绍兴市依托丰厚的文化资源，以“重塑城市文化体系”为目标，从多个角度，利用多种形式激活“古越基因”，架构以一廊（文创大走廊）二核（古城、兰亭）三带（浙东运河文化带、浙东唐诗之路文化带和古越文明文化带）为格局的全市文态空间，聚拢古越千年文化底蕴，串起了文旅融合发展的地理架构，在地图上正好构成了“π”形态，充满了无限的空间和想象。

（二）运动休闲产业蓬勃发展

近年来，柯桥区通过抓实顶层设计、资源整合、产业融合，大力实施“体育+”发展战略，以特色集聚效应带动产业发展，培育绿色、高端的体育产业项目，为运动柯桥“硬件”加速。截至2021年，柯桥区共有1个省级运动休闲基地、1家省级体育用品制造业示范企业、1家省级体育服务业示范企业、1条省级运动休闲旅游精品线路、5个省级运动休闲旅游优秀项目、1个省级运

① 绍兴［EB/OL］. https://baike.baidu.com/item/绍兴/15605?fr=aladdin .

动休闲旅游示范基地。设立 2000 万元体育产业发展专项引导资金，全区 700 家体育相关企业活力无限，“体育 + 赛事”“体育 + 旅游”“体育 + 纺织”“体育 + 教育”得到全线发力、全域发展。同时，加快打造省级体育特色小镇“酷玩小镇”，集聚总投资约 220 亿元开发东方山水乐园、乔波冰雪世界、浙江国际赛车场等中高端运动休闲项目，并依托南部山区特色资源，重点开发越野、骑行、露营、漂流等项目，建成环瓜渚湖健身步道、陶宴岭游步道等一批特色鲜明的户外运动基地，不仅成功创建国家体育产业示范基地，而且被世界休闲组织认定为世界休闲城市，并荣获世界休闲创新奖。①

实施“旅游 + 体育”工程。绍兴以杭州 2022 年亚运会为契机，提升绍兴市奥体中心射击馆、中国轻纺城体育中心体育场等场馆软硬件设施，完成棒垒球场馆、攀岩场馆建设。整合绍兴市体育旅游发展资源，加快建设国家登山步道、水上运动旅游休闲基地、山地户外旅游休闲基地、汽车房车露营基地等，打造一批具有重要影响力的运动休闲旅游基地。坚持“以赛兴旅”的发展理念，重视赛事经济发展，举办马拉松、越野、徒步、骑行等参与性强的赛事，举办赛车、赛艇等竞技水平高的观赏型赛事，举办柯桥国际运动休闲时尚周等运动休闲旅游节庆活动，分批培育体育旅游精品赛事。

（三）休闲品质不断提升

绍兴的休闲品质，来源于古老文化和新“玩”法的碰撞。绍兴制订了《故事激活古城计划》，重点筛选了 100 个故事，并编上了二维码，只要扫码，就可以唤醒古城历史，采取“年轻人讲传统故事、用新的语言讲古老的故事”的方式，让绍兴的过去跟当代人生活发生关联。来自海内外的书法家身着晋服，在曲水边品酒、赋诗、挥毫，再现曲水流觞盛况……如今的兰亭书法节更是绍兴在创新中传承“兰亭人文精神”的经典案例。

绍兴的休闲品质，来源于文化和旅游融合发展的 IP 化工程：非物质文化遗产进入景区变成旅游工艺品；农副土特产品变成旅游地商品；传统民俗变成旅游新体验……2019 年 7 月，绍兴市文化产业发展大会召开，绍兴北文影视娱乐综合体、“云溪九里”浙江文旅康养小镇、嵊州・中国唐诗之城等 12 个文

① 绍兴柯桥运动休闲产业蓬勃发展 . https://tyj.zj.gov.cn/art/2020/11/27/art_1347214_59015458.html [2020-11-27] .

化产业项目的签约，标志着绍兴重塑城市文化体系有了重要突破口。

绍兴利用“历史与文化、山水与生态、民俗与风情”资源，开发一批特色文创产品，包括举办绍兴城市礼品暨文创旅游商品设计大赛，重点策划以绍兴黄酒、博物馆、乡村土特产为主题的旅游文创商品，实现绍兴文化旅游之城既有卖点，更有买点。①

（四）旅游产品高质高效供给

旅游景区和度假区快速发展，3A 级及以上旅游景区增至 59 家，其中 5A 级旅游景区 1 家、4A 级旅游景区 18 家、3A 级旅游景区 40 家，省级旅游度假区增至 6 家。乡村旅游蓬勃发展，现有 3A 景区镇 72 个、3A 景区村 165 个。旅游新业态层出不穷，研学、商贸购物、乡村民宿等旅游新业态和新产品不断涌现，以研学旅游产品发展最为突出，2016 年被评为“全国首批十大研学旅游目的地城市”。旅游投资快速增长，引进、落地一批重大文旅融合类项目，旅游项目建设实现从数量到质量飞跃。截至 2020 年年底，全市旅游总投资超 10亿元的项目 50个，总投资金额1475.58亿元，实际累积投资额559.24亿元。②

（五）实施智慧营销，节庆营销

绍兴整合全域旅游资源，建设“绍兴旅游一站式大数据平台”，促进“互联网＋旅游”全面运用，利用大数据分析，策划个性化、定制化、多样化线路产品，强化精准营销，提高营销效率。利用新平台、新媒体、新技术，将旅游元素与创意短视频结合，借助微信、微博等营销推广平台和抖音、快手等短视频宣传营销平台，邀请旅游达人、网红代表共同推介绍兴文化旅游主题线路、旅游景区、乡村旅游重点村镇等，增加绍兴旅游在互联网端的持续曝光量，形成旅游话题性宣传效果，真正让绍兴旅游走出去、火起来。

以节日庆典为契机，开发创新节庆旅游活动，重点推出公祭大禹陵典礼、浙东唐诗之路文化旅游节、南宋文化节、兰亭书法节、绍兴黄酒节、阳明心学

---

① 绍兴获评中国十大品质休闲城市［EB/OL］. http://ct.zj.gov.cn/art/2019/11/27/art_1652992_40562805.html［2019-11-27］.

② 绍兴市人民政府关于印发绍兴市文化和旅游“十四五”规划的通知［EB/OL］. http://www.sx.gov.cn/art/2021/8/17/art_1229311201_1798509.html?ivk_sa=1023197a［2021-08-17］.

大会、古越文明解码工程暨古越文明国际论坛、中国越剧艺术节、中国绍兴乌篷船风情旅游节、鲁迅文化艺术节十大特色节庆，极大提高了游客对绍兴文化的认同感。

（六）巧用文化 IP 助力夜间消费

绍兴近年来持续打造夜间休闲娱乐活动项目，市民在夜间的消费需求已不再局限于传统餐饮、购物、观看表演等，而是逐渐向文化、体育、艺术、养生等消费行为转变。加快将文化变成可看、可听、可体验、可触摸的旅游项目和旅游产品，文旅夜间消费潜力得到有效激活。市文广旅游局会同市商务局等部门出台了《绍兴市夜间文旅消费聚居区培育认定办法》，并将再次开展“2021 年绍兴市夜间文旅消费聚居区示范点”和“2021 年绍兴市十大夜间文旅消费聚居区”评选工作。此外，绍兴先后培育了迎恩门、鲁迅故里等一些具有绍兴文化特色的夜市街区，构建了融合食、游、购、娱、体、展、演为一体的夜间经济业态，孕育了缤纷多彩的绍兴夜间经济文化。①

第四节　旅游百强县市（区）国民休闲旅游城市模式案例

《中国县域旅游竞争力报告 2020》指出，2019 年，我国县域旅游继续保持平稳较快发展，中国旅游百强县综合竞争力继续增强。2019 年，中国旅游百强县平均实现旅游总收入 214.14 亿元，平均增长 23.4%；平均接待游客 1919 万人次，平均增长 17.6%；旅游总收入与县域地区生产总值之比平均为 92.1%，旅游业主导地位进一步增强。建设休闲旅游城市，是县市立足县情、壮大县域经济、提高旅游竞争力的新战略，对促进区域经济高质量发展具有重要意义。研究选取常熟、盐田、平遥、婺源这几个旅游百强县市作为研究对象，深入分析其国民旅游休闲发展现状，总结其成功经验启示。

① 绍兴夜经济未来可期［EB/OL］. https://baijiahao.baidu.com/s?id=1703514215613987946&wfr=spider&for=pc［2021-06-15］.

一、常熟休闲旅游模式

常熟市，简称虞，因“土壤膏沃，岁无水旱之灾”得名“常熟”，国家历史文化名城。常熟地处江南水乡，素有“江南福地”的美誉，是吴文化发祥地之一。常熟位于江苏省南部，是由苏州市代管的县级市。常熟市东北濒长江，东南邻太仓，南接昆山市、苏州市相城区，西连江阴市、无锡市锡山区，西北与张家港市接壤。常熟是中国优秀旅游城市、国际花园城市、国家生态市、全球首批国际湿地城市。常熟沙家浜·虞山尚湖旅游区为5A级旅游景区。2018年重新确认为国家卫生城市（区）。

常熟市位于中国县域经济、文化、金融、商贸、会展和航运中心城市的前列。2019年以来，先后被评为2019年度全国绿色发展百强县市、2019年度全国新型城镇化质量百强区、2019年全国营商环境百强县、2019年全国综合经济竞争力十强县。2019年12月31日，入选全国农村创新创业典型县。2020年10月，被评为全国双拥模范城（县）。2020年，常熟在社科院发布的《全国县域经济综合竞争力100强》中排名第四。[①]

随着“十三五”时期“文化+”行动的推进，常熟文化、体育、旅游休闲以及相关制造业、服务业已实现初步融合，文体旅企业数量和规模有所增加，质量同步提高，集聚度进一步增强，文体旅产业增加值在地区生产总值中的份额呈上升趋势。

目前，常熟已有江苏省、苏州市、常熟市市级文化产业园区（基地）共15家，产业类别涵盖文化旅游、影视制作、创意设计、数字内容、健康养生等各个领域，产业结构日趋优化。另有江苏省、苏州市市级体育产业示范基地2家，产业覆盖体育场地出租、体育纪念品销售、体育用品销售和体育培训等。全市现共有文化企业近3300余家，文化产业增加值占GDP比重达到5.1%；旅游企业256家，2020年常熟接待境内外游客1403.3万人次，旅游总收入289.87亿元。在全市所有文旅企业中达到规模以上的有98家，包括文化企业71家、旅游企业27家。

从产业融合的角度来看，常熟文体旅产业发展活力日益增强，本土品牌正在加速崛起。尚湖国际马拉松、尚湖国际铁人三项等大型体育赛事已经成为面

① 常熟［EB/OL］. https://baike.baidu.com/item/常熟/135269?fr=aladdin .

向长三角并在全国范围内具有一定影响力的常熟特色文体旅赛事品牌，沙家浜风景区红色户外拓展线路入选“2020 国庆黄金周体育旅游精品线路”，江苏常熟虞山文化旅游度假区入选“2020 年度长三角地区精品体育旅游目的地”①。

（一）用好自然文化资源，打造体验非凡的精品美游

常熟以国家级旅游度假区创建为引领，融合红色文化、山水人文、运动健身、长江岸线等特色资源，打造“四色游”品牌，形成独具一格的主题旅游体系。

“红色游”：以沙家浜革命历史题材为核心，以建党一百周年为契机，嫁接新媒体、新技术、新模式，增强红色旅游的时代感和吸引力，打造长三角传承红色基因的首选地。

“绿色游”：用好常熟“山水入城”的自然禀赋和“崇文重教”的人文资源，开发“山与水、人与文、古与今、修与改”高度融合的旅游产品，在升级和利用中传承历史文化、提升旅游内涵。

“蓝色游”：统筹全域户外体育健身资源，以尚湖国际马拉松、STC 大铁联赛等精品赛事为依托，打造群众体育健身和精品体育赛事相结合的“体育 +”旅游模式，推动赛事与旅游、会展、艺术、设计等产业融合发展，建设集运动健身、竞技体育、时尚娱乐、医疗康养于一体的配套载体，争创省级群众体育健身基地。

“彩色游”：依托长江岸线独特自然风貌，整合“一岛一湾一江滩”，呈现“江海交汇七彩洲”，高质量打造 20 万亩铁黄沙生态岛，推进特色田园乡村建设和螺蛳湾生态湿地修复，展现长江入海前的“最靓身姿”。②

（二）抢抓开放合作资源，打造互利共赢的产业生态

抢抓一体化历史机遇，充分借势借力，加强资源整合，推动优势资源持续集聚，打造共生共赢的文化产业生态圈。常熟通过深度融入沪苏同城化发展，

① 市政府办公室关于印发常熟“十四五”文体旅发展规划的通知［EB/OL］. http://www.changshu.gov.cn/zgcs/c108192/202108/ebb156d9c7774a8b8d185fe3a6aec3b1.shtml［2021-02-17］.

② “十四五”期间常熟打造“江南文化”名城新形象［EB/OL］. https://baijiahao.baidu.com/s?id=1694538248249957661&wfr=spider&for=pc［2021-03-18］.

加快建设喜马拉雅大学常熟分院，致力形成集内容生产、渠道传播、硬件制造为一体的全方位合作，推动上海音乐学院·长三角数字声音研究院落地，多维度、多层次拓宽文化产业发展空间。

加快塔亚普拉运动酒店、希尔顿酒店、日航国际中心等高端酒店的建设，打造集酒店餐饮、运动训练、健康体检、身心管理、国际教育于一体的健康度假综合体。联合锦江国际、东方瑞宸两大行业标杆，建立60亿元酒店产业专项基金，培育一批层次高、业态新的精品酒店，丰富旅游服务供给。启动文化产业三年倍增计划，明确主体培育、品牌营造、人才引进、项目建设等扶持政策，打通产业链、人才链、资金链，为文化产业发展提供项目支撑、人才支撑、融资支撑，构建文化产业发展的优质生态。

二、盐田休闲旅游模式

盐田区，广东省深圳市辖区，位于深圳市经济特区东部，距市中心12千米，西接深圳市罗湖区、东连大鹏新区、北邻龙岗区与坪山区、南与香港新界山水相接，沙头角口岸与香港直接相通。辖区依山面海，北部为梧桐山和梅沙尖，南临大鹏湾。辖区面积74.99平方千米。盐田区域历史源远流长，大梅沙海湾沙丘遗址考古发掘表明，在新石器时代就有人类在这里繁衍生息。距今4000~5000年前，即中原地区夏、商时代，此地为百越部族聚居之处。公元前214年，秦始皇统一中国并在岭南地区设置南海、桂林、象三郡，盐田区域属南海郡番禺县地，历史悠久，是深圳十大市辖区之一。盐田区依山面海、海岸蜿蜒曲折，有大梅沙、小梅沙等自然海滩景点，梧桐山雄伟险峻，山上候鸟品种繁多，三洲田鸟鸣谷幽、云遮雾绕，是深圳著名的旅游胜地。①

（一）旅游文化产业集群效益凸显

以东部华侨城和大梅沙、小梅沙景区为龙头，充分利用梧桐山国家森林公园和海滨栈道、登山环道，深度开发以山地休闲、滨海度假为主题的旅游精品线路，形成山海特色高端生态旅游中心。建设盐田文化创意产业园，打造完成国家音乐创意产业基地产业链，支持周大福、百泰等企业发展黄金珠宝创意设

① 盐田区［EB/OL］. https://baike.baidu.com/item/盐田区/2341986?fr=aladdin#4 .

计产业，形成具有核心创造力的滨海文化创意中心。发展新型商贸、高端商务消费业态，形成深圳东部时尚消费中心。[①]以自然资源作为发展优势和支撑的盐田区文化创意产业，通过立足现有的优势，实施品质化战略，逐步发展起自身涵盖“文化 + 旅游 + 商业 + 娱乐 + 科技 + 时尚 + 教育 + 互联网”等多业态产业生态链。[②]

（二）城市休闲业态丰富

图书馆是游客前来度假休闲的打卡地之一，盐田图书馆所提供的丰富活动，只是该区持续提升市民文化服务“获得感”的一个生动缩影。在这里，还有许多多彩的文化活动：创新推出“公益电影民心卡”，累计发放超过 1.6 万张，全年组织公益电影放映超 200 场；组织各类演出、培训、展览、讲座等文化活动进学校、进企业、进社区、进军营，年均接近 3000 场次……文化惠民实现常态式供给，文化活动颇具特色，相关部门还会每周整理出当周的文化活动“菜单”，供市民选择参加。

除了这些家门口就能参与的文化活动外，盐田区也在不断打造具有更广泛影响力的品牌文体活动，进一步提升城区文化影响力。近年来，盐田区成功打造海洋文化论坛、“山川上的中国”“山海之旅走读盐田”“小橘灯”等高品质文化项目；成功举办了全国优秀儿童剧目展演、世界杯国标舞全国锦标赛、全国帆船锦标赛（激光级）等文化、体育赛事活动，不断提升城区知名度[③]。

（三）旅游休闲品质不断升级

近年来，盐田区完成大梅沙海滨公园、海滨栈道高水平重建，大力推动东部华侨城、小梅沙海洋公园升级改造，加快建设 69 千米“生态翡翠项链”半山公园带。盐田全面优化旅游观光巴士线路，建成环绕全区的“1+7”慢行交通系统，开通低空、海上游览线路，构建多维度立体化旅游交通体系。盐田

① 盐田将打造三大高端集群［EB/OL］. https://www.qianzhan.com/cluster/detail/178/20120106-f1d2d7fbb515905a.html［2021-01-06］.

② 深圳盐田慢生活，纵情山海之间，享国内首家的天际无边泳池漂浮餐［EB/OL］. https://baijiahao.baidu.com/s?id=1649229486121988939&wfr=spider&for=pc［2019-11-04］.

③ 盐田借力文博会打造深圳东部文化高地［EB/OL］. https://baijiahao.baidu.com/s?id=1711736803205557437&wfr=spider&for=pc［2021-09-24］.

还携手腾讯建设智慧文旅系统，推动“花漾街区”“趣城计划”“国际光影艺术季”落地，打造主客共享“大花园”。该区还引进国际一线品牌酒店，打造中英街、壹海城、奥特莱斯等特色商圈，推出一批“盐之有理”精品旅游线路，完善游客服务中心（点），形成要素齐全、结构协调、供给弹性足的良好局面。①

（四）注重高端项目招引，扩大旅游休闲产品新供给

近年来，盐田区通过整合项目及资金，科学谋划，凝练和实施了一批文体旅融合重点项目，不断促进文体旅产业融合发展业态提质升级。

发展“体育＋旅游”。海洋体育“一中心三基地”已纳入区委决策部署，国家赛艇基地顺利落户，滨海旅游新高地正在崛起。随着世界A类赛事2019世界海岸赛艇沙滩冲刺赛总决赛、世界杯国标舞和环球巨星公开赛等高端大型体育赛事活动接连成功举办，盐田赛事活动经济效益也在不断提升。在此基础上，盐田区结合“全域＋全季”旅游发展思路，围绕城市新规划、新建设，积极布局文旅项目，推动大梅沙旅游集散中心、梅沙旅游客运码头、百果园伊甸园以及航运博物馆等项目的建设。以东部华侨城为例，景区将以整体提升改造为契机，依托自身山海和山地资源，推动康体养生、生态观光、休闲度假、温泉度假、文化体验等业态的深度融合发展，逐步打造成为粤港澳大湾区山地度假旅游首选目的地和国内一流大型康养社区。②

（五）提升旅游产品市场和目的地市场

盐田积极推进休闲度假旅游的发展，加快休闲度假产品开发；在满足大众旅游需求的同时，重视高端旅游产品的需求，积极发展有潜力的旅游产品，积极开发具有市场潜力的新产品，不断提升旅游产品的文化含量、科技含量、趣味性和吸引力，建立旅游纪念品体系，推进旅游产品产业化发展；不断完善旅游交通、水电、通信、卫生、安全等旅游基础设施，提升旅游景区景点

---

① 深圳盐田：依托山海生态 绘全域旅游高质量发展画卷［EB/OL］. https://www.mct.gov.cn/whzx/qgwhxxlb/gd/202012/t20201221_919786.htm［2020-12-21］.

② 盐田：奋力开创全域旅游高质量发展新格局［EB/OL］. http://www.yantian.gov.cn/cn/zjyt/jjyt/mtbd/content/post_7972958.html［2020-08-05］.

的品质，打造一批具有影响力的旅游目的地品牌，推进旅游目的地市场的发展和完善。

三、平遥休闲旅游模式

平遥古城位于山西省中部平遥县内，始建于西周宣王时期（前 827 ~ 前 782 年）。平遥古城现有的基本格局是明洪武三年（1370 年）重建以后形成的。平遥城内的重点民居，建于 1840 ~ 1911 年。平遥古城是中国境内保存最完整的一座古代县城，有“龟城”之称，街道格局为土字形，整体布局为“八卦”方位，集中体现了明清时期的中国汉民族城市形制。平遥古城城墙总周长为 6163 米，墙高约 12 米，平遥城内外 300 多处遗址和古建筑，有 4000 座保存完整的明清民宅。平遥城墙内部的街道、市楼、铺面保留了明清形制，城墙以外被称为新城。平遥古城民居建筑布局严谨，沿着轴线左右对称、主次分明、轮廓分明，全城封闭，庭院深深。

平遥古城充分体现了 14~19 世纪前后的汉民族的历史文化特色，对研究这一时期人类居住的社会形态、军事防御、经济结构、传统思想、宗教信仰、伦理道德等有重要的参考价值，是迄今为止保存最完整的古代汉族居民群落。平遥古城是中国仅有的被列入“世界文化遗产”的古城之一。2009 年，平遥古城被世界纪录协会评为“中国现存最完整的古代县城”。2015 年 7 月 13 日，平遥古城被评为国家 5A 级旅游景区。平遥古城是中国古代明清城市的活样本，是中国古代与现代建筑并存的，一幅集文化、经济、社会及宗教于一体的完整画卷。

（一）推出精品旅游线路

平遥推出 11 条精品旅游线路，线路经过精心设计，半日游、一日游、两日游等多种方式贴合游客需求打造，11 条精品旅游线路与古城各大景区自由组合，遗产体验游、穿越体验游、古城研学游、漆艺古村游、养生体验游、森林康养游、田园休闲游、“非遗”探秘游、乡村记忆游、红色记忆游、孟山生态游 11 条精品旅游线路全面涵盖古城特色，具体线路各具亮点[①]。30 个“平遥

① 平遥公布首批30个“平遥休闲好去处”和11条“平遥古城+”精品旅游线路［EB/OL］. https://www.sohu.com/a/331042121_352486［2019-08-02］.

休闲好去处”体现平遥全域旅游优势，5大主题游线路包括踏青赏花游、红色教育游、医药康养游、乡村体验游、文艺采风游；6大乡村旅游节庆活动包括横坡灯光节、襄垣梨花旅游节、遐角果桑文化旅游节、横坡文化消夏旅游节、襄垣酥梨采摘节、孟山休闲旅游节；共产党早期平遥党史记忆游、抗日战争红色记忆游、晋中战役革命记忆游这3条红色旅游线路，包含了平遥县18个红色旅游打卡地[①]。

（二）创新旅游发展新途径

近年来，平遥古城依托平遥国际摄影大展、平遥中国年、平遥国际电影展、平遥国际雕塑节等一系列有影响力的文化品牌，努力开创产品创新、服务创新、模式创新旅游发展新路径。同时紧跟“互联网+”时代，以新媒体平台为阵地，因地制宜打造差异化旅游新体验，源源不断地为古城文化和旅游产业的创新发展注入新鲜活力，向旅游国际化方向不断转型升级[②]。

（三）乡村休闲旅游产业蓬勃发展

依托自然生态、山水风光、民俗风情、红色旅游等乡村旅游资源，平遥县全力推进乡村休闲旅游产业发展。尤其是在当地经济发展、交通改善和古城景区旅游的带动下，乡村旅游更是成为平遥打造全域旅游的重要抓手和旅游经济的增长点，呈现出加快发展的态势，其乡村旅游的数量不断增加，规模不断扩大。倾力打造了一批有特色的乡村旅游休闲集镇、特色村，并利用各种节庆特色活动，进一步扩大影响力和知名度。在2017~2019年，全县乡村旅游连续3年游客接待量增速，特别是推出的首批30个“平遥休闲好去处”，更是为当地乡村旅游增加了好看点、提供了新亮点。

（四）智慧旅游助力休闲模式发展

构建智慧旅游平台。智慧旅游利用云计算、物联网等技术通过互联网整合

① 山西平遥县推出2021年乡村旅游5大主题游和6大节庆活动［EB/OL］. https://baijiahao.baidu.com/s?id=1696360599573776869&wfr=spider&for=pc［2021-04-07］.

② 平遥古城景区获“2020年度中国5A景区MBI影响力品牌奖”［EB/OL］. https://www.163.com/dy/article/GLUDBFCB0552I4UB.html［2021-10-10］.

旅游资源，提供适合的旅游产品，满足广大游客的需求。平遥古城作为5A级旅游景区，应该发挥自身优势，推出了《又见平遥》大型室内情景体验剧及一系列仿古表演，如县太爷升堂断案、晋剧《晋商乡音》、县太爷城隍庙祈雨、晋商神韵之闺秀巡街等丰富多彩的活动，赢得了游客的广泛好评，大大提升了游客的满意度。引入4D电影，一方面创新了平遥古城旅游模式，改变单一的旅游产品结构，改善旅游项目不丰富的情况，为游客带来新的体验；另一方面平衡了平遥古城淡季与旺季游客流量差距，减少旅游旺季客流量井喷现象，带动古城旅游业进一步发展。

利用互联网平台加大平遥古城宣传力度。平遥古城具有丰富的旅游资源与文化内涵，其游客却大多集中在山西省及其周边地区，知名度不够大是主要原因之一。而互联网可以使鲜为人知或知名度较低的旅游景点在短时间内广为人知，扩大其品牌知名度，增加吸引力。利用互联网优势宣传古城形象是扩大客源的必经之路。目前平遥古城已经初步形成了具有特色的旅游品牌。利用互联网平台为平遥古城旅游品牌的宣传提供渠道，将建筑风格、文化遗产、地方特色等通过影像、照片、文字等方式，通过互联网平台直观地展示给互联网用户，提升平遥古城品牌影响力，从而吸引更多游客前来观赏。借用互联网平台增加平遥古城品牌特色与宣传力度，是平遥旅游业进一步发展的一大助力①。

（五）创平遥“品牌文化”，提升景区品牌影响力

古城注重挖掘文化内涵，策划特色鲜明专题文化活动。平遥致力于搭建文化、旅游、产业互动发展的大平台，全力塑造了一批文化品牌，文化软实力与经济硬实力融合发展，文化品牌包括遗产品牌、节庆品牌、演艺品牌和平遥三宝，具体为：包括平遥古城、双林寺、镇国寺等在内的遗产品牌；包括平遥中国年、平遥国际摄影大展、平遥漆文化艺术节、梨花旅游节、酥梨采摘节等在内的节庆品牌；包括《又见平遥》情境体验剧、《晋商乡音》表演、《风雨日升昌》电影在内的演艺品牌；平遥三宝——平遥手工艺推光漆器、平遥长山药、平遥牛肉。

---

① 雷承锋．“互联网+”时代背景下平遥古城旅游业发展的机遇与挑战［J］．山西高等学校社会科学学报．2020，32（7）：18–19.

节庆活动进一步升华和重塑了平遥古城印象。四季不断的活动，保持了客群的持续性，促进古城旅游持续发展。针对目标市场，平遥主要通过品牌演艺和节庆活动，开展丰富多样的营销活动，采用的形式有旅游推介会、媒体营销、网络营销、媒体推广，以及景区联盟、旅游交易会等宣传营销活动，加快了古城的传播影响力，为平遥古城的旅游产业发展奠定了基础①。

四、婺源休闲旅游模式

婺源是全国首批生态农业旅游示范区，森林覆盖率高达82%，是世界最大的文化生态公园。婺源景区现有国家5A级旅游景区——江湾，大鄣山卧龙谷、灵岩洞、文公山、李坑等7处国家4A级旅游景区，还有彩虹桥、江岭、晓起、石城等一批精品景点，涵盖了婺源古村文化、山水风情和田园风光。婺源之美，美在人与自然的和谐相处，美在文化与生态的深度融合。

（一）注重文化的发掘和整理

为丰富旅游内涵，增强其生命力，婺源成立文化研究会，负责对全县文化进行整理，下设朱子文化、茶文化、民俗文化等9个分会，启动了“婺源传统古村落”的文化调查与素材整理工作。成立徽剧传习所，编排节目，传承徽剧、傩舞、抬阁等一系列民间艺术。同时，创新古村落古建筑保护方式，涌现了九思堂、明训堂、西冲院等古建保护的成功案例，对4000多幢古民居古建筑进行了有力保护。著名学者冯骥才对婺源文化保护工作给予充分肯定：“有文化的婺源人深爱着自己的文化，婺源率先在全国扛起乡村文化大旗。”目前，全县有2个国家历史文化名村、12个全国民俗文化村、10个省级历史文化名村、3个全国重点文物保护单位、4个全国农业旅游示范点。

徽派建筑是婺源的传统与特色，更是婺源“中国最美乡村”荣誉称号的重要元素。该县通过改色调、改符号、改风格，做到保徽、建徽、改徽相结合，切实将婺源打造为徽派建筑的大观园。该县按照“一村一品、一村一业、一村一生活、一村一境界”的发展理念，将全县村庄分为景观村、特色村、田园村三个层次，重点打造18个景观村、36个特色村、54个田园村。

---

① 金恪产业研发支持中心.又见平遥——古城旅游开发模式研究［EB/OL］. https://mp.weixin.qq.com/s/u6Am1Ch1FTJDT80SJbhkxw，2016-07-11.

（二）观光游向休闲旅游转型发展

婺源县不满足于粗放的观光旅游与门票经济，加快推进旅游实现由门票经济向产业经济、由资源竞争向文化竞争、由观光游向休闲度假游“三个转变”。打造“产业融合、旅游景区、旅游服务、旅游文化、旅游品牌、旅游富民”全国六个第一的“中国旅游第一县”。打造篁岭民俗文化影视村、丛溪庄园、锦绣画廊乡村休闲自行车道等休闲、度假、康体旅游项目；提升景区软硬件水平，将江湾景区打造成为徽文化大观园；对旅游城市形象进行高品位设计等。同时聘请专家修编导游词，招聘中、英、日、韩等语种导游，加强宾招、农家乐等从业人员管理培训，健全游客投诉反映处理机制，大大提升旅游服务水平。

（三）打造美丽乡村休闲旅游

休闲旅游型美丽乡村模式主要是在适宜发展乡村旅游的地区，其特点是旅游资源丰富，餐饮、住宿、休闲娱乐设施完善齐备，交通便捷，离城市近，适合发展休闲旅游。婺源积极引导开发农业观光旅游项目，打造篁岭梯田式四季花园生态公园，使农业种植成为致富的风景，成为乡村旅游的载体。近年来，江湾积极发展乡村旅游，着力打造乡村旅游的示范镇，促进乡村旅游与农业、农民和农村发展有机相结合，使乡村旅游参与主体的农民，成为受益主体。江湾古镇至今保存了丰富的古建筑，祠堂、牌坊、古戏台、古民居、水口、园林等静态载体，构成了一个徽派建筑的大观园，它们记载了一个家族近千年的繁衍史；古镇的民风民俗和历史传承是徽文化的一个典型缩影，是徽文化的集中大展览。把婺源打造成一个“世界生态文化公园”，走好山水文化生态家园的旅游之路，对提升婺源的旅游品质和产品升级，都具有重大意义。

（四）创新运用景区“政府、企业、社区”经营管理共生模式

婺源景区“政府、企业、社区”的共生模式，实现了企业的经营积极性和经营效益，实现社区居民利益合理化，实现公共利益最大化，使三者保持一个互惠共生的动态平衡[①]。首先，优先给旅游区居民提供就业和投资机会，保证

① 张翔 . 基于共生理论的婺源汪口旅游古村落善治研究［D］. 云南大学，2018：160.

婺源景区内村民优先参与的权利。其次，加强对旅游开发公司监管力度。政府成立一个监管小组对旅游企业进行监督，确保村民的合法权益，保障乡村旅游的可持续发展。最后，协调好社区居民与政府、开发商的利益，实现互惠共赢。在旅游门票分配上要提高居民的分红以及资源保护费的占比①。

整体来看，国民旅游休闲城市发展良好，旅游业全面发展，城市功能齐全，旅游、文化、娱乐和体育等休闲事业发展全面。国民旅游休闲城市的总体模式特点可以概括为以下四点。

一是商业资源与休闲资源更加集中。商业资源集聚度是一项借助商业世界的选址研判智慧、评估城市的商业潜力，可以从城市贸易的繁荣、商业休闲资源的集中性等方面进行评估。休闲便利性越高的城市，国民可以更便捷地获得更加丰富的餐饮资源、便利店资源、淘宝店铺资源、品牌门店资源，到达高人流密度的主要商圈。高程度的商业资源和休闲资源的聚集帮助居民在城市内部获得了更多享受休闲资源的机会，也就让城市处在了更高程度的城市休闲发展阶段，也能更有效地巩固休闲资源优势，实现城市休闲新的发展。

二是城市枢纽性更强，即城市在网络中所处的位置更加重要。如果城市拥有更多的跨城市运输基础设施，如高铁、机场、公路等，则与其他城市之间拥有更高效的交通连接，则能帮助城市居民更方便地到达其他城市，实现跨城市休闲；同时更便捷的交通也能获得人群集聚，而集聚的人群将有利于城市休闲产业的发展。物流发展程度较高的城市，如具有更多的快递点数量、及时性强、发送包裹数量大等，这些城市则能方便市民进行网络购物与休闲，获得满足休闲需求所需的商品，实现休闲资源的集聚。

三是城市人休闲活跃度更高。城市人休闲活跃度越高的城市，更容易怀抱对美好生活的渴望，城市人通过对消费、娱乐与生活方式的探索，以向上的姿态活跃在城市的每个角落。休闲是一种人们对美好生活方式的选择，在当地人更愿意选择休闲生活方式的时候，当地人所给予休闲的活跃度也能帮助城市获得更高的休闲价值与生活质量。在消费活跃度方面，即当地人对餐饮、购物等休闲文化的热爱，并由此产生的消费。在社交活跃度方面，休闲更多是一种社交活动，休闲活动越多，产生的社交活动也越多。在夜间活跃度方面，全国

① 郑雅婷，邹慈婷.基于社区参与的江西婺源乡村旅游开发研究［J］.旅游纵览，2014(1)：206.

大力提倡夜休闲，夜市、酒吧、夜场电影、livehouse 等，夜间休闲活动越多，城市休闲活力越强。

四是休闲方式更多样。当一座城市只拥有单一休闲方式时，该城市往往是单调乏味的，不能被称作休闲城市。而当一座城市拥有越丰富的休闲方式，则越能满足越多国民的不同种类的休闲需求，则更能够激发城市活力，成为具有休闲价值的城市。首先，城市拥有的休闲场所越丰富，则休闲质量越高，包括更丰富的餐饮、运动场馆、博物馆、咖啡馆、书店、电影院、演出场馆、网红景点等。其次，当一座城市的国民更愿意探索更多的休闲方式的时候，该城市的休闲活力也更强，包括图书销量与阅读量、keep 运动指数、音乐爱好者人数、体育爱好者人数、视频软件使用人数、旅游软件热度等。因此，一座具有更高休闲程度的城市应当是具有高集中度的，能够有集中休闲资源的能力，甚至可以影响周边资源；具有人口活力的城市，居民更加热爱生活，拥有更高的对休闲的探索欲与参与度；具有休闲丰富性的，愿意去拥抱多种类型的城市休闲文化。

2020 年已经出现现象级的消费，就是城市休闲和乡村度假。当下旅游的内循环就是城市休闲、乡村度假，大循环就是跨省观光、目的地度假；双循环就是入境旅游和出境旅游，而内循环和大循环则是大家最关注的问题；不能只追求高端市场，任何一个市场一定是高中低衔接的，这才是成熟的市场体系；不能动辄就研究政府支持，一个发展良好的产业是基于市场需求，谋求要素完善；现在来看，环境要素越来越突出，也意味着政府在其中的作用越来越重要；文化赋能，传统和现代要紧密结合在一起，让历史变得时尚，让文化变得可亲，让自然可以接触，让旅游进入生活。

项目统筹： 谯　洁
责任编辑： 李冉冉
责任印制： 冯冬青
封面设计： 中文天地

图书在版编目（CIP）数据

国民旅游休闲的中国模式 / 石培华等编著. -- 北京：中国旅游出版社，2021.12
（中国旅游发展模式研究系列丛书 / 石培华主编）
ISBN 978-7-5032-6645-4

Ⅰ. ①国… Ⅱ. ①石… Ⅲ. ①休闲旅游－旅游业发展－研究－中国 Ⅳ. ①F592.3

中国版本图书馆CIP数据核字（2022）第011753号

书　　名： 国民旅游休闲的中国模式

作　　者： 石培华等编著
出版发行： 中国旅游出版社
（北京静安东里6号　邮编：100028）
http://www.cttp.net.cn　E-mail:cttp@mct.gov.cn
营销中心电话：010-57377108，010-57377109
读者服务部电话：010-57377151
排　　版： 北京旅教文化传播有限公司
经　　销： 全国各地新华书店
印　　刷： 北京工商事务印刷有限公司
版　　次： 2021年12月第1版　2021年12月第1次印刷
开　　本： 720毫米×970毫米　1/16
印　　张： 18.5
字　　数： 302千
定　　价： 68.00元
ISBN 978-7-5032-6645-4
